体育职业院校系列规划教材

高职体育应用文写作

主　编：张　涛

副主编：林　骅　林瑞艳　徐善思

清华大学出版社

北　京

内容简介

本书依据体育职业院校学生今后面向体育行业就业所需的应用文写作能力进行设计，通过将知识传授与能力培养紧密结合，重点介绍了日用文书、公务文书和专业文书的写作，致力于让学生通过研修来提高应用文写作能力，以满足社会、行业对实用型体育人才的需求。本书除了阐述各文体所必需的理论知识外，还特别精选了适合体育生源的典型的、贴近现实的例文，并对例文进行了评析。同时，根据教学的需要，设计了形式多样的综合训练，以求将教、学、练相结合。书后还编排了“附录”，供学生学习参考。本书提供配套课件，下载网址是 http://www.tupwk.com.cn/downpage。

本书既可以作为全国体育职业院校“应用文写作”课程的教材，也可以作为从事体育工作的人员学习应用文写作的参考用书。

图书在版编目(CIP)数据

高职体育应用文写作/张涛　主编. —北京：清华大学出版社，2015（2022.1重印）
(体育职业院校系列规划教材)
ISBN 978-7-302-39622-2

Ⅰ. ①高…　Ⅱ. ①张…　Ⅲ. ①体育—应用文—写作—高等职业教育—教材　Ⅳ. ①H152.3

中国版本图书馆 CIP 数据核字(2015)第 063098 号

责任编辑： 王　定
封面设计： 周晓亮
版式设计： 思创景点
责任校对： 邱晓玉
责任印制： 刘海龙

出版发行： 清华大学出版社
网　　址： http://www.tup.com.cn，http://www.wqbook.com
地　　址： 北京清华大学学研大厦 A 座　　**邮　　编：** 100084
社 总 机： 010-62770175　　**邮　　购：** 010-62786544
投稿与读者服务： 010-62776969，c-service@tup.tsinghua.edu.cn
质 量 反 馈： 010-62772015，zhiliang@tup.tsinghua.edu.cn
课 件 下 载： http://www.tup.com.cn，010-62794504

印 装 者： 北京富博印刷有限公司
经　　销： 全国新华书店
开　　本： 185mm×260mm　　**印　　张：** 21　　**字　　数：** 460 千字
版　　次： 2015 年 6 月第 1 版　　**印　　次：** 2022 年 1 月第 2 次印刷
定　　价： 69.00元

产品编号：060443-02

本书编委会

主　编： 张　涛

副主编： 林　骅　林瑞艳　徐善思

编　委： (排名不分先后)

林晓雯　张赟赟　黄俊玲　李鲁豫　杨俊皎

前　言

在当前全国体育系统成立高职体育学院培养新一代体育人才的大背景下，如何通过编撰适应优秀运动员、各级体校及高职体育生源特点与需求的系列教材，提升有关院校的办学内涵和学生综合素质，已成为当前我国体育事业改革与发展迫切需要解答的重大课题。因此，我们在编写《高职体育应用文写作》教材时，力图在知识结构、内容体系上有所突破，着重体现内容的趣味性、实用性和专业性，以便高职体育类学生学习参考，从而达到全面提高学生德智体综合素质的目的。本书还借助福建体育职业技术学院的闽台区位优势，通过吸纳我国台湾省职业教育的成功经验，力求推动全国体育类教材更加适应学生以就业为导向的职业化教育需求。

本书在编写时力求体现以下几个方面的特色：

1. 结合体育产业对人才的需要，有机组合“高职语文”“应用文写作”“演讲与口才”等语文类课程，加强学生以优秀传统文化为依托的人文素质教育，进而提高其文化素养和语文能力，为学生服务体育产业奠定良好的母语基础。

2. 编写突出针对性和适用性的特点，立足于人才培养的市场需求，坚持以就业为导向，淡化理论教学内容，以“必需”和“够用”为度，强化具体写作能力的训练，尽可能体现高职体育院校的教学特色。

3. 在教学内容方面，充分考虑高职学生语文水平的普遍情况和实际工作需要，将文、史、哲、政等知识结合起来，灵活使用教材，跳出原有的“讲几段范文，写几篇作文”的旧模式，力求实现“雅俗共赏”。

4. 按照项目驱动方法构建教材体系，突出文案教学的重要性，通过精选典型、贴近体育的例文，并对例文进行评析，辅以写作训练，以达到以点带面，全面提高学生应用文写作能力的目的。

5. 在编写时紧扣时代的脉搏，通过选取当下最新的案例素材、公文格式以及学生生活中常用的文体，来满足他们学习、生活和工作的需要。

本书编写任务安排为：张涛负责全书统稿及第一至第三章的编写，林骅负责第四章的编写，林瑞艳负责第五章的编写，徐善思负责第六章的编写，林晓雯负责第七章的编写，张赟赟负责第八章的编写，黄俊玲负责绪论的编写，李鲁豫负责附录的编写，杨俊皎负责校稿。感谢以上各位老师，在繁忙的教学工作中为本书的出版倾注了自己的努力。

总之，本书力求体现高等体育职业院校的特色，将知识传授与能力培养紧密结合，致力于提高学生的应用文写作能力与口语交际能力，从而满足现代社会对实用体育人才的需求。最后，因作者水平有限，书中难免有不当或错误之处，敬请广大读者批评、指正。本书提供配套课件，下载网址是 http://www.tupwk.com.cn/downpage。

张　涛

2014 年 10 月

目　录

下篇 专业文书

绪论

第一节　应用文写作概述

一、应用文概述

案例精选

国家体育总局关于表彰2012年全民健身活动优秀组织奖和先进单位的决定

体群字〔2012〕214号

各省、自治区、直辖市、新疆生产建设兵团体育局，各行业体协，有关单位：

2012年是深入实施《全民健身计划(2011—2015年)》(以下简称《全民健身计划》)承上启下的关键一年，全国各地、各单位根据国家体育总局的统一部署和要求，结合本地、本单位实际，以科学发展观为统领，以贯彻落实《全民健身计划》为契机，以普及推广第九套广播体操为重点内容，通过创新形式，整合资源，加大宣传力度，广泛开展以“每天锻炼一小时，健康生活一辈子”为主题、贴近生活、丰富多彩、方便参与的体育健身活动，提高广大人民群众主动参与健身的意识，养成良好的体育锻炼习惯，形成了崇尚健身的良好环境和氛围，涌现出一批先进单位和组织。

为鼓励先进，逐步形成组织开展全民健身活动新的工作格局，不断扩大开展全民健身活动的示范效应，经研究，决定授予中国银行股份有限公司北京市分行工会等622个单位“2012年全民健身活动优秀组织奖”、北京市直属机关工会等954个单位“2012年全民健身活动先进单位”，并通报表彰。

附件：2012年度全民健身活动优秀组织奖和先进单位名单

国家体育总局

2012年12月31日

资料来源：http://www.sport.gov.cn/n16/n33193/n33208/n33418/n33598/3714517.html。

知识导航

这篇应用文的文体是“决定”，写作目的明确，表述叙议结合，语言严谨庄重，是一份规范的行政文书。

所谓应用文，就是国家机关、企事业单位、社会团体以及人民群众在日常工作和生活中处理事务、传播信息以及在其他交际活动中所使用的具有一定格式的文章的总称。随着时代的发展和科学技术的进步，人们的社会活动领域不断拓宽，应用文的使用范围日益广泛，新文种不断出现。关于应用文范围的界定和分类，由于划分标准不同，分类也就有所不同。根据体育类人才培养的特点，可按照应用文的内容、功用和使用范围分为如下5类。

(一) 行政公文

中共中央办公厅、国务院办公厅2012年4月16日发布的《党政机关公文处理工作条例》中列出的15种公文为：决议、决定、命令(令)、公报、公告、通告、意见、通知、通报、报告、请示、批复、议案、函、纪要。

(二) 事务应用文

条据、启事、介绍信、证明信、感谢信、慰问信、倡议书、申请书、计划、总结、简历、自我鉴定、求职信、调查报告等。

(三) 经济应用文

市场调查、项目策划书等。

(四) 宣传应用文

新闻、通讯、新闻特写等。

(五) 礼仪应用文

请柬、聘书、开幕词、闭幕词、贺信、贺电、颁奖词、祝词、贺词、欢迎词、欢送词、祝酒词等。

二、学习应用文的作用

案例精选

自 荐 信

尊敬的领导：

您好！首先感谢您抽出时间来阅读我的求职信。我即将毕业于××大学体育学院，将要告别学生时代，走向光荣而神圣的教师生涯，得知贵单位招聘体育老师，特拟此自荐信自荐，对自己做一个简单的介绍。

16年的求学，使我深深体会到了作为一名人民教师的神圣职责，也由衷地感受到每一位老师犹如人梯，为成就攀登者而牺牲自己；犹如露珠，滋润着吐艳的花果。现在，我马上就要从一名受教者变成一名施教者，这是我一直梦寐以求的愿望。因此，我将以满腔的热情、百倍的信心，投入到我热爱的教育事业中去。

做一名人民教师，是我一直追求的夙愿。能考入大学，可以说已经迈开了我人生理想的第一步，也是一个良好的开始。“良好的开端是成功的一半”，因此，我倍加珍惜大学的4年时光，认真学习，刻苦训练，并且各科成绩优异，每年都获得二等或三等奖学金，被学校评为“为学校体育事业做出突出贡献”称号。

我同时还兼任体育学院院队、中长跑队队长，配合教练担任院田径队中长跑的训练员，从专项业务能力方面自己得到了充分发挥。我不但专项突出，还从第二专选及爱好方面发展自己的一技之长，如大众健身操、武术、排球、乒乓球、唱歌等，力求做到一专多能。而且通过教育实习，证明自己有较强的组织能力和教学能力，且在实习中取得了优异成绩。

为了更加适应社会的需要，我坚持学习英语及计算机，就是靠这一点一滴的积累逐渐充实自己、完善自己。在学习上我是如此，同样，在思想上我积极进取，平时高标准地严格要求自己，坚持马列主义毛泽东思想，并采取先进的思维方式，客观地看待问题，学习运用辩证唯物主义来分析、解决问题。现在已被院里发展为中共预备党员。

在生活上，我非常注重人际交往。我常常参加一些校院组织的公益活动，培养自已的交际能力；注意团结同学，乐于助人，往往以帮助他们摆脱困难为自己的快乐。也正因为如此，我的生活充满阳光，充满乐趣。

现在，我就要进入社会，此时的我，可谓踌躇满志。想实现自己的人生价值，体现教师的风采；又想报效祖国，回报教师的恩情。我相信，经过4年的学习锻炼，我已具备了走上教师岗位的条件。我坚信，贵校定会慧眼识才，希望贵校能给我加入你们队伍的机会。我知道，虽然我的讲台很窄，但必尽我绵薄之力，为贵校做出贡献。

此致

敬礼

求职人：×××

××××年××月××日

资料来源：前程无忧网。

知识导航

求职应聘类的应用文是与大学生息息相关的常用应用文体。这封求职信语言平实、内容简明、热情诚恳，写得比较成功。

应用文在不同的社会和历史时期，会以不同的内容和形式发挥不同的社会作用。进入21世纪的今天，应用文的作用主要表现在以下4个方面。

(一) 传递信息，沟通协调的作用

现代社会中，机关、企事业单位及个体之间，需要及时传递信息，联系工作，应用文能突破时间与空间的限制，成为人们交流信息的重要工具。而随着社会化大生产的发展，专业化水平越高，分工就越细，部门之间、组织之间的合作，也就越需要做好联系协调工作，应用文就是联系协调的最好工具之一。

(二) 宣传教育，指挥管理的作用

应用文是用来处理公私事务的，但要处理好公私事务，必须让人们知道应该做什么、为什么要做、怎么去做。这就需要摆清事实，讲透道理，实际上就是在做宣传教育工作。在公务活动中，上级机关对下级机关发布的公文，起着指挥、管理的作用，没有它，各方面的管理工作就无法有序进行。

(三) 凭证依据的作用

应用文的凭证依据的作用，在不同的文种中都有不同程度的体现。如机关公文是收文机关处理工作、解决问题的政策依据；合同、调解书以及司法文书是双方彼此确定权利和义务的依据和凭证。

(四) 提供、保存历史资料的作用

应用文反映单位和个人的种种活动，记载着各个时期的政治、经济和文化等多方面的情况。因此，它可以保存和积累大量的历史资料，能为今后有关部门和个人的研究提供历史背景资料。

著名教育家叶圣陶说过："大学毕业生不一定会写小说诗歌，但是一定要会写工作和生活中实用的文章，而且非写得既通顺又扎实不可。"从应用文在社会生活中的地位看，应用文写作是一门综合性、实践性极强的基础课、能力课，应用文是在社会生活中广泛使用的文体。在科学文化高度发展的今天，作为交流思想、传递信息的应用文，已经深入到社会生活的各个领域，从政治、经济、军事、文化到人们的日常生活，几乎无处不在，无时不用。应用文已成为党政机关进行管理的工具，是实现领导意图的重要手段；同时又是人们日常交际的重要工具，尤其在市场经济社会就更离不开它了。

从应用文本身的特点看，应用文写作有它自身的规律和方法。一个人很有学问，会写小说、诗歌、戏剧等，但如果不知道应用文写作的特点和方法，他就写不好应用文。从社会管理部门看，社会各方面发展的速度越快，各种信息量就越大，管理部门或单位为了提高处理日常业务工作的质量和效能，就必须重视提高工作人员的应用文撰写能力。因此，能否得心应手地撰写应用文，已经成为衡量一个人工作能力高低的重要标准之一，也是管理部门或单位处理日常事务工作的质量和效能的重要指标之一。

三、如何学好应用文

案例精选

校 庆 公 告

尊敬的校友：

2013年金秋十月，学校将迎来60周年华诞。在此，谨向您长期以来给予学校建设与发展的关心、支持和帮助表示衷心的感谢。

本着"简朴务实、学校搭台、校友唱戏"的原则，学校将于校庆期间开展学术文化交流与校友返校联谊等活动，并于10月26日举行60周年校庆庆典大会。

秋风送爽，丹桂飘香，东湖之畔，恭迎嘉宾，盛情邀请各位校友届时齐聚武体，共襄盛举，共商未来，共谱华章！

特此公告，敬祈周知！

武汉体育学院校庆筹备办公室

2013年10月8日

资料来源：武汉体育学院网，有删改。

这是一篇举办校庆活动的启事。“启事”要求简明扼要，针对性强，是一种非常常见的应用文体。

(一) 掌握应用文写作的特点是写好应用文的基础

1. 文体的实用性

实用性是指应用文无论在处理公共事务还是私人事务中，都具有实际应用的价值。“实用”是应用文最重要的特点，实用性是判断应用文好坏的价值尺度，也是应用文区别于其他文种的标志。

2. 格式的规范性

应用文讲究格式的规范性。每一个文种在长期的使用过程中，都形成了比较固定的格式，所以，要求写作时必须根据应用文的具体类型，遵守各自的固定格式。

3. 内容的真实性

真实性是指内容的真实确凿，实事求是。应用文是管理工作的工具，要为解决现实问题、指导实际工作服务，因而它完全排斥虚构和杜撰，文中所写的数据、材料等，要真实、准确；所发布、传达的上级指示精神要确切，不能经过任何艺术加工，否则作者将承担一定的行政和法律责任。

4. 对象的明确性

应用文的读者不像文学作品那样广泛，阅读对象大都明确具体。无论是行政公文中的“请示”“通知”，还是礼仪应用文中的“开幕词”“闭幕词”，都有明确的读者对象，即使是“欢迎词”等，也是直接面向特定的听众的。

(二) 理论联系实际是学好应用文的基本方法

应用文虽是一门实践性很强的课程，但若没有科学的理论指导，就容易在原地打转，只见树木不见森林。要学好本课程，应当注意以理论为指导，以精选案例的解读为借鉴，以“请你评判”“技能实训”为中心，加强理论与实践相结合，学好用好应用文。

(三) 借用知识导航，实行探究式学习方法是事半功倍的有效捷径

兴趣是最好的老师，要避免应用文学习的枯燥和乏味，就必须迎合时代多元化潮流，与时俱进地借用案例实行探究式教学。通过欣赏、鉴别、比较，不仅可以达到熟能生巧的目的，还可以提高发现问题的能力。

(四) 勤学苦练、修身养性是提高应用文写作水平的根本途径

陆游说过：“汝果欲学诗，功夫在诗外。”要进一步提高写作水平的根本途径是必须

全面提高修养，即德、才、学、识这4个方面的修养。只有熟悉党和国家的方针政策，具有较高的思想水平，精通业务知识，加上勤学苦练，才能精通应用文的写作。

请你评判

请指出下则节选文段与应用文相比有何异同？

那天，许多年老的新加坡华人都挤到了一个剧场中，观看一台从我国台湾来的相声剧，相声剧的编导是35岁的赖声川博士，获得美国加州柏克莱大学戏剧研究所有史以来最高成绩的毕业生，目前在台湾文化界极孚声望。他还没有到过大陆，但他的多数作品却引导观众反复品尝中华民族离异的苦涩，从而来验证一种历史的归属感。这次带来的相声剧也是如此。

这样的戏，不管给海峡两岸的哪一边看，都会引起强烈回响，尽管是相声剧，观众也会以噙泪的笑声来品味“中国人”这一艰辛的课题。但是，今天这出戏是在新加坡演出，剧场里的反应会是怎样的呢？相声作为一种语言艺术，最能充分表达一个社会中某些微妙的共鸣，那么，今天中国人埋藏在插科打诨背后的离合悲欢，还能不能被其他国家的华人理解？如果不能，那么，我们深深沉浸其间的一切，岂不成了矫揉造作、顾影自怜？赖声川代表着中国人来接受一次自我拷问，他胆子很大，但在开演前却对我说，他准备启幕后好久听不到掌声和笑声。如果真是这样，他就会沮丧地坐下来，重新苦苦思考华语在当今世界的表达功能和沟通功能。

毫无疑问，与赖声川先生抱有同样担忧的只能是我。新加坡剧场的朋友也会担心，但那完全是另一回事。幕拉开了，在场的海峡两岸中国人的心也就悬起来了。也许我们还太年轻、太敏感，生怕数千年历史的拥有者在异国街市间丢脸，生怕自己的哭声让人发笑，自己的笑声让人掉泪。我这个人由于职业关系，曾安然地目睹过无数次剧场波澜，可今天，竟战战兢兢、如饥似渴地期待着新加坡观众的每一丝反应。我无法预计，如果台湾相声中的俏皮话今晚引不出应有的笑声，我会多么难堪。

好了，终于放心了，此地观众的反应非常热烈。华语，我们的华语，还有控制各种海外华人的笑声的能力。谢谢新加坡！——这种感谢自然有点自作多情，就像那天看到一批欧洲观众对一套从中国搬来的传统舞蹈热烈鼓掌，我几乎想站起来向他们鞠躬一样荒诞。

赖声川先生是我的老熟人。初次见到是在我国香港召开的国际比较文学会议上，后来很巧，同在两年前被新加坡戏剧界邀来演讲，这次相遇是第三次。记得两年前我们同住一家宾馆，天天神聊到深夜，肚子饿了就到附近一处小贩中心吃夜宵。我们互相“盘剥”着海峡两岸的种种社会规范、生活细节、心理习惯、世俗趣闻，出于自尊，彼此还为自己一方辩护，说到许多相似或相左的用语常常乐不可支、笑作一团。西哲有言，剧场里一句微妙的台词引起一片笑声，那是素不相识的观众在退示着一种集体的一致性。莫非我们一代真的已到了可以用语言和笑声来认同的时分？对此我与赖先生还没有太大的信心，但是赖先生并不甘心于此，他把两年前的笑语扩充成一个艺术作品，仍然带回到新加坡，兑换成满场欢腾。正巧我又在，这还不值得庆祝一下？演出结束后我们又去了两年前天天去的那个小贩中心，尽管明知那里的小贩喜欢欺侮外国人。

理直气壮地用华语叫菜，今天晚上，这座城市的笑声属于中国人。坐在我身边的演员李立群先生是今夜无可置疑的明星，我对他说："你在台上学遍了大陆各地的方言，惟妙惟肖，唯独几句上海话学得不地道。"大陆的相声演员学各地方言早已司空见惯，说实话，我对这一招已经厌烦，但现在听台湾相声演员学来却产生了另一种感觉，谐谑的调侃猛地变成了凄楚的回忆、神圣的呼唤。学一种方言就像在做一种探寻，一种腔调刚出口，整个儿身心就已在那块土地间沉浸。因此，我不能让他们学不像上海话，这会对不起他们，也对不起上海。于是就在小贩中心的餐桌旁，我依据那几句台词一句句地教开了。赖声川先生的母亲在上海住过，因而他对我的发音并不生疏，频频点着头。李立群先生从我的发音想起了他以前一位江浙师傅，边模仿边首肯："是这样，师傅当年也这样说的。"一句又一句，一遍又一遍，轻一声，重一声，已经认真到了虔诚。这显然已不完全是为了演出，相声演出中的学语用不着那么标准。

学会了那几句上海话，一阵轻松，开始胡乱漫谈。大家竟当着情同手足的新加坡东道主郭宝昆先生的面，极不厚道地嘲讽起新加坡人的华语水准。我想郭宝崑先生一定会原谅的：这些远隔两岸的中国人好久没有这么亲热了，一亲热就忘乎所以，拿宽厚的朋友们嘲讽一遍，好像共同获得了一种优越感，背靠着艰深的华夏文化，驱走了阔别的忧伤、海潮的寒冷。特别是那位李立群先生，专找那些只有中国人才能听懂的话与我对仗，跳跳跃跃，十分过瘾。讲禅宗，讲怪力乱神，讲文天祥会不会气功，讲天人合一的化境。这种谈话，即使翻译了，也几乎没有多少西方人能真正听懂。今晚大家像是在发狠，故意在异国土地上翻抖中华语文中的深致部位，越是瞎凑合就越贴心。

上茶了，少不了又讲陆羽，讲《茶经》的版本，讲采茶的山势、时机，煮茶的陶壶、炉炭，当然讲得最神往、也最伤心的是水。喝了几千年茶的中国人，还能找到多少真正清冽的水来润喉咙？如果不多了，那么今后讲出来的华语会不会变得浑浊一点呢？

我告诉李立群，古代文人为喝几口好茶，常常要到某座山上，"买泉两眼"……

李立群来劲了："好个买泉两眼！潇洒之极！不是我吹嘘，我台湾老家山上确有好泉，想法去买它一眼，你什么时候来，我领你去喝茶！"

我赶紧叮嘱李立群先生，赶快回去买下那眼泉，好生看管着，别让它枯了。我们还不算老，也许真能喝得上一口。但是，仔细一想又觉得悲哀，这样的泉眼无论如何不会太多了，那种足以把华语晤谈的环境推到极致的阵阵茶香，已不会那么纯净。华语自然还会讲下去的，但它的最精雅蕴藉的那部分，看来总要渐渐湮没了。还会出现新的精雅部位吗？但愿。

资料来源：余秋雨，《文化苦旅·华语情结》节选。

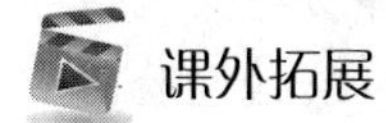

技能实训

1. 请谈谈你在学习、生活中运用应用文的情况。
2. 请谈谈你学好应用文的妙招。

课外拓展

应用文的前世今生

应用文，不论是古代还是现代，不论是庙堂之上还是江湖之远，小至黎民百姓，大至一国重臣，对他们来说都是日常生活中不可缺少的一种文体。

我国的应用文源远流长，已有数千年的历史。它萌芽于殷商，发展于秦汉和南北朝，成熟于唐宋，到了明清时期，应用文文体呈现出相对稳定的状态。中国古代应用文体出现较早，但其应用文之名却很晚才出现。应用文体在中国古代是广泛使用的，对当时社会的政治生活产生了重要的影响，也在很大程度上影响了中国历史的走向。

现代学者一般认为，“应用文”这一名称出自欧阳修的《辞副枢密与两府书》中。所谓“学为应用之文”，在《免进五代史状》中，还自述得功名后“不忍忘其素习，时有妄作，皆为应用文字”。后来，清代刘熙载的《艺概·文概》提出应用文的概念，其中有“辞命体，推之即可一切应用之文，应用文有上行，有平行，有下行，重其辞所以重其实也”。“公文”一词在历史上出现的时间比较早。目前可查的较早的如《三国志·赵俨传》中有“公文下郡，绵绢悉以还民”。此外还有案牍、文牍、文案、公案等名目，如刘禹锡的《陋室铭》中的“无丝竹之乱耳，无案牍之劳形”等。

在《中国古代应用文甄体赏鉴》一书中大体上将中国古代应用文分为诏令敕诰、章表奏疏、檄移露布、盟约契券、诉讼断判、碑碣墓志、诔吊哀祭、事略传状、书牍启笺、题跋书序、随笔札记、规诫赠序、箴铭颂赞、记述说明等 14 大类。中国古代应用文作为一种应用范围较广、影响力较大的文体，不仅仅方便了日常生活，更是一种文字享受。其文字的功力与美感成为多少代人的审美欣赏与追求。应用文在国家政策、社会发展和历史走向中，更是起到了不可小觑的作用。

李斯因为一封《谏逐客书》挽救了自己的政治生涯，挽救了为秦国效力的六国之人的政治生涯，挽救了秦王嬴政统一六国的通天大计，更是促成了中国历史上第一个统一的封建制大一统帝国的诞生。韩非作为法家思想的集大成者，作为韩国公子，为了挽救韩国的命运，生来口吃的他一支笔游说秦国，而他的才华让嬴政钦佩不已，让李斯都感到一丝惧怕。中国古代著名的应用文还有诸葛亮的《出师表》、李密的《陈情表》等，这些都是对历史产生重大影响并在文坛上万古长青的不朽之作。

除了在庙堂之上的著名公文，江湖之远的应用文也不乏佳作。例如韩愈在《柳子厚墓志铭》中，将柳宗元的政治才能、刻苦自励的精神和救人于危难之间的品质挥洒得淋漓尽致。

如今的应用文更是随着人们生活水平和文化程度的提高，更加深刻地融入了我们的生活。应用文成为国家机关、社会团体、企事业单位和个人，在处理公私事务、交流信息、表述意愿时所使用的文体，同时也是传递信息、处理事务、解决问题、交流经验的一种必不可少的工具，上至中央机关，下至基层单位，应用文的使用范围几乎涉及社会生活的各个方面。随着社会的发展和科学技术的进步，应用文也将发挥更加重要的作用。

资料来源：百度文库。

第二节　应用文写作基础知识

一、应用文的主题与材料

案例精选

贺　电

上海体育职业学院：

海上生明月，天涯共此时。值此上海体育职业学院60华诞之际，福建体育职业技术学院全体师生员工恭祝贵院校庆快乐，鹏程万里。

六十载峥嵘岁月，六十载春华秋实。上海体育职业学院在长达60年的甲子轮回中沐风栉雨、开拓进取，在运动训练、人才培养、科研创新、社会服务等各个领域均取得了令人瞩目的优异成绩，为祖国培养了一批又一批世界顶尖的运动员、教练员和服务体育事业发展的各类专业技术人才，达成了体育高职院校为国争光、服务社会的办学理念和崇高使命。

雄关漫道真如铁，而今迈步从头越。祝愿上海体育职业学院伴随着长江三角洲的迅猛发展而奋发有为、再创辉煌。福建体育职业技术学院愿与贵院携手合作、面向未来，共同谱写体育高职院校科学发展、跨越发展的崭新篇章。

预祝贵院60周年大庆取得圆满成功!

2012年9月19日

知识导航

这是一封祝贺上海体育学院建校60周年的贺词，全篇感情充沛，文字明快，主题鲜明。

(一) 主题

主题又称主旨，指应用文的中心意思或基本观点，是作者的意图、主张或看法在文中的体现。主旨是应用文的灵魂，它决定着应用文质量的高低、价值的大小、社会作用的强弱。应用文的主旨与其他要素相比处在统帅的地位。材料的取舍、结构的安排、语言的运用、表达方式的选取都要围绕着它进行。“主题先行”“意在笔先”是应用文写作应该遵循的原则。

那么，该如何确立主题呢？确立主题的要求是正确、集中、鲜明、深刻。

1. 主题正确

主题正确是撰写应用文的基本要求。应用文所确立的主题应该符合国家的方针政策，符合法律法规，能够反映自然的规律和事物的本质，反映事物的内在联系。

2. 主题集中

集中是指把文章的主题凝练成最精要的一点，一篇文章只有一个主题，这个主题要贯穿全篇，要围绕这个主题把道理说深、说透。

3. 主题鲜明

应用文的观点必须明确，立意必须清晰，让人知道是什么、怎么样，明确该怎么做、不能怎么做。切忌似是而非，模棱两可，让人无所适从。

4. 主题深刻

深刻是指主旨能够揭示事物的内在本质，反映事物内部的规律。作者独具慧眼，思考深入，是作者对材料的理解、对事物的认识程度的反映。因此，要善于抓住事物的主要矛盾，挖掘具有本质性和倾向性的问题，提炼出规律性的认识，并形成主题深刻的文章。

(二) 材料

1. 概念

应用文的材料是指撰写者为表现应用文的主旨所搜集或积累的一系列事实、数据或论据。材料是应用文写作的基础。如果说主旨是应用文写作的灵魂，那么材料就是应用文的血肉。没有材料，主旨就不能确定。

2. 来源

应用文的材料主要分为理论材料和事实材料两大部分。根据特定的写作目的，应用文搜集的材料要做到丰厚、典型。怎样获得应用文的材料呢？

应用文材料获得的途径一般主要有直接获取和间接获取两种。

(1) 直接获取。指作者亲自从现实生活中获取。如运用观察、实地调查、访问、问卷、开调查会等方法直接搜集材料。

(2) 间接获取。指作者通过某种传播媒介所获得的材料。如通过各种记录、报表、报刊、书籍、部门或单位的档案、网络查阅等方法获取大量的间接材料。

3. 选择和使用

(1) 选择材料。指在搜集和分析材料的基础上，对具备候选资格的材料进行筛选、取舍。应用文选择材料主要是根据主旨的需要去选择那些典型、真实、新颖的材料，这是由应用文的实用性决定的。典型性材料能够“以一当十”；真实性材料能够反映客观事物的本质和主流；新颖性材料符合时代的特征，能够引起人们的共鸣。

(2) 使用材料。使用材料的恰当与否直接关系到主题的表达和文章的质量。因此，使用材料时一定要分清主次，根据主题的需要，按照一定的组织形式，安排材料的先后顺序，在安排顺序时要考虑材料的主次、时间的先后、材料间的逻辑顺序、人们认识事物的规律、事物发展的过程等诸多因素。

二、应用文的结构、语言和表达方式

关于申请海钓船艇购置经费的请示

中国钓鱼运动协会：

福建省位处中国台湾海峡西岸，海域面积13.6万平方千米，陆地海岸线长达3752千米，位居全国第二位，海岸线曲折率居全国第一位。此外，我省还拥有丰富的海洋与渔业资源，海洋渔场面积达12.51万平方千米，已知海洋鱼类有745种，台山列岛、西洋岛、南日列岛、湄州岛等30余个岛礁均可作为优良的海钓基地。近年来，福建省钓鱼协会以全面贯彻《全民健身条例》和《全民健身计划》为宗旨，发扬“立海之根，融海之势，聚海之力，铸海之魂”的福建海洋精神，借助闽台交流合作的区位优势，把休闲渔业与钓鱼运动紧密联系在一起，通过举办一系列多层次、全方位的海钓、矶钓竞技与健身活动，尤其是全国规模最大的“水乡渔村杯”海峡两岸钓鱼大赛的成功举办，为促进两岸互动、营造“全民健身”的社会氛围、推动海钓运动发展做出了应有的贡献。

我会现已在宁德四礵、台山列岛建成矶钓基地，在连江下屿、奇达、蛎坞建成船钓基地。然而由于协会经费制约，长期以来两岸海钓竞技和健身活动均需向渔民租用船只。这种情况的存在，不但不利于海钓运动的顺畅开展，而且也造成了巨大的安全隐患。根据贵会有关指示精神，为进一步做大做强海钓和游钓艇产业，赢得更广阔的海洋旅游新天地，现提请贵会支持海钓船艇购置经费200万元，购置长9米、宽2.6米的海钓船艇10艘，以作为我省海钓爱好者登礁、船钓、拖钓以及海钓观光之用，从而进一步促进海峡两岸海钓事业的交流合作，推动全民健身运动和休闲渔业的更好、更快发展。

特此请示。妥否，请批复。

附件：福建省钓鱼协会海钓船艇采购资料

福建省钓鱼协会

2013年10月11日

资料来源：作者自编。

知识导航

这是福建省钓鱼协会向中国钓鱼运动协会请示能否给予资金支持购买海钓船艇的行政公文，文体是“请示”。这篇请示主旨明确、理由充分、层次分明、语言简明。

(一) 结构

应用文的结构是指应用文内部的组织构造，也就是安排材料、谋篇布局的方式。结构是应用文的骨架，有了严密的结构，才能形成一篇完整的文章。应用文的结构包括开头和结尾，层次和段落，过渡和照应。

1. 开头和结尾

开头是指文章从什么问题写起，从哪里下笔。应用文的开头多为开门见山，常见的方式有以下5种。

(1) 概述式：概括地写出主要内容、基本情况或主要问题。这种开头多用于“调查报告”“总结”等文种。

(2) 目的式：开头就开宗明义，说明写文章的目的。这种开头常用于“通告”“通知”等文种。

(3) 根据式：根据法律、法令，文件精神，对方来文，存在的问题，突发事件等行文。这种开头多用于“调查报告”“批复”“合同”等文种。

(4) 提问式：开头就开门见山地提出问题，制造一个悬念，发人深思，然后引出正文。“调查报告”“会议纪要”“新闻”等文种有时用这种方式开头。

(5) 说明式：开头先对要写的对象的背景、情况做一些说明，在此基础上引出正文。这种开头多见于“调查报告”“新闻”“通讯”“广告”等文种。

结尾是文章的总收束。应用文常见的结尾方式有以下 4 种。

(1) 总结式：归纳全文，做出结论，点明主旨，以加深人们对文章的印象。这种形式多用于“总结”“调查报告”等文种。

(2) 号召式：归纳全文，提出希望，发出号召。这种形式多用于“总结”“决定”等文种。

(3) 说明式：对主体部分的未尽事宜做一些补充说明，或者对与内容有关的问题做一些必要交代。这种形式多用于“公告”“通报”“通告”“规章制度”等文种。

(4) 惯用式：以习惯用语和固定格式构成结尾。这种形式多用于“公文”“经济合同”等。

2. 段落和层次

段落是组成文章的最基本单位，是按照表达层次划分出来的一个个小的结构单位。在一般情况下，它是同属于一个中心思想的一些句子的连接，是小于篇、大于句子的一个完整的意义单位。在形式上，段落是明显的换行的标志。

层次是文章思想内容的表现次序，它反映了作者的思维过程。

1) 层次的表述方法

(1) 用小标题表示。如《中共中央关于加快农业发展若干问题的决定》一文的层次即用小标题的形式表示：(一)统一全党对我国农业问题的认识；(二)当前发展农业生产力的二十五条政策和措施；(三)实现农业现代化的部署。

(2) 用数量词表示。如：一、二、三、四……，(一)、(二)、(三)、(四)……。

(3) 用表示顺序的词或词组表示。如：“首先”“其次”“最后”“会议认为”“会议决定”等。

2) 安排结构层次的常见顺序

(1) 以事件的时地为序。即以事件发生的时间或地点作为划分层次的依据。“报告”“通报”“调查报告”等应用文多采用这种形式。

(2) 以逻辑发展为序。一般分为并列式和递进式两种。并列式就是说明主旨的各个层次的内容是一种平等、并列的关系，“规章制度”“说明书”一般采用这种形式。递进式一般指内容层层推进、环环相扣，“决定”“调查报告”等文体多采用这种形式。

(3) 以总分为序。一般按照总—分—总、分—总、总—分的关系安排层次。“通知”“计划”“总结”等文体多采用这种形式。

(4) 以纵横式也称综合式为序。指由于应用文内容复杂，可以综合运用几种形式来安排结构层次。如先以时间为序划分大的层次，再以其中的问题为序划分小的层次，或反之。

3. 过渡和照应

应用文的过渡，是指上下文之间的衔接、转换。过渡的方式，主要是用过渡段、过渡句和关联词语。如：“综上所述”“总之”“为此”“故此”等。应用文常见的过渡形式有：

(1) 内容开合处：文章内容由总到分或由分到总时需要过渡。

(2) 意思转换处：文章内容由一层意思转入另一层意思时需要过渡。

(3) 表达变动处：文章内容由叙述转入议论或由议论转入叙述时需要过渡。

应用文的照应，是指文章前后内容的关照、呼应。应用文的照应主要有以下几种形式：

(1) 首尾照应：开头与结尾相呼应。

(2) 前后照应：前面的内容为后面的内容埋下伏笔，相互呼应。

(3) 题文照应：题目与文章的内容相呼应。

(二) 语言

写作应用文要从以下几个方面注意语言的表述。

(1) 准确。用词要切合语体，语言要准确、连贯，逻辑性要强，造句要合乎语法修辞的规范。如在应用文的写作中，经常会遇到一些数字、概念，在运用时就不能含糊不清，一定要准确、恰当，切忌使用“可能”“大概”等词语。

(2) 简练。语言的简洁和精练，用最少的文字表达最丰富的内容。但简练要以明白为前提，如果只是为了简练而压缩字句，将应该用的词不用，弄得语气不连贯，意思不好懂，那就是错误的。

(3) 质朴。就是不用夸张性的语言，杜绝虚妄不实之词，保持写作的严肃性。应用文是为了解决实际问题的，它的用语不追求华丽深奥，而强调朴实得体。质朴的语言用得恰当，也能产生很好的语言效果。

(4) 规范。就是应用文不宜使用文学语言，也不宜使用口语、方言、不规范的简称等词语，要使用应用文专门用语。规范的语言词义严谨周密，而不规范的语言能导致理解歧义，影响工作的进行。

(三) 表达方式

表达方式，是行文时对有关内容进行表达所采用的表述形式与方法。应用文常用的表达方式有：记叙、说明和议论。

1. 记叙

记叙是对人物的经历和事物发展变化的过程做出介绍和交代。记叙这种表达方式，在应用文体的写作中与其在其他文体中的写作一样，应该具备六要素，即时间、地点、人物、事件、原因和结果。如果叙述的要素残缺，就会造成表达不清。需要注意的是，文学作品中的记叙，与应用文有较大的区别。文学作品中的记叙，要求具体、详尽，而且往往与描写结合在一起，能给读者具体的感受；应用文写作中的记叙，则要求简明扼要，绝对真实。应用文体中记叙的方式通常有：顺叙、倒叙、概叙和夹叙夹议。

(1) 顺叙。完全按照时间先后或事情发生、发展的过程来安排段落层次的一种写法。用这种方法，可以把事物发展的过程叙述得头尾清楚，层次分明。如“情况通报”“工作总结”等文种使用这种写法。

(2) 倒叙。先写事情结局或事件的某一重要情节，然后再按事件的发生、发展过程进行叙述。如“总结”“调查报告”等，常常是先叙述成绩、结果，然后回头再叙述工作进展、过程及经验。用这种方法，可以强调结局，突出重点。

(3) 概叙。概略叙述某一状况，某一过程的基本面貌，使读者能了解概要，在应用文中运用得最多。但概叙不同于略叙，略叙是将无关紧要的情况略去的叙述，概叙则是对主要材料做概括的叙述。

(4) 夹叙夹议。以叙述为主，并加以分析评论的叙述方式，在应用文写作中得到了广泛运用。这种方法将材料与观点结合起来，能更好地表现作者的意图。

2. 说明

说明就是简明扼要地把事物的形状、性质、特征、成因、关系、功能等解说清楚，把人物的经历、特点等表述明白的一种表达方式。说明在应用文写作中有着广泛的用途，常用的说明方法有：

(1) 定义说明。即通常所说的下定义，是指用简洁而明确的语言，把事物的本质属性揭示出来，给人以清晰的概念。定义说明既能使人们对被说明的事物有一个明确的本质的了解，又能使人们把该事物与其他事物区别开来。例如对公文，有人下了这样的定义：国家行政机关的公文，是传递、贯彻党和国家的方针、政策，发布法规，请示和答复问题，指导和商洽工作，报告情况，交流经验的一种重要工具。它是用来处理公务的具有高度政策性并具有一定规格式样的特殊文体。这一定义，不仅指出了公文的性质，而且指出了公文的作用与特点。根据比较准确，易于被读者接受。

(2) 分类说明。将被说明的对象，根据它们的性质、形状、成因、关系、功用等，按照一定的标准分成不同的类别，然后逐类说明。通过分类说明，可以显示出不同事物的差异性，使人们可以按照类别掌握事物的特征。例如，汉语语法上的词类是依据词的意义和用法划分的，按照这个标准可以把汉语的词分为实词和虚词两类。一般把能够单独用来回答问题，有比较实在意义的词叫作实词；把不能单独用来回答问题也没有实在的意义，但具有帮助造句作用的词叫作虚词。实词有名词、动词、形容词、数词、量词、代词六类；虚词有副词、介词、连词、助词、叹词、拟声词六类。运用分类来说明，层次比较清晰。

(3) 举例说明。举出突出实例来说明事物事理。它是通过个别认识一般的一种方法，既能帮助读者理解，又能给读者留下深刻的印象。如："地球上的生物，已知的约有 200 多万种。这些生物，就大小来说，有的很大，例如巨杉，最高的可达 142 米，直径有 12 米；海洋里的鲸，最大的体长可达 35 米，体重有 32 万多斤。有的很小，只有显微镜才能看到，例如结核杆菌，2000 到 4000 个并排起来，能够同时穿过一个针眼。"上文举例说明要精心选择例子，做到事例典型，有代表性，有启发性。应用文中的"论文""总结""报告""调查报告""通报"等常用举例说明。

(4) 比较说明。将不同的事物加以比较或将某事物本身的不同情况相比较的一种说明方法。例如：世界上最深的淡水湖——俄罗斯的贝加尔湖，仅几十年由于污染使得湖中原有的 1200 种水生物至少灭绝了一半以上。这是用贝加尔湖原有的水生物种类同现有的状况做了比较，说明了污染的严重性。比较说明能使说明的内容具体、生动、形象、突出，给人以鲜明、深刻的印象。除上述的说明方法外，还有数字说明、引用说明、图表说明等方法。在应用文写作中，要根据需要选用恰当的说明方法。

3. 议论

议论就是说理和评判，指作者通过事实材料及逻辑推理来明辨是非、阐发道理、表明见解的一种表达方法。议论一般说来是由论点、论据和论证 3 个要素构成。

1) 议论的结构

(1) 论点。即作者对所论述的问题提出的主张、看法和表示的态度。它常常是议论的主旨，或称中心论点。

(2) 论据。即用来证明论点的理由和依据，是议论的基础。论据有事实论据和理论论据两种。

(3) 论证。即用论据证明论点的过程和方法。通常有两种论证方式：立论和驳论。在论证过程中，这两种方法经常综合运用，共同完成对论点的证明。

应用文中适当运用议论，可以深化主旨，点明事情的实质；有时运用议论，还可以超越所要议论的事物本身，让读者发挥联想。

2) 论证方法

(1) 归纳法。即根据一些个别事物的分析与研究，推导出一般结论的论证方法。例如，司马迁在《报任安书》中有一段极为著名的话："盖文王拘而演《周易》；仲尼厄而作《春秋》；屈原放逐，乃赋《离骚》；左丘失明，厥有《国语》；孙子膑脚，兵书修列；不违迁蜀，世传《吕览》；韩非囚秦，《说难》《孤愤》；《诗》三百篇，大抵贤圣发愤之所作也。此人皆意有所郁结，不得通其道，故述往事，思来者。"一连举了 8 个事例，从而得出普遍性结论：凡垂名后世之人，都是身处逆境、情意郁结的，其情怀发而为言，则成为不朽之作。这便是典型的归纳论证法。

(2) 例证法。即用具体实例或统计数字来证明论点的方法。例如，李斯《谏逐客书》中曰："昔穆公求士，西取由余于戎，东得百里奚于宛，迎蹇叔于宋，求邳豹、公孙支于晋，此五子者，不产于秦，而穆公用之，并国二十，遂霸西戎。孝公用商鞅之法，移风易俗，民以殷盛，国以富强，百姓乐用，诸侯亲服，获楚、魏之师，举地千里，至今治强。惠王用张仪之计，拔三川之地，西并巴、蜀，北收上郡，南取汉中，包九夷，制鄢、郢，东据成皋之险，割膏腴之壤，遂散六国之从，使之西面事秦，功施到今。昭王得范雎，废穰侯，逐华阳，强公室，杜私门，蚕食诸侯，使秦成帝业。"用 4 位君王重用贤士的例证来证明论点。

(3) 类比法。即用同类事物进行比较，从而由此及彼，自然地得出新的结论的论证方法。例如毛泽东的《愚公移山》一文，就是将中国革命与愚公移山的寓言故事相比较，指出要想取得革命的胜利，推翻压在中国人民头上的三座大山，就必须像愚公一样率领子孙挖山不止，如此才能完成中国革命的任务。

(4) 引证法。即引用经典作家的言论、科学原理、尽人皆知的常理等作为论据，来直接证明论点的论证方法。例如，列宁曾经说过："忘记过去，就意味着背叛。"因此我们不能忘记先烈们为解放全中国浴血奋战，不能忘记为探索社会主义建设规律所走过的曲折道路，不能忘记改革开放以来的奋斗历程。

(5) 对比法。即把两种截然相反的事物加以对照、比较，从而推导出它们之间的差异点，使结论映衬而出的论证方法。例如，想一想一个文盲给社会造成的负担与一个有知识的人为社会创造的价值的强烈反差，人们就会明白：受教育与否，的确不完全是自己意志和权利范围之内的事。

(6) 反证法。即通过证明与自己的论点相反的论点是错误的，从而证明自己论点的正确性。例如下面这则故事：王戎小时候，爱和小朋友在路上玩耍。一天，他们发现路边的一棵树上结满了李子，小朋友一哄而上，去摘李子，独有王戎没动。等到小朋友们摘了李子一尝，原来是苦的！他们都问王戎："你怎么知道李子是苦的呢？"王戎说："假如李子不苦的话，早被路人摘光了，而这树上却结满了李子，所以李子一定是苦的。"这就是非常著名的"道旁苦李"的故事。实质上王戎的论述，也正是运用了反证法。

(7) 喻证法。即通过打比方讲道理来论证论点的方法。例如："我们曾经说过，房子是应该经常打扫的，不打扫就会积满灰尘；脸是应该经常洗的，不洗也就会灰尘满面。"这里用比喻的方法形象地说明我们同志的思想也要不断更新，否则就会落后于形势，这就是用喻证法来证明观点。

(8) 归谬法。即首先假设对方的论点是正确的，然后从这一论点中加以引申、推论，从而得出极其荒谬可笑的结论来，以驳倒对方论点的一种论证方法。例如：朱镕基总理于2000年10月14日与日本市民举行电视讨论会，与日本市民进行直接的公开对话。有人问："为什么中国只允许每个家庭要一个孩子?"朱总理回答："如果十二亿五千万人口的国家无限制地生下去的话，那全球就都是中国人了!"朱总理在这里运用的就是归谬法。让对方明白十二亿五千万人口的中国如果无限制地生下去的后果，使对方自己都能意识到自己的想法是荒谬的。

(9) 因果法。即分析事物的前因后果，并以此证明论点的方法。例如：我们系统内的大多数老企业，多年来负担很重，有的厂福利性开支竟占年收入的20%；有些老厂，离退休人员工资占全厂年收入的30%以上。这些企业的亏损是体制造成的。有些企业没有市场意识，产品几年不变，质量低劣，大量库存积压，造成投资无法回收。从根本上说，这些企业的亏损也是体制造成的。因此我们要走出困境，就必须要深化体制改革。这里用因果分析的方法，分析了国有企业亏损的原因，从而证明了"必须要深化体制改革"这一论点。

总之，记叙、说明和议论是应用文常见的3种表达方式，在写作中单一运用某一种方式的不多，往往是以某一种表达方法为主再结合运用其他方式。

请你评判

以下的例文使用了哪些表达方式？你看是否恰当？

慰问信

尊敬的离退休老同志：

爆竹声声辞旧岁，梅花点点报春来。值此2014年新春佳节即将来临之际，谨向您及您的家人致以诚挚的问候和美好的祝愿！

回首过去，我们欢欣鼓舞。2013年学院在省体育局的领导下，深入学习贯彻党的十八大和十八届三中全会精神，通过融合运动训练和体育高职教育体制，在培养适应生产、建设、管理、服务一线需要的高素质技能型体育人才，建设体育强省进程中发挥了重要作用。我们通过成功召开学院第一次党员大会，进一步明确了学院的发展定位和奋斗目标；通过积极转变办学理念，进一步促进了专业建设与办学层次；通过深入开展党的群众路线实践教育活动，切实为民办好事、办实事、解难事；通过创建第十二届省级文明学校，全院上下形成了风正气顺、人和业兴的喜人景象。在举国关注的第十二届全国运动会上，大院内运动管理中心所获金牌数占据了我省金牌总数的2/3。成绩的取得离不开学院发挥大后勤服务体系优势，在科医保障、膳食服务、场馆运行、安全保卫等方面做出的重要贡献。

展望未来，我们重任在肩。2014年是全面实现“十二五”规划奋斗目标承前启后的关键之年，我们决心以务实求真、改革创新的精神，围绕省体育局的中心工作，努力适应产业、行业、社会发展需求，全面提高我院的人才培养质量和办学效益，促进学院各项事业的科学发展和跨越发展。

莫道桑榆晚，红霞尚满天。尊敬的离退休老同志，过去您把最灿烂的人生年华和聪明才智奉献给福建体育事业，为我们铺就了今日继续前进的道路。在新的一年里，衷心希望大家充分运用自己的经验优势、智力优势、威望优势，一如既往地关心和支持学院各项事业的发展，同我们一道铸就福建体育职业技术学院的美好未来！

天增岁月人增寿，春满乾坤福满门。恭祝全院离退休同志健康长寿，阖家幸福！

福建体育职业技术学院

2014年1月27日

技能实训

你接触过哪些应用文？写作过哪些应用文？回想一下，它们是否都符合规范呢？

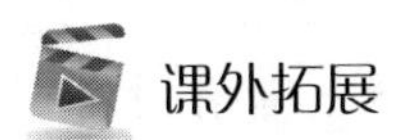

课外拓展

应用文常用的专用语言

第一，称谓词：表示称谓关系的词。在应用文中，涉及机关时，一般应直呼机关的全称或规范化的简称；涉及个人时，要直呼对方的职务或“××”同志、先生。在表述指代关系的称谓时，一般用下列专门词语：第一人称即“本”“我”，后面加上所代表的单位的简称，如院、部、厅、局等。第二人称即“贵”“你”，后面加上所代表的单位的简称，如院、部、厅、局等。第三人称即“该”，可用于指代人、事物或单位，如“该同志”“该唱片”“该厂”等。

第二，引叙词：指用于引出应用文撰写的根据、理由或应用文具体内容的词。应用文的引叙词多用于文章的开端，引出法律、法规以及国家政策做依据，或引出事实做根据；用在文章的中间，起过渡、衔接的作用。一般情况下，借助引叙词可以使应用文写得开宗明义。常用的引叙词有：根据、按照、遵照、为了、接……、悉、近悉、惊悉、……收悉、为……特……、前接……、近接……，等等。

第三，经办词：用来说明工作处理过程的已然时态，表明处理时间及经过情况。在使用时，应注意这类词语在表述次数和时态方面的差异。常用的经办词有：兹经、业经、前经、即经、复经、均经等。

第四，承转词，又称过渡语：承接上文转入下文时使用的关联词、过渡用语。承转词用于在陈述理由及事实之后引出作者的意见和方案。常用的承转词有：为此、据此、故此、综上所述、总而言之、总之等。

第五，期请词：用于向受文者表示请求和希望的词语。使用期请词的目的在于营造机关之间相互敬重、和谐合作的氛围，从而建立正常的工作关系。常用的期请词有：即请查照、希即遵照、希、敬希、希予、请、拟请、恳请、烦请、务求等。

第六，商洽词：用于征询对方的意见和反映，具有探询的语气。这类词语一般用于公文的上行文、平行文中。在使用时要确有实际的针对性，即确需征询对方的意见时才使用。常用的商洽词有：当否、可否、妥否、是否可行、是否妥当、是否同意等。

第七，受事词：向对方表示感谢、感激时使用的词。受事词属于客套语，一般用于平行文或涉外的公文。常用的受事词有：蒙、承蒙。

第八，命令词：表示命令或告诫语气的词语。命令词的作用在于增强公文的严肃性与权威性，引起受文者的高度注意。常用的命令词有：着令、着、特命、责成、着即、切切、毋违、不得有误、严格办理等。

第九，目的词：直接交代行文目的的词语。人们撰写应用文尤其是公文，都有明确而具体的目的，对此，需要有针对性地使用简洁的词语加以表述，以便受文者正确理解并加速办理。用于上行文、平行文的目的词，还须加上期请词，常用的有：请批复、函复、批示、告知、批转、转发。用于下行文的有：查照办理、遵照办理、参照执行。用于知照性的有：周知、知照、备案、审阅。

第十，表态词，又称回复用语：针对对方的请示、问函，表示明确意见时使用的词语。在使用表态词时，应对公文中的下行文和平行文严加区别。常用的表态词有：照办、同意、可行、不宜、不可、同意、不同意、遵照执行等。

第十一，结尾词：置于正文最后，表示正文结束的词语。使用结尾词，有助于使文章表达得简练、严谨并富有节奏感，从而赋予文章庄严、严肃的色彩。常用的结尾词有：此致、此布、特此报告、为要、为盼、为荷、特此函达、敬礼、谨致谢忱等。

本章小结

应用文写作是一门与社会同步发展的学科，来源于社会，又服务于社会。它以应用文为学习和研究的对象，是各种应用文体写作实践的理论总结，是指导应用文写作实践的理论依据。学好应用文对于我们适应日常的工作、学习以及现代社会的需求，是十分必要的。因此，我们要认真学习，努力掌握应用文写作的基础知识，为驾驭应用文写作打下坚实的基础。

【重要术语】

应用文　　应用文写作　　表达方式　　段落层次　　过渡照应　　专用语言
记叙　　议论　　说明　　论证　　论证方法

实训练习

一、填空题

1. ××省人民政府：______省2005年2月23日的《关于增加编制的请示》______，经研究______如下：……
2. 国务院______：国家旅游局《关于……的意见》，现转发给你们，请______。
3. ______生______我院××系学生。
4. ______贯彻落实《教育部关于加快高职建设的意见》，现研究______，……
5. 市政府为了改善市容环境，特______如下指令：……
6. ______省人民政府的指示精神，______将国务院办公厅《关于……的通知》______给你们。
7. ______悉______公司成立，谨表______。
8. 以上意见，如______，______批转各所属院校。
9. ______贵局大力协办，我区××大桥筹建工作已告落。
10. ……，以大力协作______盼。

二、选择题

1. 下列词语表示“征询”的有(　　)。

A. 是否可行、妥否、当否、是否同意　B. 蒙、承蒙、妥否、当否、是否同意
C. 敬希、烦请、恳请、希望、要求　　D. 可行、不可行、希望、妥否

2. 下列词语表示“期请”的有(　　)。

A. 是否可行、妥否、当否、是否同意　B. 蒙、承蒙、妥否、当否、是否同意

C. 敬希、烦请、恳请、希望、要求　D. 可行、不可行、希望、妥否

3. 下列词语表示“经办”的有(　　)。

A. 业经、敬悉、希望、恳切　B. 妥否、是否可以、当否、意见如何

C. 业经、前经、即经、复经　D. 获悉、据悉、收悉、欣闻

4. 主题是作者通过文章的具体材料所表达的基本观点，应力求(　　)。

A. 正确　B. 集中　C. 深刻　D. 鲜明

5. 论据可简单地分为两类，这两类是(　　)。

A. 理论论据　B. 事实论据　C. 直接论据　D. 比喻论据

三、问答题

1. 应用文写作与文学创作有哪些区别？

2. 你认为怎样才能学习好应用文写作？

四、阅读下面文字，指出文中所运用的表达方式

1. 小弟生于北京，1952 年从清华大学航空系毕业。他填志愿到西南，后来分配在东北，以后又调到成都、调到陕西。虽然他的血没有流在祖国的土地上，但他的汗水洒遍全国，他的精力的一点一滴都献给祖国的航空事业了。个人的功绩总是有限的，也许燃尽了自己，也不能给人一点光亮，可总是为以后的绚烂的光辉做了一点积累吧。我不大明白各种工业的复杂性，但我明白，任何事业也不是只坐在北京就能够建树的。

资料来源：宗璞，《哭小弟》。

2. 诗是古代运用最广的一种韵文，门类众多，体式纷繁。如以句式言，可分为四言诗、五言诗、六言诗、七言诗、杂言诗等；如以体裁言，则有楚辞体、乐府体、歌行体、律体等。要而言之，可大致分为古体诗与近体诗两大类。

日用文书

我们在日常生活、学习和工作中，应用文起着交流、知照和凭据等作用。因此，本篇主要通过介绍各式条据、书信和礼仪文书等日用文体，帮助高职体育学生能够尽快掌握其写作技巧，以满足日常生活和交流的需要并提高工作效率。

第一章

条据文书

第一节　便条

一、请假条

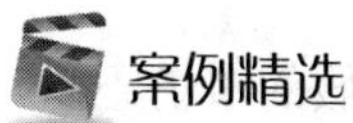
案例精选

例 1

请　假　条

××老师：

因 3 月 11 日上午 8:00—10:00 举行全校植树节活动布置大会，不得缺席，因此本人 3 月 11 日第 1、2 节课不能按时上课。特此请假，恳望批准！

此致

敬礼

××体育职业技术学院　李建川

2012 年 3 月 10 日

例 2

请　假　条

刘老师：

我今天腹泻，四肢无力，经医生诊断，属于急性肠炎，需要休息三天(星期三、

四、五)不能上课，特此请假、恳望批准!

附医生证明一张。

此致

敬礼

××班　刘玲

2013 年 5 月 10 日

这两张请假条均写得简洁明了。头行正中写明了便条的名称，下行顶格写明请假对象，正文写明了请假理由，提供了批假依据；写明了具体请假起止期限；“特此请假，恳请批准”强调了请假要求。例 2“附医生证明一张”提高了获假率；“此致”“敬礼”表现了学生的礼貌，最后写明了请假人姓名、时间。

(一) 概念

请假条是请求批准不参加某项工作、学习、活动的文书。日常生活中请假的事情不少，规范的请假条更容易得到批准。

(二) 格式

请假条的格式及注意事项：

(1) 标题。在中间位置写上“请假条”字样，字体略大。

(2) 称谓。顶格写称谓，即向谁请假，注意应加上其职务，以示尊重。

(3) 正文。第二行空两格开始写正文。首先写明请假原因、内容，其次写明请假时间，最后加上请假习惯用语“请批准”“请予批准”等。请假条内容较少的，不用分段。语言应朴实、简单，不能做无谓的修饰，把事情说得清楚、简明就好。

(4) 致敬语。正文内容结束后另起一行，空两格写礼貌用语(也可省略)，一般用“此致”，然后再起一行顶格写“敬礼”。

(5) 落款。包括请假人与请假日期。在居右位置空一行署名，在名称下注明请假日期。

(6) 附件。有其他相关证明也可以附带上交，更有说服力，更容易批准。

请你评判

下面是一份请假条，找出其中不当之处，并改正。

请　假　条

陈老师：

给您添麻烦，我感到非常不好意思！

因爸爸到北京出差，代表公司到北京参加一个重要的洽谈会，一个星期内不可能回来。而妈妈从昨晚一直到现在仍然高烧不退，现正在医院输液，需要人来照顾。所以，我向您请假，在家照顾妈妈。恳望批准。

此致

敬礼

周正

技能实训

请大家按照下面的模板，结合自身实际写一篇请假条。

请　假　条(标题)

王老师：(称谓)

我因××××××，(原因)不能坚持×××××，(内容)特请假两天，(×月×日至×日)，(起止时间)请予批准。(惯用语)

此致

敬礼　(致敬语)

请假人：×××(请假人)

×年×月×日

课外拓展

奥巴马的请假条

美国总统奥巴马在威斯康星州的格林贝，参加一个关于医疗改革的群众集会。台下的观众黑压压的，记者的长枪短炮一样都不少。一个叫约翰的男子带着他 10 岁的女儿参加集会，并有幸向总统提问。当他提到他的女儿由此而缺课时，奥巴马总统马上关心地问，是否需要他给老师写个条子说明原因。约翰没有拒绝，他根本不会想到自己今天会有这样的好事，得到奥巴马的亲笔便条。奥巴马认真地问清女孩的名字，从兜里掏出一支笔，右手拿话筒，左手在演讲台上刷刷地写着，很快就写完了给老师说明原因的条子。

全场听众都会心地笑了。奥巴马有两个女儿在上学，他当然知道学校的规则，并且显然认真对待这些规则。奥巴马并没有因为这个 10 岁的女孩是来参加他主持的群众集会就忽视了学校的规则。他走下讲台，亲自把纸条递给这个幸运的女孩儿，女孩笑得非常开心。那是一个特别可爱的白人小姑娘，扎着一条金黄的马尾辫，大家都自发地给予了掌声。记者们迅速地捕捉了这些镜头。这张不同寻常的条子上写着：

“To Kennedy’s teacher: Please excuse Kennedy’s absence. She’s with me. Barack Obama.”(肯尼迪的老师：请原谅肯尼迪的缺席。她跟我在一起。奥巴马。)

在美国，请假条并不都是由学生监护人出具的，像学生上课时间去看医生或参加活动，医生办公室和活动主办方都会主动出具请假条。老师自然原谅这样的极其少见的缺课理由与解释。认真过问这样的小事，这样的总统也极其少见。

小肯尼迪在接受采访时说，她要把总统写的条子镶在镜框里好好保留起来做纪念，给老师的是复印件。奥巴马在世人面前表现了平易近人和遵守规则的一面；这对于那个小女孩更有教育意义，她明白了学校的规则即使是总统也不应该例外。

资料来源：《南湖晚报》，2009年6月26日。

二、留言条

案例精选

例 1

留 言 条

建平：

今天上午，我来约你一道去明明家，适逢你出外。明天下午三点，再来找你，望等候。

志武

5月8日

例 2

留 言 条

小刘：

今天下午我和××来你家，准备跟你商量明天团支部组织参观市“青年志愿者在行动”图片展览一事，恰巧你外出未归。今晚8点半我们再来找你，望你在家等候。

蒋××

×月×日下午×时

这两张留言条语气平和，来访目的，另约时间、地点都写得非常清楚，绝不会误事。

(一) 概念

留言条是访问某人未遇时写下的便条。有时替别人接了电话，将电话内容记下来转告，也叫留言条。从广义上说，凡因故不能面谈而将有关事项简要地写下来告知对方的便条都是留言条，比如父母上夜班前给尚未放学回家的孩子留言，告知他到哪儿去吃晚饭等。

(二) 格式

留言条的写作格式及要求跟请假条大体一致，但一般不用标题，也不必写祝颂语。其中署名可以是全名，也可以是小名或外号等，但必须让对方明确知道是谁；日期可写某月某日，也可明确到几时几分。

请你评判

下面是一份留言条，找出其中不当之处，并改正。

留　言　条

小王：

自从上次分别至今七年未见，借来渝出差之机，特来探望您，不遇，十分惋惜。看到此留言条后，请到人民公园与我见面。

×月×日

1. 读对话，写留言条。

(路路与小亮家的邻居阿姨)路路：阿姨，小亮家里的人不在吗？阿姨：是的，他们上街去了。路路：请您替我把这本书交给小亮。阿姨：行啊，你写个留言条吧。

2. 请你写一篇网上留言，评论当前高职院校学生就业问题。

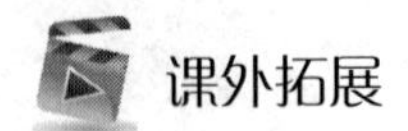

课外拓展

一张担责留言条激荡正能量

“我真是不安，如果没找到车主，心里会一直过意不去。”金演说。4月17日早上7时许，金演骑电动车去上班时，在省政府大院不慎与停在路边的一辆蓝色小车发生剐蹭。车主当时未在场，金演又急着上班，便留下一张纸条，表示愿意赔偿车主损失，并留下了联系方式。车主非常感动，当即放弃索赔。

小车上的感人纸条

高先生在省政府大院上班。昨日上午8时许，他路过省府南一路口，看到许多人在围观一辆蓝色小车。走近一看，只见小车车窗玻璃贴着一张纸条：“您好！对不起！刚才不小心骑电动车撞了您的车，如需修理请与金演联系。谢谢您的理解！”纸条还留有联系方式。高先生非常感动，当即将纸条拍下来发到微博上，记者随即联系到留条的女子，她叫金演，在省政府大院一家单位的食堂上班。

“不赔偿，良心过不去”

昨日上午，记者见到金演，她穿着工作服，脚上穿着套鞋。金演说，她在省卫计委机关食堂上班，这次是上班第一天。“我当时骑电动车从八一广场进入省府南一路，找不到上班的地方，便边骑车边用手机和主管联系。没想到，电动车不小心撞上停在路边的小车。”“当时车主没在现场，我又急着上班，于是借来纸和笔，请主管执笔给车主留了条。”金演说，“蹭坏别人的车，如果不赔偿，良心上过不去，再贵，也要帮着维修。到现在为止，我还没接到车主的电话”。记者了解到，金演在食堂上班，月收入仅1500元。

车主被感动放弃索赔

记者辗转联系上车主魏智，他很吃惊：“我以为是个恶作剧，没想到是真的！我很感动，非常感动！”魏智告诉记者，因妻子要生小孩了，当时他把车停在省府南一路，走路去了省妇幼保健院。回来后，他发现车头位置确有剐蹭痕迹，玻璃上的纸条他也看到了。“我当时将纸条拍下来，发在朋友圈请大家来判断一下真伪。”记者转述了金演的想法，魏智当即请记者向金演转达他的意思：没必要，也不需要赔偿。“她有这个心就可以了！她很不错，敢于担当。”魏智说。那魏智的车到底损伤到什么程度呢？“从外表看，去修理店喷漆大约要两三百元。如果去到4S店修理，可能要1000多元。”魏智说。

“社会需要这种正能量”

据金演的主管李福保告诉记者：“金演是一名好员工。这次是她上班第一天，目前仍处于试用期。”李福保感慨地说，现在社会上损坏他人财产后一走了之的大有人在，但像金演这样勇于担当的人更多，社会就需要这种正能量。记者发稿前，魏智来电告诉记者，他已和金演联系过，明确表明不用她赔偿。

资料来源：《江南都市报》，2014年4月18日。

第二节　常用单据

一、借条

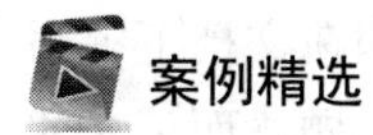
案例精选

例 1

借　条

今借到财务科人民币叁佰圆整，做回家探亲用。日后按规定报销，多退少补。

此据。

借款人：李爱兵(签名盖章)

×年×月×日

例 2

借　条

今借到王婷同学的《说文解字》壹本，三个月后送还。

此据。

借书人：王文靖(签名盖章)

×年×月×日

知识导航

这两张借条“今借到”3 个字表示此单据的性质：写清了借什么、借多少。而数字用大写起到防止涂改的作用；借公家钱物时一般还要写明用途，便于管理人员做出相应的财务安排；“此据”独成一行起强调其证据作用。落款写明经手人姓名，以明确责任。

(一) 概念

借据(条)是个人或单位借用个人或公家的现金、财物时所写的凭证性的一种应用文，是人们在日常工作和生活中经常使用的一种应用文。

(二) 分类

借据(条)从发文的角度看可以分为两类：一类是个人在借他人或单位的钱物时向对方所写的借据或借条；另一类是单位向个人或其他单位借钱物时所写的一种凭证性借据。若从钱物的借出方看，借据也可分为写给个人的借据(条)和写给单位的借据(条)两种。

(三) 格式

(1) 标题。借(条)的标题可由两种方式构成：一是直接由文种名构成。即在文档正中写上“借条”或“借据”字样。二是在第一行空两格后写上“今借到”作为标题，而正文的其他内容放在下一行顶格写，其实这是一种省出标题的借条的写法。如果替别人代借，应在“借”前加“代”字。

(2) 正文。正文应写明以下一些内容：首先，从哪里得到了什么东西，数量是多少。要写出所借的钱物和数量及物品的品种、型号、样式、规格等。借出方也须写清楚。从单位借出的钱物要写明用途。其次，写明归还的具体日期或大致时间，有时还要写明具体归还的方法。

(3) 落款。落款要写上写借条者的单位名称、经手人姓名或借方个人的姓名。必要时须加盖公(私)章，以示负责。单位、个人名称前一般写上“立据人”或“借款人”字样。在署名后写上借钱物的具体时间，年月日要写完整。

(四) 注意事项

(1) 借方在写好借条时，要认真清点好所借东西的数量，以防一些不必要的麻烦。

(2) 内容简洁明了。

(3) 文面要干净，不许涂改。若有涂改，须出据方在改动处加盖公章或私章或签名。

(4) 涉及钱物的数字须大写。

(5) 在钱物归还后，应将借据(条)收回或当面销毁。

请你评判

请找出以下借条的问题，并改正。

借　　条

今借到我们班主任王老师人民币 40 元整，用于购买钢笔和学习用品。下周内归还。

此据。

借款人：李春

二〇一〇年十二月五日

技能实训

假设学院将举办迎新晚会，你作为学生会干部需要向财务处借款 3000 元用于筹办工作，请就此拟一份借条。

课外拓展

书写借条应注意什么？什么样的借条有法律效力？

1. 书写借条应注意什么

借条的基本内容包括：债权人姓名、借款金额(本外币)、利息计算、还款时间、违约(延迟偿还)罚金、纠纷处理方式，以及债务人姓名、借款日期等要件。只要具备债权人姓名、借款金额、债务人姓名及借款日期(尽管是后来添上的)，就符合借条的主要要件，因此具有法律效力。一旦产生争议，是可以作为证据向人民法院主张债权的，人民法院也会采信的。

(1) 名字。出具借条时一般借款人会署名，这是常识，但是有些人有大名、小名、绰号，还有的名字音同字不同。借条作为表明双方借贷关系的法律文件，署名应当准确、规范、严谨，严格按身份证上的名字签署。作为出借人对借款人的署名应当高度重视，一般稳妥的做法是要求借款人携带身份证，按照身份证上的名字署名，并附上身份证号。可能有些人觉得这个建议小题大做，但真正发生争议时可以省却不少麻烦。同理，借条上对出借人的名字也应当准确。如果借款人已婚，最好由夫妻两人共同署名，以做到有备无患。有些人在经济状况恶化后会利用假离婚来逃避债务，其配偶往往以不清楚借款情况，没用于家庭共同生活而不认可欠债。

(2) 利息。个人借贷一般发生在亲朋好友之间，有些人碍于情面，对借款是否计算利息含糊其词，这就为今后纠纷埋下隐患。俗话说“亲兄弟，明算账”，在金钱往来上亲朋好友之间更应当明明白白，这样反而更有利于长久保持情谊。因此，借贷时应当明确借款有偿无偿，有偿借款利息的计算方式是月息还是年息，利息是同本金一起支付还是提前分段支付。这些情况都要在借条上约定清楚，才能避免以后发生纷争。一般民间借贷借条上没有约定利息，视为无息。如果是有息借款，根据法律规定，利息最高不得超过银行同类贷款利率的 4 倍。

(3) 借款期限。借贷双方可以约定还款期限，也可以不约定具体的还款期限。约定了具体的还款期限的，其诉讼时效为期满之日起 2 年。出借人应当在还款期至后 2 年内及时要求借款人清偿，以防止因为诉讼时效已满而丧失胜诉权。生活中常见情况是出借方进行过多次口头催促还款，但由于没有保留书面证据，一旦面临诉讼时在时效上就存在重大的举证风险。其实有一个办法可以轻而易举解决这个问题，即“新桃”换“旧符”，如果在催促还款时借款人暂时无力清偿借款，可以在诉讼时效将要届满前要求借款人重新出具借条，以新借条换取旧借条，这样可以有效避免时效届满问题。对于没有约定还款期限的借款，出借人可随时要求借款人清偿，但要给予对方合理的准备时间。

(4) 担保。如果借贷数额巨大，为确保借款资金安全，可以考虑要求借款人出具担保。担保有物保和人保两种方式，物保就是借款人用自己或他人(当然要经过同意)的财产担保(一般为不动产)，这样就要办理抵押担保手续，比较麻烦。最好使用人保方式，要求借款人提供具有一定经济实力的亲友在借条上签字作保。担保应当使用连带保证，保证期间尽量拉长一点，不能短于借款还款期限。一旦发现借款人经济状况恶化，丧失还款能力，应当及时向保证人主张担保责任，以防止保证期间届满，担保人不承担保证责任，致使担保落空。

2. 什么样的借条有法律效力

规范的借条应具备如下内容：

(1) 应写清楚借款人和放款人的法定全名；

(2) 应写清楚借款金额，包括大写和小写的金额；

(3) 应写清楚借款时间期限，包括借款的起止年月日和明确的借款期限；

(4) 应写清楚还款的具体年月日；

(5) 应写清楚借款的利息，应有明确的年利率或月利率，最终应支付的借款利息总额(包括大写和小写金额)等约定；

(6) 应写清楚借款本息偿还的年月日时间及付款方式；

(7) 应有借款本人亲自签章、手印或亲笔书写的签字。

资料来源：http://www.110.com/。

二、欠条

例 1

欠　　条

尚欠5月8日从光明路街道办事处基建科借到的铁锹六把，特留此据。

经手人：××体育职业学院××

×年×月×日

例 2

欠　　条

原借杜小强同志人民币叁佰圆整，已还壹佰伍拾圆整，尚欠壹佰伍拾圆整，两个月内还清。

刘玉刚

×年×月×日

例 3

欠　　条

××年 3 月份借到王立东人民币捌拾圆整，今补欠条，作为凭证。

张红玉(签名盖章)

×年×月×日

知识导航

这三篇欠条所使用的场合是不同的。例 1 是已归还了原来借的部分物品，尚有 6 把铁锨未还，所以写下欠条。该文交代了欠物品的来源。例 2 同例 1 性质相似，均是原借钱物已归还了一部分，尚有一部分未还，因此要写下欠条，作为欠款物的凭据。例 2 具体交代了原借钱的数量，以及现在所欠钱款归还的具体期限。例 3 是借款人早已借了别人的钱，但由于某种原因一直未能归还，也没有写下任何借款的凭据，因此只能补出欠条，作为凭证。以上三篇欠条，在提及钱款数字时注意了大写的使用，用语通俗明白，不会引起人们的误解。篇幅短小精悍，说明清楚，是这几篇例文的优点。

(一) 概念

欠条是个人或单位在欠款、欠物时写给有关单位或个人的凭证性应用文。欠条今天也有人称作“白条”。

(二) 适用范围

欠条通常适用于下列几种情况：借了他人或单位的钱物到时不能归还，或不能全部归还，有部分的拖欠，此时就须写张欠条。在购买物品或收购产品时，因不能支付或不能全部支付他人的款项而要写张欠条。借了个人或公家的钱物，事后补写的凭证，也可以称作欠条。

(三) 分类

欠条从发文的角度看可分为两类：一类是单位欠个人或其他单位的钱物时所出具的欠条；另一类是个人欠他人或单位的钱物而写的欠条。从欠条的发文对象看，欠条也可分为写给单位的欠条和写给个人的欠条两种。从欠条的内容看，欠条还可以分为欠物条和欠款条两种。

(四) 基本格式

欠条一般由标题、正文、落款三部分组成。

(1) 标题。欠条的标题一般由文种名构成，即在正文上方中间以较大字体写上“欠条”两字。也有的在此位置写上“暂欠”或“今欠”字样作为标题，但这种标题正文则在下一行顶格写。

(2) 正文。欠条的正文要写清欠什么人或什么单位什么东西、数量多少，并要注明偿还的日期。

(3) 落款。欠条落款时要署上欠方单位名称和经手人的亲笔签名。若欠条是个人出具的，则须署上欠方个人的姓名，并同时署上欠条的日期。若欠条是单位出具的，则要加盖公章。若欠条是个人的，则要加盖私章。

(五) 注意事项

(1) 欠条是付还欠物、欠款或索要欠物、欠款的凭据，所以在写欠条时不可潦草从事。同时欠条要好好保存，以防丢失。

(2) 欠条是人们在日常交往中的一种借还凭证，一般不具有法律的约束力，因此必要时可在立欠条时经由一定的法律程序，以防后患。

(3) 欠条务必要字迹清晰，不可涂改。若不得不改动的，则须由改动方在改动处加盖公章(私章)或个人签名。

(4) 钱款数字要大写。

请你评判

以下欠条有何毛病？

欠　　条

截止至×年×月×日，本人尚欠××人民币××(大写)元(小写)，特立此据!

欠款人：王晓明

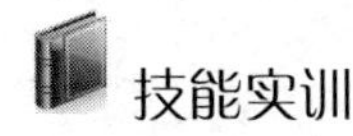

技能实训

假如你是一名体操运动队领队，需要带领运动员参加国外比赛，出发前向运动管理中心借款 30 000 元，归国后归还 25 000 元，尚欠 5000 元。请据此写一张欠条。

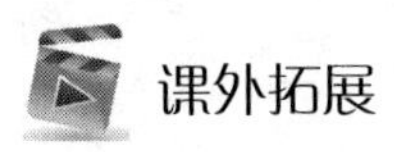

课外拓展

浅谈借条和欠条的区别

随着市场经济的发展，民间资金流动日渐频繁，私人借贷成为一种现象。民间借贷的案子在民庭案件中占的比例也正逐渐变大。当事人常常把借条和欠条这两种重要的民事证据弄混淆，因此很有必要对二者进行区别、厘清。

借条和欠条二者的区别如下：

一是产生的原因不同。借条主要是因借款而产生的；而欠条产生的原因是多种多样的，任何能以金钱为给付内容的债都能产生欠条。

二是性质不同。借条反映的是当事人之间借款合同关系，借条本身是借款合同的凭证，每一个借条背后都是一个借款合同；而欠条则是当事人之间的一个结算结果，反映的是当事人之间单纯的债权债务关系。

三是诉讼时效不同。对于注明了还款期限的借条和欠条，诉讼时效均从其注明的还款期限之日起 2 年。没有注明还款期限时，二者的诉讼时效是有区别的：对于没有注明还款期限的借条，出借人可以随时向借款人要求还款，诉讼时效从权利人主张权利之时开始计算，时间为 2 年。权利人再次主张权利的，诉讼时效中断。但是如果出借人在借款人出具借条的 20 年内不主张权利，则丧失胜诉权。没有注明还款期限的欠条，出借人也可以随时要求返还，诉讼时效从权利人主张权利之日起 2 年，同样适用诉讼时效中断的规定。但是从出具欠条之日起，2 年内不主张权利的，丧失胜诉权。

四是证明力不同。举证时，借条持有人一般只需向法官简单地陈述借款的事实经过即可；欠条持有人必须向法官陈述欠条形成的事实。如果对方否认，欠条持有人必须进一步举证证明欠条形成的事实，否则法院很可能对其诉求不予支持。

资料来源：http://www.chinacourt.org/article/detail/2009/12/id/387230.shtml。

三、领条

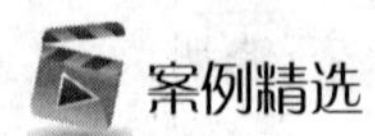

例 1

领　　条

今领到

市商业局教育科《商业职工教育文件选编》伍拾本。

红旗旅社

经办人：赵二妮

×年×月×日

例 2

今 领 到

办公室新发办公用品钢笔 50 支、拖把 10 把、垃圾斗 10 个、蓝墨水 20 瓶、信封 50 个、稿纸 20 本 。

机要科：张红彤

×年×月×日

例 3

领　　条

今领到院宣传科免费发给的《邓小平文选》四本 100 套。

领取人：唐大刚

×年×月×日

本节所选几则例文都是短小精悍而又清楚明白的。在具体的形式上稍有不同，例 1 标

题用了“领条”，同时在接下来又用了“今领到”单独作为一行，若没有“领条”已作标题，那么可将“今领到”视作标题。例 2 就是以“今领到”为标题的。例 3 标题的使用是更为常见的。所选这几则范文在内容上将从何处领取、领取的什么、数目多少、经办人、领取的时间等均交代得十分清楚。

(一) 概念

领条是领取钱物的个人或单位在领到钱物后，向发放物品的个人或单位所写的一种凭据类的应用文。现在一般在领取物品或钱款时只在造好的表册上签字即可，但这种以单独的领条形式出现的应用文也很常见。领条在领取物款时经常使用，发放人据此报销账目，而领取者据此表示已如数领取。

(二) 分类

领条依其署文者的情况可分为两类：一类是个人在领取到钱物后写的领条，一类是单位在领取到钱物后所写的领条。若依其所领东西来区分，领条则可分为领款条和领物条两种。

(三) 基本格式

(1) 标题。领条的标题写在正文的正上方，字体稍大。标题一般由两种方式组成：一种是直接由文种名组成，即写上“领条”字样。另一种是以正文内容的前三个字为标题，即以“今领到”作为标题，这类标题的正文须顶格写。

(2) 正文。正文一般从标题下一行空两格处写起。正文的内容主要写明下列内容：从哪里领取，领取的东西都有什么，其数目有多少。有的领条还要写出所领物品具体的的用途。若正文所发放的物品种类较多，则可单独列表表示。

(3) 落款。在正文右下方写上单位的名称、经手人的姓名；个人领取的，则写上个人的姓名。名下署上领取日期。落款处一般须加盖公章和私章。

(四) 注意事项

(1) 领条上应如实记录所领取钱物的数量、品种，领取钱物时要当面点清。

(2) 领条所列的数字要求大写。领取钱款时，要在数字后面加个“整”字。如“陆佰圆整”，以免被别人增添。

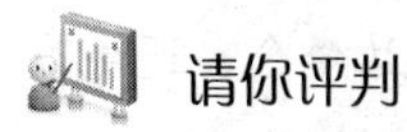

请你评判

请你给下面这张领条改错。

中学财务室：

　　我领到学校法给的生活补助费每月 500 元。

　　此致

敬礼

2008 届 5 班　王某

09.3.1.

技能实训

9 月 3 日，体育康复保健专业学生王小红领到医务室下发的医药箱 1 只，红药水和紫药水各 1 瓶，创可贴 10 条，药棉 2 包。请你代她写一张领条。

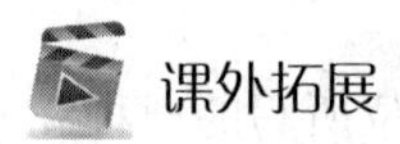

课外拓展

指纹和印章来历的传说

长期以来，我国一直保留这样一种习惯，办一些事为了慎重起见都要写个条子，在按上一个指印作为凭证。为什么呢？因为人体的任何部位都可以改变，唯有指印无法改变。人和人的指印没有相同的，这已经被现代科学充分肯定了。据传，人类用指纹作为凭证，已有五千年的历史了。追溯起来这还是我们的祖先轩辕黄帝最先发明的。

传说自从仓颉创造了象形字后，传送书信、下达命令都采用象形文字。有一次，黄帝手下的应龙领兵在和蚩尤军队作战时，抓回了 5 名俘虏。应龙上书黄帝问该如何处理。黄帝看后，要仓颉写信命应龙给俘虏讲清道理后，放他们回去。谁知，这封信应龙没有收到，却落到应龙手下一名叫蛮角的小头目手中。蚩尤杀害了蛮角的全家，蛮角就满怀对蚩尤一伙的仇恨投奔了轩辕。当他看到黄帝在信上下令全部放回 5 名俘虏时，怎么也想不通。于是乘周围无人，偷偷地把“全部放回”4 个字，改成“全部处死”，然后交给他的上司应龙。而且不等应龙下令，他就带着十几个人把 5 名俘虏全部砍死。黄帝知道这件事后，命仓颉认真查处。仓颉严肃地质问应龙：“黄帝命你全部放回俘虏，你为啥要全部处死？黄帝的话，你还听不听？”应龙受到仓颉这番训斥，感到莫名其妙，立即找出仓颉写的信说：“你看看，这上边不是明写着全部处死吗？怎么现在又责备起我来了！”仓颉接过信详细看了一遍，发现他写的信被人涂改过，立刻追查送信的人。送信的人说他把信交给了蛮角。当追究到蛮角时，蛮角一口咬定，他一接到信，就马不停蹄地给应龙送去。结果追来追去，还是追不出个所以然来。仓颉回来向黄帝汇报了追查结果。黄帝听后，沉思了很久，然后对仓颉说：“没有可靠的凭据，谁也不会承认。看来，今后传送书信，下达命令，还得另想办法，不然，还会出更大的乱子。”过了不久，仓颉果然给黄帝想出这样一个办法：凡黄帝下达的任何命令，上面都要有黄帝的手模和脚印。可是时间一长，黄帝觉得老是这样按脚印，按手模，也不是个办法，既麻烦，又不文明，便和仓颉商议，又把“手模脚印”改为只压一个指印。谁知，过了不久，又出了问题，一个名叫石牛的人伪造了一张领条，依照黄帝的做法，按上自己的指印，来到仓库，冒领了十张虎皮。事情暴露后，黄帝又命令仓颉前去查处。这一次真被查出来了。原来，石牛按在领条上的指纹和黄帝的指纹根本不一样。黄帝按的指纹是收口的，石牛按的指纹是绽开口的。仓颉又叫来好几个人，让他们把各自的指印按在一张桦树皮上，仔细一看，与领条上的指纹都不相同，唯有石牛的指纹和领条上的一模一样。石牛在事实面前，不得不承认自己冒领十张虎皮的错误。这时，风后走来对仓颉和黄帝说：“看来，还得再想办法。”这个机智多谋的老头儿，当年曾给黄帝发明了指南车，现在，他从怀里取出一块拳头大的雪白玉石递给仓颉说：“把这个东西磨成四方块，把黄帝的指纹放大，用刀刻在上面。今后不论下达什么命令，先把玉石印往上一盖，黄帝过目后，如果同意，再把自己的指纹按在玉石印旁边。这样的印件，谁也不会伪造，谁也不敢涂改，谁要是伪造和涂改，也能很快查清。”黄帝采纳了风后的意见，命仓颉立即去制作。从此以后，再没有发生过伪造信件和假传命令的事情。

指纹和印章也一直沿用到现在。

资料来源：“炎黄子孙”中大祭祖，有删改。

四、收条

案例精选

例 1

收　　条

代收到刘晓红同学还给张雄老师的网球拍一副，完好无损。

代收人：李群

×年×月×日

例 2

收　　条

今收到高山乡铁匠沟大队马胜田、牛兴旺二同志送来的棉花技术承包合同资金叁仟圆整。

××省农业科学研究所

经手人：张玉山

×年×月×日

例 3

今 收 到

新桥大队王庄生产队养鸡专业户王学真夫妇共同捐赠的办学经费伍佰圆整，生产白品种鸡娃伍拾只。

李岩农业技术学校(盖章)
经手人：王国锐
×年×月×日

例 4

收 到

3238 钻井队送来×年第四季度会计报表叁份。

川南矿区财务科(印)
经手人：何成
×年×月×日

例 1 为代收条，例 2 至例 4 则是收条。例 3 以“今收到”作标题；例 4 同例 3 差不多，也以“收到”作为标题。代收条也是收条，只是代收人不是当事人，而是一个中间人而已。

收条要求将所收到的物品、钱款的具体数目以及物品的大小规格、式样等一一说明，同时还要写清是从谁那儿收的。收条的落款要求经手人签名盖章，注明日期，而不能仅仅只有单位的名称。收条不能涂改。钱款数目也要大写。

例 1 代收球拍一副，并特意注明“完好无损”，言语简洁，说明清楚。例 2 交代了送款人的具体姓名、送款数目及送款理由。例 3 交代得也很清楚。例 4 虽说只有一句话，但也将收条的内容全部写出。从以上四则收条来看，收条写作“务去陈言赘语”，该说则说，越简越好。

(一) 概念

收条是收到别人或单位送到的钱物时写给对方的一种凭据性的应用文。收条也称作收据，是日常生活中常见的一种应用文样式。

(二) 适用范围

原来借钱物或欠钱物一方将所欠、借的钱物还回时，借出方当事人不在场，而只能由他人代收时可以写收条。如果当事人在场，则不必再写收条，而只把原来的欠条或借条退回或销毁即可。

个人向单位或某一团体上缴一些有关费用或财物时，对方须开具收条，以示证明。单位和单位之间的各种钱物往来，均应开具收条。当然，在正式的场合下，一般都有国家统一印制的正式的票据，这属于另一类情况。

(三) 种类

收条的种类一般来讲有两类：一类是写给个人的收条，一类是写给某一单位的收条。单位出具的收条通常是由某一个人经手，而以单位的名义开据。

(四) 基本格式

一个完整的收条，通常应由标题、正文、落款三部分组成。

(1) 标题。标题写在正文上方中间位置，字体稍大。标题的写法有两种：一种是直接由文种名构成。即写上“收条”或“收据”字样。另一种是把正文的前几个字作为标题，而正文从第二行顶格处接着往下写。如用“今收到”“现收到”“已收到”作标题。

(2) 正文。正文一般是在第二行空两格处开始写，但以“今收到”为标题的收条是不空格的。正文一般要写明收到的钱物的数量、物品的种类、规格等情况。

(3) 落款。落款一般要求写上收钱物的个人或单位的名称姓名，署上收到的具体日期，一般还要加盖公章。是某人经手的一般要在姓名前署上“经手人：”的字样；是代别人收的，则要在姓名前加上“代收人：”字样。

(五) 注意事项

(1) 在写收条时，务必清点好所收到的物品钱款的具体数额，做到准确无误，不出差错。

(2) 是替别人代收的，应在题目使用“代收到”字样，在文尾署名时用“代收人”3 个字。

(3) 收条的语言一般较为简单，篇幅往往短小精悍，不涂改，数目要大写。

请你评判

请你看看以下收条有何问题？

收　　条

今收到王小川购房款 50 万元整。

收款经手人：签字　手印　　交款人：签字　手印

2013 年 1 月

技能实训

2 月 12 日，运动系李辉收到了陆真替张凯送来的 5 本书。假如你是李辉，你会怎样写这张收条呢？请试一试。

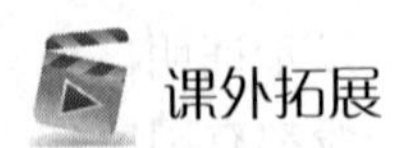

课外拓展

发票、收据知识

1. 发票与收据的区别

发票是指税务部门印制的盖有税务票据监制章的收付款凭证，用于商业经营性收入，即应税业务，如劳务、货物转移等。发票通常有货物销售发票、商业零售发票、服务业发票、文化体育发票等。

收据主要是指财政部门印制的盖有财政票据监制章的收付款凭证，用于行政事业性收入，即非应税业务，如行政收费、大中小学学杂费收取、罚没款等。收据通常有行政事业收费收据、教育收费收据、行政非税收入收据、行政事业往来收据等。发票与收据二者有本质区别，不同经济内容的业务应收取或开具不同的发票或收据，不能混用。中国人民解放军总后勤部监制的收据视同财政、税务部门监制票据。

2. 发票、收据的合法性及合理性

发票、收据的合法性表现在是否印有税务局或财政局的票据监制章。这是与购自商店的收据的根本区别。

发票、收据的合理性是指收受或开具时，发票、收据的要素必须填列齐全，即应注明接受发票、收据单位的名称、开具的日期、品名内容、数量、单价、金额、开票人署名、开票单位签章等。汇总发票或收据还应附开票单位开具的清单，建筑施工发票还须附有工程决算书。

3. 发票、收据的取得与结报

应合法取得发票、收据，应取得合法的发票、收据，应取得规范的发票、收据。发票与收据的结报应开具票据，取得收入当月入账。

4. 发票、收据的填写规范要求

填写或接受发票、收据时应注意：

(1) 要素必须齐全，不能遗漏；实事求是，按实际发生的经济业务填写。

(2) 大小写金额必须一致，不可缺一。大写正确填写方法是：数字前一位填写人民币符号“￥”；遇“0”的，应以“零”字填列。

(3) 开具过程中，如有涂改的，必须作废重新开具，不得出具或收取。作废发票及收据，必须与存根联装订在一起。

(4) 指定专人开具发票或收据，一本票据不能有多个开具者。

5. 发票、收据的冲红

按新规定，发票、收据冲红不再用红笔填开，而是在小写金额栏前加“—”号，大写金额栏前加“负”字。应注意，开具冲红发票的前提是：收回原来的票据，附在红字(负数)票据的存根联后，作为冲红依据；由退费退款者本人出具领据，附在红字(负数)票据的记账联后，作为退款依据。

6. 填开发票、收据的“八不准”规定

(1) 不准大头小尾。指发票、收据填开人将应套写票据分联填写，客户付款联开大金额，而存根及记账联填小金额。

(2) 不准转借代开。指开票单位或个人替他人单位开具。

(3) 不准“卖甲开乙”。指填开人为迎合业务方，将甲方开成乙方。

(4) 不准拆本使用，及乱号填开。

(5) 不准错位开票。指未按票据的最高限额而超额开票。如百元版开千元以上等等。

(6) 不准涂改套用。指开票部门由于填写错误，为省事而在原票上涂改。

(7) 不准出具空白发票。

(8) 不准开具本单位以外的票据，或在本单位票据上开具本单位业务范围外的经济内容。

资料来源：http://news.9ask.cn/hhjm/tjzs/201011/918551.shtml。

本章小结

我们可以归纳出以上几种单据的一些共有的特点：

(1) 标题。标题一般有两种写法：一种是以文种为标题，如借条、领条、收条、欠条等，这类标题要写在正中间，字体一般要大一些。第二种是写“今借到”(借条)、“今领到”(领条)、“今收到”(收条)、“今欠”(欠条)等字样，这类写法是省略标题的写法，一般顶格写，不加冒号(“今欠”除外)，下面的内容顶格写。

(2) 正文。与标题格式相对应，正文一般也有两种写法。如果是以“借条”“领条”等为标题，则正文另起一行，空两格写起。如果是以“今借到”“今领到”等为标题，则顶格写。内容要准确、明确、简洁，不能产生歧义。根据条据的不同性质安排不同的内容，一般要交代清楚时间、目的、对象等。一般正文先写“今收到”“今借到”字样，后依次写什么人、什么东西、数量多少。如涉及钱物，要写明钱物的数量(大写)，是钱，前面最好要加“人民币”3 个字，数尾要加“整”字，前后不留空白。一般不允许涂改，如果确要涂改则必须在改动处盖章，一般重写一张。正文结尾有的要写上“此据”“此致”“敬礼”等字样，但有的可以省略。

(3) 落款。无论哪种单据均需要有落款。落款包括两部分：一是借款人(单位)、经手人、经办人等；二是时间，要写清年月日。有的要加盖公章或私章。

笑话一则

从前有个地主，为人吝啬。他希望自己的孩子长大后有出息，却又不肯给教他孩子的老师吃喝。因此，谁也不到他家去当教师。地主很着急，这时，当地一个很有教学经验的秀才却主动找到地主门上了，表示愿到地主家当教师。地主说：“先生，我没好饭菜招待您。”秀才说：“行。”地主又说：“先生，您是名教师，听说每学期要收学费 30 两银子。我却没钱给您。”秀才说：“行。我不要你招待我吃鸡鸭鱼肉，也不用你交 30 两银子的学费，豆腐白菜总该有吃的吧。”地主连连点头说：“有，有。先生，就按您答应的，您给我写个字据吧。”秀才点头，提起笔写道：

东家：

无鸡鸭也可无鱼肉也可豆腐白菜不可少不得要学费银子 30 两。

××秀才

×年×月×日

地主拿起纸条，看了一眼，害怕秀才反悔，赶紧叫人收到屋里去了。一学期快结束时，秀才就摔碟子打碗，嫌顿顿吃豆腐白菜都把身体吃垮了。地主一听，从柜子里拿出便条，跑到书房，对秀才说：“先生，您可不能反悔。您写了字据哩。”秀才说：“我写了什么字据？”地主拿出字据，秀才接过去，手持毛笔，边念边点标点：

东家：

无鸡，鸭也可；无鱼，肉也可；豆腐、白菜不可。少不得要学费银子 30 两。

××秀才

×年×月×日

秀才念完，地主可傻了眼。只好杀鸡、杀鸭、蒸鱼、炖肉，招待先生，还交了学费银子 30 两。

资料来源：http://www.newxue.com/kewentuozhan/12414889551542.html。

实训练习

一、选择题

下列情况应使用哪种条据文书？请将选项的字母写在横线上。

A. 收条　　B. 领条　　C. 借条　　D. 欠条　　E. 代收条

1. 张某向钳工组借用手提式钻机，应写______。
2. 张某在物资部领取了 4 支试剂，写了一张______。

3. 图文社送来张某定制的宣传板 2 块，让张某写一张______。

4. 张某的同屋出门办事去了，恰有人来还 100 元钱，张某写了一张______，代同屋收下钱。

5. 小杜在张某的店里购买了价值 500 元的商品，但身上只带了 400 元钱，另 100 元他写了一张______。

二、写作题

1. 你想邀请中学同学到你现在就读的学校参加新年晚会。请你用便条的形式，告诉受邀者晚会的时间、地点，并用文字描述由校门口到达晚会会场的行走路线(写作要求：让一个陌生人不需问路就可找到会场)。

2. 韩晶与范云约好，去取两本书。当韩晶到范云处时，门房梁师傅交给韩晶一张留言条和两本书，原来范云送同事去医院了，走之前急急忙忙把书留在门房。范云的这张留言条应该怎样写？

3. 假如你是张凡，昨天你和同学们一道去武夷山春游，不幸扭伤了脚，但伤得并不重，医生让你在家好好休息。因此，你向班主任袁老师请假两天。请写一份请假条。

三、分析题

两年前，任鑫向柳泽雨借了 15 000 元。今年 7 月，柳泽雨急需用钱，要求任鑫返还借款。任鑫因资金短缺只还了柳泽雨 10 000 元。为避免出现纠纷，任鑫给柳泽雨写了一张欠条：任鑫借柳泽雨人民币 15 000 元，今还欠款 5000 元。请你分析，任鑫的欠条有什么不妥？

第二章

应聘文书

第一节　求职自荐信

案例精选

例 1

求　职　信

尊敬的领导:

您好！首先，为我的冒昧打扰向您表示真诚的歉意。在即将毕业之际，我怀着对贵公司的无比信任与仰慕，斗胆投石问路，希望能成为贵公司的一员，为贵公司服务。

我是××职业技术学院社会体育专业的一名学生，将于今年7月毕业。××职业技术学院是××省唯一一所国家公办的体育类的高等学校，建校多年来，已为社会输送了近万名各类体育技术专门人才。

在大学三年的学习期间，在师友的严格教益及个人的努力下，我具备了扎实的专业基础知识，系统地掌握了××、××等有关理论知识；同时，我还利用课余时间广泛地涉猎了大量书籍，不但充实了自己，培养了自己多方面的技能，也提高了个人综合的素质。曾获××比赛一等奖，××年获学校优秀奖学金……

作为新世纪的大学生，我非常注意各方面能力的培养，抓住每一个机会，积极参加社会实践，不断提高自己各方面的能力。曾在××公司实习(主要实习内容为: 健美操教练),也曾在假期期间到××项目实习……这些实践活动让我初步掌握了健身健美操必备的技能。

大学三年学习，我深深地感受到，与优秀学生共事，使我在竞争中获益；向实际困难挑战，让我在挫折中成长。祖辈们教我勤奋、尽责、善良、正直；学校培养了我实事求是、开拓进取的作风。

我热爱贵单位所从事的事业，殷切地期望能够在您的领导下，为这一光荣的事业添砖加瓦；并且在实践中不断学习、进步。诚然我尚缺乏丰富的工作经验，如果贵公司能给我机会，我会用我的热情、勤奋来弥补，用我的知识、能力来回报贵公司的赏识。

收笔之际，郑重地提一个小小的要求：无论您是否选择我，尊敬的领导，希望您能够接受我诚恳的谢意！

此致

敬礼！

求职人：××敬上

××年××月××日

联系地址：×× 电 话：××

例 2

应 聘 信

尊敬的领导：

您好！我是××职业技术学院管理工程系工程造价管理专业的学生，将于2009年7月毕业。毕业之际，很高兴地在人才招聘网站上得知贵公司正在招聘一名建筑工程项目预决算员，怀着热情与渴望，向您呈上我的应聘材料，衷心希望得到您的认同和接纳，成为贵单位中的一员。

在三年的大学生活中，我在学业上不断进步，较全面、系统地掌握了建筑工程定额预算与清单报价、预算软件的应用、工程招标与合同管理、工程项目管理等建筑工程预决算的相关专业知识；在学好专业课的同时，本人注重个人综合能力的锻炼和培养，选修了社交礼仪、演讲与口才等课程；具备了独立分析问题、解决问题的能力。现已考取了建筑工程施工员、预算员的岗位证书，通过了全国计算机二级水平考试和英语四级考试。

本人积极参加社会实践活动，在学院组织的××房地产开发公司的社会实践调查活动中，本人独立设计问卷，深入社会，在收集了大量信息的基础上，写出了较科学的调查报告，得到了该公司领导的好评。

在××工程造价咨询公司实习期间，本人参与了××工程项目投标文件的编制，专业技能得到了进一步的提高。如有幸得到您的赏识，成为贵公司的一员，我将保持奋发向上的精神，谦虚地向前辈学习，尽我所学，为公司的发展出一份力量。

现奉上推荐表、个人简历、成绩表等资料，如还需要其他证明材料，请您赐告。我的联系方式是：手机：××，电子信箱：××。

感谢您拨冗阅读我的应聘材料。如需相关证明材料，请您赐告。

顺颂商祺！

求职人：×××

二〇〇六年三月十日

例 3

应 聘 信

××公司经理先生：

您好！本人从××月××日××报纸的招聘广告上，获悉贵公司正在招聘工程项目现场施工管理员。经过认真思考分析，本人认为自己各方面的情况符合应聘要求，特写此信应征这一职位。

本人于××年××月毕业于××职业技术学院建筑工程技术专业(建筑施工方向)，毕业后一直在××建筑工程有限责任公司担任××工作，于××年××月取得××职称。有关个人业绩、证件等材料随函附上。

请公司考虑我的求职申请，我的联系地址是××市××路××小区××号××房，邮政编码：××，联系电话：××。

热切期待您的回音。

附件：1. ××学院毕业证复印件

2. ××技术职业资格证书复印件

3. 个人履历表

求职人：××谨上

××年××月××日

求职自荐信要求语言平实、内容简明、谦诚有礼。三则案例用语平实，无夸张、修饰之词，不但清晰地交代了求职者的个人基本情况，同时谦诚、有礼地表达了自己的求职愿望，不失为成功的求职信。

(一) 概念

求职信是指求职者向自己欲谋求职业的单位介绍自己的基本情况，提出供职请求的书信，是求职者展示自我能力、主动推销自己的书面材料。一般适用于大、中专院校毕业生，无业、待业人员求职，以及在职人员谋求或转换职业和工作时所使用的文书。

(二) 特点

求职信的最大特点是自我推销。求职者与用人单位或雇主之间从未谋面，互不相识，属于“纸上的会见”，所以求职信要将自己的特长、优势以及个性如实地写出，供用人单位进行研究、选择和录用。

求职信的内容应具有以下特点：

(1) 针对性。一是针对用人单位的实际情况；二是针对读信人的心理；三是针对自己的实际情况。

(2) 自荐性。毛遂自荐，恰当地介绍自己。

(3) 竞争性。由择人与择业的双向选择机制决定。

(三) 类型

按求职者的身份不同来分，有毕业生求职信、待业下岗人员的求职信、在岗换岗人员的求职信等。

按求职对象的情况分，有非应聘式求职信和应聘式求职信。非应聘式求职信，是指求职者在并不一定清楚某用人单位是否需要招聘人工或者是否具备符合本人求职意愿的工作岗位的情况下，主动向用人单位递交或发出的求职请求，是“投石问路式”地寻求职位。应聘式求职信又称应聘信，指求职者根据用人单位发布的招聘人员广告、通知和其他有关信息，有目的地表达求职意向的信函，求职者所呈递的应聘书是有针对性地单独传递，求职目标比较明确。

(四) 写法

求职信与应聘信的写作要求大体相同，都是个体求职者借用文字以书面形式向有关单位或相关领导介绍自己，请求给予工作的信函。求职函的格式一般包括标题、称呼、问候语、正文、敬语、落款和附件等几个部分。

1. 标题

求职信的标题通常只由文种名称组成，一般以“求职信”或“应聘信”三个字为标题，居于首页第一行正中。

2. 称呼

称呼在求职信的第二行顶格书写，主要写明收信人，是求职者对自己求职单位或领导的称呼。称呼后面加上冒号，是引起下文的意思。称呼要礼貌得体，要根据不同单位、不同部门的情况而定。一般情况下，对国有企事业单位的可称“××单位”或“××单位的人事处(组织人事部)”，如“××建工集团第一建筑工程有限责任公司”；对民营、私营或合资独资企业的可称“××公司经理或××公司人事部负责人”，如“××良兵消防公司人事部”；若没有目的的求职信可以直接称呼“尊敬的领导”；等等。

3. 问候语

写在称呼的下一行，空两格，独立成段，表示对用人单位的尊重和敬意，也是文明礼貌的表现。常用的问候语有“您好”或“你们好”。

4. 正文

正文是求职信的核心，一般由开头、主体、结语三部分组成。

(1) 开头。开头一般先写明求职、应聘的缘由，是毕业求职、待岗求职还是在岗者换岗求职等，都要说明清楚。开头的表达要简明准确，富有说服力。

(2) 主体。主体要针对用人单位的征招信息或者根据自己了解到的用人单位通常的要求，有针对性地介绍自己能胜任某项工作的优越条件(如学历、知识、经验等)，使用人单位意识到你正是他们的最佳人选。这一部分是求职信的关键，其内容通常包括：①个人的学历、年龄、专长、经历、业绩；②个人的志向、兴趣、性格；③求聘的工种、职位；④待遇要求(也可不写)。

(3) 结语。结语的语气要谦恭有礼。一般表明求职者想得到该工作的迫切愿望，或以商量的语气表达希望前往拜访或打电话了解面试消息等请求。常用结语词有“盼望答复”“伫候佳音”等。

5. 敬语

与其他信函一样，但要礼貌，不可过于随便。常用语有“此致”“敬礼”或“顺颂高祺”等。

6. 落款

在敬语的右下方，要写上“求职者：××”，并注明写求职信的具体日期。为方便对方回文联系，还需写上自己的详细通信地址、邮政编码、电话号码、个人网站、电子邮箱地址等。

7. 附件

附件部分是附在信末用于证明或介绍自己具体情况的书面材料。包括：所读课程及成绩表、获奖证书或等级认定证书，发表的文章，专家、单位提供的推荐信或证明材料等的复印件。

(五) 要求

1. 态度要谦恭

求职信是求职人用来向用人单位“求”职的。所以，通常情况下，求职者的语气要谦恭、礼貌，表述要得体，用语要亲切；对于迫切希望得到某个职位的求职者来说，在求职信中除了恭敬与礼貌外，在展示自身才能的同时，还应该表达一种恳切之情，力求以情感人，加深对方的印象。

2. 情况要真实

一般用人单位招聘员工往往要通过面试，聘用员工还有试用期。如果求职者把并不具备的素质和能力作为标签贴在自己身上，迟早总要露馅，到头来徒增烦恼；甚至还会导致用人单位对求职者的品格产生怀疑，影响个人的发展前途。

3. 目标要明确

求职目标意向要明确，即一方面对自己希望获得什么职位要表达清楚；另一方面对于自身从事相关工作，履行相应职责所具备的基本素质或特殊才能也应表述清楚。如果是应聘式求职函，还应严格依据招聘条件，有针对性地逐条如实表述。

4. 语言要简洁

由于求职信的特殊目的以及它所针对的特殊对象，决定了求职信的语言与其他文体有所不同，必须做到简洁，文字表达朴实、通顺，不要使用修饰性词语，切忌错别字和语法错误。

请你评判

下面是两篇存在问题的应聘式求职信，试指出其存在的主要问题。

求 职 信

尊敬的阳光装饰公司经理：

您好！本人是今年的毕业生，面临毕业，想到贵公司工作，现将本人的情况做如下的介绍：

本人现就读于××职业技术学院建筑装饰专业，今年7月毕业。我在学院各方面表现都很好。我的性格是属于外向型的，不喜欢独来独往，人比较健谈，喜欢去人多的地方，喜欢交朋友，而且自己认为朋友越多越好，将来有什么困难可以得到更多朋友的帮助。

我的兴趣是广泛的，好像什么都喜欢，我的音质不好，不会唱歌，但喜欢听人唱歌，喜欢欣赏音乐，我也喜欢画画，也喜欢体育活动，特别喜欢打羽毛球。

在遵守纪律方面，我比较自觉，从没有违反过学院的纪律，不但没有受过处分，有时还能得到表扬。

在生活方面，我比较简朴，不乱花钱。有人说我吝啬，我有自己的看法：我们学生是消费者，花钱不能大手大脚，不然会增加家长的负担，节约是我的优点，我不承认吝啬。

在学习方面，我也很自觉。有的人对基础课的学习不够重视，只重视专业课，我不是这样，我对基础课和专业课同样重视，所以各科学习成绩都达到了老师的要求。

贵公司是从事装修工作的，我是学装饰专业的，完全可以在贵公司工作，请公司研究并答应我的求职申请。

此致

敬礼

求职人：××职业技术学院装饰班：张三

2006年3月16日

应聘信

尊敬的××建筑公司××总经理：

我从××月××日《××日报》上看到了贵公司招聘员工的启事。

我叫张××，女，今年24岁，本市人。大学毕业后在××商场做销售员，由于专业不对口，所学特长无法发挥，很苦闷，很羡慕那些专业对口具有用武之地的人士。

此致

敬礼！

求职人：××谨上

××年××月××日

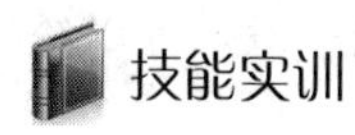

技能实训

给自己认为适合自己事业发展的某公司的人事部写一封求职信。要求格式规范，内容齐备，语言得体。前提是事先并不知道该公司对聘用人员有何要求。

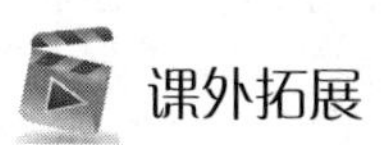

课外拓展

爱因斯坦和达·芬奇的求职信

爱因斯坦和达·芬奇，两个世人皆知的奇才。前者拥有迄今为止被认定的最高智商，用自己的大脑探寻出宇宙奥秘；后者也是才华绝伦，可以设计飞机大炮，也可以画出《蒙娜丽莎》。两人尽管生活年代不同，为人类文明做出的贡献也大不一样，却至少有两件事是相同的：第一，他们都将人脑智慧演绎到了极致；第二，他们都需要工作。也许你也曾听过，爱因斯坦的求职过程充满了艰辛，而达·芬奇却一帆风顺。那么，求职路上两位绝顶天才的差别在哪？看过爱因斯坦和达·芬奇的个人求职信后，你也许会有答案。

1900年，爱因斯坦以优秀的成绩从苏黎世工业大学师范系毕业。毕业后，他希望进入大学任教，这样就可以更好地研究物理学。于是爱因斯坦向德国伟大的化学家、被誉为“科学伯乐”的奥斯特瓦德求助，希望得到一个助教职位。他在求职信中这样写道：“由于我受了您写的《普通化学》的启示，写了一篇关于毛细作用的论文，我很冒昧地发一份给您。同时，我很唐突地问一下，您是否要雇用一位数学物理学的助手。我这样冒昧地请求是因为我没有钱，而且只有这样一种工作才能给予我深造的机会。”

我们不能说爱因斯坦的这封信没有技巧，更加不用怀疑他是否知道怎样写求职信。他先说自己的文章是受《普通化学》的影响，不露声色地把奥斯特瓦德吹捧一番，之后才提出要求。这种“攻心为上”的策略在今天同样能让雇主非常受用。求职信撰写要诀里面，这点是很重要的。但年轻的爱因斯坦犯了一个如今毕业生也常犯的错误，即没有将自己的闪光点很好地展现出来。求职信的字里行间都透着低姿态，除了一篇论文，很难体现自己的过人之处。这样直白地乞求一份工作，即使是天才恐怕也会被人忽略。果然，伯乐并没有给爱因斯坦回信，这次求职以失败告终。

相比之下，达·芬奇也许更懂得“王婆卖瓜”的道理。1482年，30岁的达·芬奇离开故乡佛罗伦萨，来到米兰。他给当时米兰的最高统治者、米兰大公鲁多柯斯佛查写了封求职信，希望谋得一个军事工程师的职位。求职信如下所示。

尊敬的大公阁下:

来自佛罗伦萨的作战机械发明者达·芬奇，希望可以成为阁下的军事工程师，同时求见阁下，以便面陈机密。

一、我能建造坚固、轻便又耐用的桥梁，可用来野外行军。这种桥梁的装卸非常方便。我也能破坏敌军的桥梁。

二、我能制造出围攻城池的云梯和其他类似设备。

三、我能制造出一种易于搬运的大炮，可用来投射小石块，犹如下冰雹一般，可以给敌军造成重大损失和混乱。

四、我能制造出装有大炮的铁甲车，可以用来冲破敌军密集的队伍，为我军的进攻开辟道路。

五、我能设计出各种地道，无论是直的还是弯的，必要时还可以设计出在河流下面挖地道的方法。

六、倘若您要在海上作战，我能设计出多种适宜进攻的兵船，这些兵船的防护能力很好，能够抵御敌军的炮火攻击。

此外，我还擅长其他民用设施，同时擅长绘画和雕塑。

如果有人认为上述任何一项我办不到的话，我愿意在您的花园，或您指定的其他任何地点进行试验。

向阁下问安!

达·芬奇

米来大公收到信后不久，就面试了达·芬奇，随后正式聘他为军事工程师。达·芬奇这封求职信之所以能够产生好的效果，只因他让米兰大公相信自己就是最合适的人选。

首先，达·芬奇的求职信里面写到，很明白雇主的需要：当米兰大公封地周边强敌环伺，战事一触即发。达·芬奇描述了自己在军事工程方面的技能，以此传达一个信息：我会帮助您打赢战争！可见，好好阅读并理解招聘启事是何等重要。其次，达·芬奇的信中充满了自信——整封信以6个“我能”贯穿，逐条地列举了自己在军事工程方面的才能，语气坚定。这种非我莫属的自信正好满足米兰大公的求贤若渴，同时也引发了他的好奇心，要见见这位奇人。

同样是靠求职信找工作，23岁的爱因斯坦和31岁的达·芬奇得到的结果截然不同。两位智慧巨人的经历都在说明一个道理：对雇主和自己有一个清晰的认识，在几百年后的今天仍然适用。

资料来源：http://mynews.goodjob.cn/qiuzhixinzmexie/qiuzhixinzmexie-4788.html。

第二节 个人简历和自我鉴定

一、个人简历

案例精选

例 1

个人简历表

姓名	朱丽莉	出生年月	1986 年 4 月	照片
性别	女	政治面貌	党员	
籍贯	北京	身高	163cm	
民族	汉	体重	48kg	
专业	录音艺术	健康状况	良好	
学历	本科	培养类型	统招	
意向	*希望能够从事与影视相关的所有行业			
专业技能	*语言：英语 CET4，口语流利 *熟练掌握 Nuendo, Protools			
兴趣特长	*创作，音乐 *钢琴，长笛(专业水平)			
教育背景	*1995—2001　北京大学附属中学 *2001—2005　北京电影学院			
获奖情况	*××区中学生管乐比赛长笛一等奖，北京市中学生管乐比赛长笛二等奖。 *所属管乐团多次在亚太地区管乐节获奖。			
实践经验	*2004 年 6 月至 8 月与中央电视台四套剧组成员多次出外景拍摄，并参与进行节目的后期制作。 *在校期间，较好地完成了同期录音技巧后期录音制作。短片画面创作等课程的作业。 *曾多次参加大学生管乐团的活动。			
性格特点	*为人：诚实大方，热情开朗，爱好广泛，头脑灵活，生活态度积极乐观，心理素质好，有进取心，有毅力。 *工作：勤奋认真，善于合作，作风严谨，责任心强，较强的适应能力和自学能力，较强的管理、组织能力。			

联系电话：××　　E-mail：××

地　　址：北京市××　　邮　编：××

例 2

刘××的个人履历

刘××，男。1968 年 7 月 14 日生于江西省南昌市，××街××号，现在 32 岁，汉族人，已婚，一子 4 岁；妻在××大学音乐系任教。现住址郑州市管城区××新村 8 单元 302 室。邮政编码：××，电话号码：××。

主要经历：1987 年毕业于××第一高级中学，同年考入××大学法律系，1991 年大学毕业后留校任教，1992 年考入××大学研究生院法学系，1995 年毕业获法学硕士学位，同年被学校选派至美国××大学进修，1997 年获法学博士学位，回国后到××大学任教至今。

刘××

2012 年 3 月 8 日

这是两则不同格式的履历。例 1 为表格式履历，例 2 为行文式履历。这两种不同格式的履历写作上略有差异，但内容上都注意到了时间上的衔接。另外，语言简洁明了，都在介绍自己过去的情况时说明得很清楚。表格式履历只要依据表格内容依次填写即可。时间上要依照先后顺序，不可轻易颠倒。行文式履历是以散文形式介绍自己的，可以稍加详细地介绍个人情况。如例 2，标题为“刘××的个人履历”，正文写出籍贯、家庭住址、家庭成员等个人的基本情况。然后依次写出自己的主要经历，最后落款署名及成文时间。总之，履历需要个人依据事实，真实记录自己以往主要经历，格式尽可能规范化。

(一) 基本概念

个人简历是介绍个人的资格、职务、经历的文书。

(二) 写作特点

(1) 简洁性。个人简历语言简练，重点突出，陈述有利的信息。相应的教育背景、工作经历以及技术水平，是应聘者在新的岗位上取得成功的关键。应聘者应抓住这些关键条件，撰写履历书，以打动招聘者并赢得面试机会。不要陈述其他无关信息，以免影响应聘效果。

(2) 准确性。个人简历的用语准确，符合招聘者的愿望和要求。招聘者希望看到应聘者对事业认真负责的态度，寻找的是一个适合某一特定职位的人。因此，简历的撰写，必须讲究分寸，注意语言的精当、思维的缜密。

(3) 庄重性。个人简历用语朴实、庄重，外观形式规范、大方，能显示出求职者的认真与慎重。敷衍了事，用语不得体，书写与用纸随意，就会给人留下不良印象。

(三) 基本内容

(1) 基本情况。包括姓名、性别、年龄、籍贯、通信地址及联系电话等。

(2) 工作经验。作为应届毕业生，大都没有正式的工作经验，但可提供在校或在外打工的经验、社团经历等。表述时要紧扣与应征工作相关的经验，这些经验能引起招聘单位的重视。

(3) 专业特长。无论是学有所长，还是个人兴趣所发展出来的专长，只要与工作相关都应在履历表上列出，以便招聘单位了解应聘者的专长与应聘工作的要求是否相符，或个人专长是否有助于工作的推动。

(4) 外语能力。在国际化的趋势下，外语能力已成为一项必要的工作条件，尤其是有意进入跨国公司工作的人，具备良好的外语能力更是必要的。

(5) 专业水平。凡参加过社会实践，具备某些技能，并得到了相应的等级证书的，都应重点说明，一方面让招聘单位了解个人具备的某些能力，同时也可给人以勤学上进的好印象。

(6) 希望待遇。如果对应聘职务的待遇做过调查，对自己的能力有信心，不妨写下希望得到的待遇，当然，一般应以招聘单位规定的标准为宜。

(四) 基本写法

个人简历通常由开头、主体和结尾三部分组成。

(1) 开头。主要介绍个人基本情况，应考虑的因素有：姓名、性别、年龄、学历、籍贯、所学专业、特长、兴趣爱好等。具体撰写时，要根据求职目标，结合自己的实际情况，有所选择。

(2) 主体。主要陈述个人的求职资格和所具备的能力。要阐述清楚自己的专业，包括自己所学的专业和业余所学的专业及特长、具体所学的课程、自己所受教育的阶段等。还要说明与求职目标相关的工作经历和能力，说明的语气要坚定有力。

(3) 结尾。结尾多是提供证明自己工作经历和能力的证明材料。如学历证明、学术论文、获奖证书、专业技术资格证书、专家教授推荐信等。这些材料可以列在附页上；如有必要，可以附加证明人一项。但需要说明的是：在证明栏中要说明证明人的姓名、职务、工作单位与联系方式。若同时对许多单位写个人履历书，而难于提供许多对方熟悉且有说服力的证明人时，也可以在履历书结尾处注明“一经需要，即提供证明人”等。

(五) 注意事项

个人简历写作过程中，应注意避免出现以下几种情况：

(1) 长篇大论。个人简历的篇幅过长，内容不精练，表达不切题意。往往会影响求职或应聘效果。

(2) 过于简单。个人简历太短或过于粗略，求职者的资历和能力就难以得到完整而充分的展示，从而影响招聘单位对你的了解。

(3) 条理不清。个人简历的布局不合理，结构层次混乱，条理不清，就会使阅读和理解困难。

(4) 弄虚作假。个人简历的内容必须真实，如果是捏造或者夸张出来的，一旦让人发现，结果会适得其反。

 技能实训

请你根据以下模板制作一份个人简历。

求职意向:

从事

个人概况

☆ 姓　　名:　　　　　　　　　☆ 性　　别:

☆ 籍　　贯:　　　　　　　　　☆ 民　　族:

☆ 出生年月:

☆ 学　　历:　　　　　　　　　☆ 专　　业:

☆ 毕业学校：体育职业技术学院　☆ 联系电话:

邮箱:

能力与特长

专业能力：◇

计算机能力：◇

语言能力：◇**(仅供参考)**有良好的沟通技能，交际能力较强。

◇良好的英语听说读写能力。

◇**(仅供参考)**普通话标准，具备较好的理解能力、书面与口头交流能力。

综合能力：◇**(仅供参考)**责任心强，有独立工作能力强，吃苦耐劳，有团队精神。

◇具有良好的策划、组织、协调、管理能力。

◇做事细心、有条理，尤其胜任健身教练、体育营销等方面工作。

教育经历

年　　月　　学校(一般写大学和高中)

技能证书

年　　月　　获得　　　证书

……

荣誉证书

……

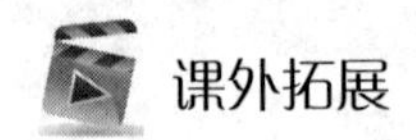

课外拓展

个人简历的写作原则

一份卓有成效的个人简历是开启事业之门的钥匙。正规的简历有许多不同的样式和格式。大多数求职者把能想到的情况都写进简历中，但我们都知道没有人会愿意阅读一份长达5页的流水账般的个人简历，尤其是繁忙的人事工作者。下面是3条制作简历的重要原则。

第一条原则是要有重点。一个招聘者希望看到你对自己的事业采取的是认真、负责的态度。不要忘记雇主在寻找的是适合某一特定职位的人，这个人将是数百名应聘者中最合适的一个。因此，如果简历的陈述没有工作和职位重点，或是把你描写成一个适合于所有职位的求职者，你很可能将无法在求职竞争中胜出。

第二条原则是把简历看作一份广告，推销你自己。最成功的广告通常要求简短而且富有感召力，并且能够多次重复重要信息。你的简历应该限制在一页以内，工作介绍不要以段落的形式出现；尽量运用动作性短语使语言鲜活有力；在简历页面上端写一段总结性语言，陈述你在事业上最大的优势，然后在工作介绍中再将这些优势以工作经历和业绩的形式加以叙述。

第三条原则是陈述有利信息，争取成功机会，也就是说尽量避免在简历阶段就遭到拒绝。为面试阶段所进行的简历筛选的过程就是一个删除不合适人选的过程。如果你把自己置身于招聘者的立场就会明白：招聘时每次面试都需要较长时间，因此对招聘者来说进入面试阶段的应聘者人数越少越好。招聘者对理想的应聘者也有要求：相应的教育背景、工作经历以及技术水平，这会是应聘者在新的职位上取得成功的关键。应聘者应该符合这些关键条件，这样才能打动招聘者并赢得面试机会。同时，简历中不要有其他无关信息，以免影响招聘者对你的看法。

记住，写作简历时，要强调工作目标和重点，语言简短，多用动词，并且避免出现使你被淘汰的不相关的信息。人力资源管理者都很繁忙，在筛除掉不合适的应聘者前不会花费时间来浏览每一份简历。当你获准参加面试，简历就完成了使命。

资料来源：http://www.szsh.com/Article/NewsView.asp?ID=3217。

二、自我鉴定

案例精选

自我鉴定

我于××年9月以优异的成绩考入××技术学院。在3年的校园生涯和社会实践生活中，我不断挑战自我、充实自己，为实现人生的价值打下坚实的基础。一直都认为人应该是活到老学到老的我，对知识、对本专业一丝不苟，因而在成绩上一直都得到肯定，每学年都获得三等奖学金。在不满足学好理论课的同时，也注重对各种应用软件和硬件的研究。因此在第四学期开始就被老师任命为计算机房的负责人。

有广泛爱好的我，特别擅长排版、网页美工和多媒体的制作，就任本班组织委员的同时也加入了校学生会宣传部。我对待工作热情、任劳任怨，团结部内成员，一年时间由部委升为部长。在任部长期间，我注重配合学校、学生会其他部门，出色地完成各项宣传工作。

学校的各种活动，我都热情参加，在××年至××年间获校文娱比赛及知识问答比赛一等奖，在××年××月获演讲比赛一等奖。对校报版面进行大胆创新和改革，使得校报的受众率提高一个层次。

我在修好学业的同时也注重于对社会的实践。本着学以致用，理论联系实际的原则，××年暑假我以熟练的计算机技术应聘入揭阳市凌先电脑公司技术部任技术员兼培训部教师。××年暑假我在惠东县亿鹏印刷公司学习名片和小型广告、商标设计，自身对这方面有坚实基础和浓厚兴趣，我用一周时间就熟练了各样设计软件，之后做出了大量出色的设计方案，得到同学及老师的一致好评。

本人具有热爱祖国的优良传统，积极向上的生活态度和广泛的兴趣爱好，对工作责任心强、勤恳踏实，有较强的组织、宣传能力，有一定的艺术细胞和创意，注重团队合作精神和集体观念。

总之，3年的大学生活，使我的知识水平、思想境界、工作能力等方面都迈上了一个新的台阶。在这即将挥手告别美好大学生活、踏上社会征途的时候，我整军待发，将以饱满的热情、坚定的信心、高度的责任感去迎接新的挑战，攀登新的高峰。

知识导航

(一) 概念

自我鉴定是对自己某一阶段内的政治思想、工作业务、学习生活等方面的情况进行评价而形成的书面文字。篇幅短小，语言概括、简洁、扼要，具有评语和结论性质。

(1) 总结以往思想、工作、学习，展望未来，发扬成绩，克服不足，指导今后工作。

(2) 帮助领导、组织、评委了解自己，做好入党、入团、职称评定、晋升的材料准备工作。

(3) 重要的自我鉴定将成为个人历史生活中一个阶段的小结，具有史料价值，被收入个人档案。

(二) 格式

自我鉴定的结构由标题、正文和落款三部分构成。

1. 标题

自我鉴定的标题有两种形式：一是性质内容加文种构成，如《学年教学工作自我鉴定》；二是用文种“自我鉴定”做标题。如果是填写自我鉴定表格，不写标题。

2. 正文

正文由前言、优点、缺点、今后打算 4 部分构成。

(1) 前言。概括全文，常用“本学年个人优缺点如下：”，“本期业务培训结束了，为发扬成绩，克服不足，以利今后工作学习，特自我鉴定如下：”等习惯用语引出正文的主要内容。

(2) 优点。一般习惯按政治思想表现、业务工作、学习等方面的内容逐一写出自己成绩长处。

(3) 缺点。一般习惯从主要问题写到次要问题，或只写主要的、次要的一笔带过。

(4) 今后打算。用简洁明了的语言概括今后的打算，表明态度，如“今后我一定×××，争取进步”等。

自我鉴定的正方行文，可用一段式，也可用多段式。要实事求是，条厘清晰，用语准确。

3. 落款

在右下方写上鉴定人姓名，并在下面注明年、月、日。

技能实训

一学年将要结束了，请你就本学年的学习和生活写一个自我鉴定。

课外拓展

面试时如何进行自我介绍

自我介绍是面试中非常关键的一步。很多面试官的第一个问题往往就是“能否请您做一下自我介绍？”在自我介绍时，面试官借机了解求职者的信息，考察他们的语言表达能力、应变能力和岗位的胜任能力；应聘者也可以趁此机会主动向面试官推荐自己，展示自己的才华和能力。自我介绍的时间一般为3分钟。在如此短的时间内，求职者该如何“秀”出自己呢？该说些什么？怎么说？注意什么？

1. 自我介绍要包含4个方面内容

(1) 我是谁?

自我介绍的第一步是要让面试官知道你是谁。在这一步，你主要介绍自己的个人履历和专业特长，包括姓名、年龄、籍贯等个人基本信息，教育背景以及与应聘职位密切相关的特长等。生动、形象、个性化地介绍自己的姓名，不仅能够引起面试官的注意，而且可以使面试的氛围变得轻松。个性化地介绍姓名有多种方式，你可以从名字的音、义、形或者从名字的来历进行演绎。

例如，从名字的音：我叫邵飞，谐音少非，希望生活能少一点是是非非。从名字的义：我叫俞非鱼。古语有言：子非鱼安知鱼之乐。父母亲希望我过得像鱼儿一般自在逍遥。从名字的形：我叫陈赟。我的父亲叫陈斌，斌的宝贝就是赟。从名字的来历：我叫赵丹，赵本山的赵，宋丹丹的丹。父母希望我能够像他们一样幽默地对待生活。

(2) 我做过什么?

做过什么，代表你的经验和经历。在这个部分，你主要介绍与应聘职位密切相关的实践经历，包括校内活动经历、相关的兼职和实习经历、社会实践等。你要说清楚确切的时间、地点、担任的职务、工作内容等，这样让面试官觉得真实、可信。特别需要注意的是，你的经历可能很多，你不可能面面俱到，那些与应聘职位无关的内容，即使你引以为荣也要忍痛舍弃。

(3) 我做成过什么?

做成过什么，代表你的能力和水平。在这部分，你主要介绍与应聘职位所需能力相关的个人业绩，包括校内活动成果和校外实践成果。介绍个人业绩，就是摆成绩，把自己在不同阶段做成的有代表性的事情介绍清楚。你在介绍个人业绩时，需要注意以下方面：

① 业绩要与应聘职位需要的能力紧密相关。如果你应聘文员，就不需要介绍销售业绩。

② 介绍“你自己”的业绩，而不是团队业绩，因为用人单位要招聘的是“你”，而不是“你们”。

③ 业绩要有量化的数字，要有具体的证据。不要用笼统的“很好”“很多”，也不要用“大概”“约”“基本”等概数，而要用确切的数字，例如：我一周内卖出了34箱方便面。

④ 介绍的内容应当有所侧重，不要说流水账，要着重介绍那些能体现自己能力的重点。

⑤ 介绍业绩取得的具体过程时，要巧妙地埋伏笔。例如：在介绍校外实践成果时，你可以这样描述：“在工作中遇到了很多的问题，不过我还是成功地克服并达成了业务目标。”引导面试官提问“遇到了哪些问题”，然后你就可以进一步阐述细节内容，体现出自己处理问题的能力。

(4) 我想做什么?

想做什么，代表你的职业理想。在这个部分，你应该介绍自己对应聘职位、行业的看法和理想，包括你的职业生涯规划、对工作的兴趣与热情、未来的工作蓝图、对行业发展趋势的看法等。在介绍时，你还要针对应聘职位合理编排每部分的内容。与应聘职位关系越密切的内容，介绍的次序越靠前，介绍得越详细。

你在自我介绍时，还应该避开介绍内容的禁忌——忌讳主动介绍个人爱好。忌讳使用过多的“我”字眼。忌讳头重脚轻。忌讳介绍背景而不介绍自己。忌讳夸口。忌讳说谎。忌讳过于简单，没有内容。

2. 自我介绍的时间要恰到好处

(1) 三分钟自我介绍

如果面试官没有特别强调，那么自我介绍的时间3分钟最合适。你可以根据自我介绍的四部分内容，这样分配时间：第一分钟主要介绍自己的姓名、年龄、学历、专业特长、实践经历等；第二分钟主要介绍个人业绩，应届毕业生可着重介绍相关的在校活动和社会实践的成果；第三分钟可谈谈对应聘职位的理想和对本行业的看法。通常情况下，每分钟180～200字的语速是比较合适的。这样的语速可以让对方感到舒服，同时也能更加有效地传递信息，增加面试官对你的印象分。

(2) 一分钟自我介绍

有时候，面试官会规定自我介绍的时间，你应该怎样应对呢？面试官规定的自我介绍时间缩短，如“做一个一分钟的自我介绍”。遇到这种情况，你可以精选事先准备的三分钟自我介绍内容，突出“做成过什么”，展现你与应聘职位相关的能力。

一分钟自我介绍时间安排参考下表。

自我介绍内容	时间长度
我是谁、做过什么	10秒左右
做成过什么	40秒左右
想做什么	10秒左右

资料来源：http://jingyan.baidu.com/article/546ae1854a90e21149f28ce4.html。

第三节 竞聘书

案例精选

业余体校教练竞聘书

尊敬的各位领导、各位评委、各位同事：

大家好！今天是个难忘的日子，也是我第一次面对大家进行竞聘演讲。我首先感谢领导给我这次竞聘的机会，感谢评委在百忙之中抽出时间来给我讲评，感谢同志们对我的信任和支持。我个性温和，但充满激情；我做事稳重，但不张扬；我为人正直，但不固执。

在这充满生机和活力的新世纪，机遇和挑战并存。我常常扪心自问：“我还该不该有自己的梦想，我还有没有梦想？我的梦想在哪里？”我深思过，也彷徨过、惆怅过。平心而论，我工作时间虽不长，可我心里始终有一个梦想，那就是能够和我的队员们一起奔跑在操场上。从上班那天起我在默默无闻地工作，这次竞聘教练的机会终于再次唤醒了我沉睡的梦想。我没有辉煌的过去，但是我会把握好现在和将来。为此，我来这里展示自我，让大家认识我、帮助我，进而喜欢我、支持我。我希望能靠自己的知识能力、运动水平，靠自己的实力而不是靠运气来赢得这次竞聘。

我这次竞聘具有4个优势：

一、有丰富的专项技术、技能。我在大学所学的专业是运动训练，我的强项是三级跳远。从初一就开始了跳跃生涯，高中一直跟随短跑教练坚持训练和学习，大学期间坚持3年的刻苦训练，期间只休息了1个假期，就是这10年的磨炼使我在跳跃、短跑方面有了突飞猛进的增长。

二、有较强的工作能力。在日常生活和工作中，我能不断加强个人修养，以“明明白白做人，实实在在做事”为信条，踏实干事，诚实待人。在领导和同事的关心、帮助下，我的组织协调能力、判断能力、办事能力都有了很大提高。

三、有乐于奉献的敬业精神。我出生在农村，种过地，吃过苦。我爱岗敬业，不管干什么，干一行爱一行，努力把工作做得更好。

四、有较大的年龄优势。身体健康、精力旺盛、敬业精神强，能够全身心地投入所热爱的工作中去。

假若我有幸竞聘成功，我将不辱使命，努力工作：

一、加强学习，提高素养。一方面加强政治理论知识的学习，不断提高自己的政治理论水平；另一方面加强业务知识的学习，不断给自己“充电”，尽快完成教学与教练角色转换，胜任本职工作。

二、摆正位置，当好配角。在训练中，学生才是主角，我的目的就是能够将自己所学到的东西传授给学生，让他们继续我们的辉煌。

三、勤奋工作，不计得失。我将兢兢业业，踏踏实实，吃苦肯干。

今天，我是本着锻炼、学习、提高的目的来参加竞聘。如果我竞聘成功，我会努力；如果我竞聘不成，我会更努力。我想，在一个人的成长过程中，每走一步，包括参与这次竞聘，都属于成功。天生我材必有用。我将以这次竞聘为新的起点：对待人生，会多一份梦想；对待工作，会多一份努力；对待领导，会多一份尊敬；对待同事，会多一份微笑；对待生活，会多一份热爱；对待家庭，会多一份责任。我相信，只要努力，有时我们自己都会惊讶自己的潜能。

各位，现在我以一个小故事结束今天的竞聘演讲。著名的发明家爱迪生费尽了大半生的财力和精力，建立了一个庞大的实验室，但是一场大火，无情地将他几乎一生的心血付之一炬。当他的儿子在火场附近找到父亲时，67岁的爱迪生居然平静地坐在一个小斜坡上，看着熊熊大火烧尽一切。他扯开喉咙对儿子说：“快叫妈妈来，让她看看这场难得一见的大火。”大家都以为这场大火可能对爱迪生的打击是沉重的，但是他平静地说：“感谢上帝，正是这场大火，我又可以重新开始了。”

最后我有个请求，请允许我邀请在座的评委、领导、亲爱的同事和我一起，用最真诚、最热烈的掌声，为参加竞聘的同志加油；为获得成功的同志祝福；为我们光辉灿烂的明天祝福。

谢谢大家。

资料来源：http://wenku.baidu.com/link?url=XISKiHER5EHTJQL3ZAc9HFeZSmhloilss2_jYtrCRPsKN7voEM16KKGYYURE33EcepiVIG6KDWz91Uu3rAo-w4KpOG9brtQTvj3EAWXclbW。

本竞聘书由称呼、问候语、竞聘动机、自我基本情况介绍、未来打算、结尾等部分组成，内容充实、结构完整、语言朴实，是一篇写得较为成功的竞聘书。

竞聘演讲稿是竞聘者在竞聘演讲之前写成的、准备用作口头发表的文稿。竞聘演讲的目的，就是要使听众对演讲者有充分的了解和认识，从而鉴别其是否能胜任该职位。演讲稿的撰写，是竞聘上岗演讲的一个不可忽视的重要环节，值得每一位竞聘者注意。

(一) 要求

1. 气势要先声夺人

竞聘演讲的一个重要特征就是具有竞争性，而竞争的实质是争取听众的响应和支持。而做到这一点的有效方法之一就是要有气势，“气盛宜言”。这气势不是霸气，不是骄气，不是傲气，而是浩然正气。有了渊博的才识、正大的精神和对党的事业和人民的深厚的感情，作者就不难找到恰当的语言表达形式。

2. 态度要真诚老实

竞聘演讲其实就是“毛遂自荐”。自荐，当然应该将自己优良的方面展示出来，让他人了解自己。但要注意的是，在“展示”时，态度要真诚老实，有一分能耐说一分能耐，不能为了自荐成功而说大话、说谎话。

3. 语言要简练有力

老舍先生说：“简练就是话说得少，而意包含得多。”竞聘演讲虽是宣传自己的好时机，但也决不可“长篇累牍”，应该用简练有力的语言把自己的思想表达出来。

4. 内心要充满自信

著名演说家戴尔·卡耐基曾说过：“不要怕推销自己。只要你认为自己有才华，你就应该认为自己有资格担任这个或那个职务。”当你充满自信时，你站在演讲台上，面对众人，就会从容不迫，就会以最好的心态来展示你自己。当然，自信必须构建在丰富的知识和经验的基础上。这样的自信，才会成为你竞聘的力量，变成你工作的动力。

(二) 方法

1. 开头方法

竞聘演讲的时间是有限制的。因此，精彩而有力的开头便显得非常重要。有经验的竞聘者常用下面的方法来开头。

(1) 用诚挚的心情表达自己的谢意。这种方法能使竞聘者和听众产生心理相融的效果。例如："我非常感谢各位领导、同志们给了我这次竞聘的机会。"

(2) 简要介绍自己的有关情况，如姓名、学历、职务、经历等。例如："我叫李明新，1983 年毕业于北京大学哲学系，1985 年加入中国共产党，现任哲学教研室副主任。"

(3) 概述竞聘演讲的主要内容。这种方法能使评选者一开始就能明了演讲者演讲的主旨。例如："我今天的演讲内容主要分两部分：一是我竞聘人事局副局长的优势；二是谈谈做好人事局副局长的工作思路。"

2. 主体内容

竞聘演讲的目的，就是要把自己介绍给评选者，让评选者了解你的基本情况，了解你对竞聘岗位的认识和当选后的打算。所以，竞聘演讲的主体内容应该包括以下几方面。

(1) 介绍自己应聘的基本条件。所谓基本条件就是政治素质、业务能力和工作态度等。这一部分实际上是要说明为什么要应聘，凭什么应聘的问题。竞聘者在介绍自己的情况时，一定要有针对性，即针对竞聘的岗位来介绍自己的学历、经历、政治素质、业务能力、已有的政绩等等。并非要面面俱到，而应根据竞聘职务的职能情况有所取舍。

(2) 简要介绍自身的不足之处。竞聘者在介绍自己应聘的基本条件时，要尽可能地展示自己的长处，但不是对自身的不足之处，闭口不言。请看某竞聘者的表述："我从没有担任过班干部，缺少经验。这是劣势，但正因为从未在'官场'混过，一身干净，没有'官相官态''官腔官气'，少的是畏首畏尾的私虑，多的是敢作敢为的闯劲。正因为我一向生活在基层，从未有过'高高在上'的体验，对摆'官架子'看不惯，弄不来，就特别具有民主作风。因此，我的口号是'做一个彻底的平民班长'。"

(3) 表明自己任职后的打算。评选者更关心的还是竞聘者任职后的打算。因此，竞聘者在竞聘演讲时，一定要用简明扼要的语言亮明自己的观点。也就是说，要紧紧围绕着听众关心的热点、难点问题，提出明确的工作目标和切实可行的措施。请看某竞聘老干部处副处长职务竞聘人的演讲："总结我自身的情况，我认为我有条件、有能力胜任副处长的工作。如果我能竞聘成功，我将做好以下几项工作：首先，协助处长继续做好老干部工作。解决老干部急需解决的问题。如老干部的政治生活待遇问题，老干部的晚年教育问题。其次，积极组织老干部开展积极健康的文化和健身活动，使他们老有所乐。第三，积极开展家访工作，特别是要加强对孤寡老人的服务工作，安排工作人员与他们结成帮助对子，使他们感受到组织的温暖。第四，设立一个处意见箱，了解老人的思想状况，了解他们的需求，并将了解到的情况，及时向局领导汇报，并及时解决问题。"

3. 结尾方法

好的结束语能加深评选者对竞聘者的良好印象，从而有利于竞聘成功。竞聘演讲常见的结尾方法有以下 3 种。

(1) 表明对竞聘成败的态度。这种方法能使评选者感受到竞聘者的坦诚。例如：“作为这次竞聘上岗的积极参与者，我希望在竞争中获得成功。但是，我绝不会回避失败。不管最后结果如何，我都将‘堂堂正正做人，兢兢业业做事’。”

(2) 表达自己对竞聘上岗的信心。例如：“我今天的演讲虽然是毛遂自荐，但却不是王婆卖瓜，自卖自夸。我只是想向各位领导展示一个真实的我。我相信，凭着我的政治素质，我的爱岗敬业、脚踏实地的精神，我的工作热情，我的管理经验，我一定能把副处长的工作做好。如果各位有疑虑，那就请给我一个机会，我决不会让大家失望。”

(3) 希望得到评选者的支持。例如：“各位领导、各位评委，请相信我，投我一票！我将是一位合格的处长。”

请你评判

请指出以下竞聘书的优缺点，并思考如果是你应该怎样写？

竞选健身房部长的竞聘书

尊敬的主任团的各位学长

你们好！我叫××，就读于××专业，来至××，欲竞选服务中心健身房部长一职，愿你们在读完这份自荐书后好好考虑我的请求。

最初选择健身房是因为我喜欢健身，但很快我发现健身房是一个很优秀的部门，能够学到很多东西。这一年在领导的带领下发展得很不错，我对这个部门也有了很深的感情，希望能带领着它继续朝前迈进。他们 3 个为我们打下了很好的基础，但同时要在他们的基础上有所发展也的确是一个挑战。可是我就是喜欢挑战自己，这是进步的最好方式，我相信我能做得更好。

此外，自担任部门会计以来，管理部门的费用，对费用的控制与把握也非常了解，与经常和健身房合作的商家也形成了良好的关系，还有就是音响设备的租借这一块，没有人比我更熟悉。最后一点是我已经担任过几次面试官(健身房两次)，这方面也培训学习过，有自己的心得与体会。

实际上健身房也还是存在很多问题的，其中有些问题甚至是各部门都头疼的问题，下面是可行性很好的解决方案。

人员的流动性过大。上学期这个问题就暴露出来了，这学期表现得更为突出。这会产生很大的负面影响：从心理学分析，稳定会给人安全感，而不断有人流动则让稳定荡然无存；中途招新是一件非常费时费力的事情，需要面试，岗前培训，然后是试用期，还得一段时间他们才能熟悉工作内容。究其原因主要有以下几个方面：一、部分学员学业繁重；二、兼任其他职务，如班长，团支书等等；三、其他兼职如家教等；四、工作表现差被辞退；五、认为学不到什么东西，退出。

对症下药、有针对性地解决这个问题。严把面试关，改变招新宗旨：我们大部分需要的不是最优秀的人，而是最适合这份工作的人；由于各方面原因而导致时间较紧的同学，最好能做出坚持到最后的保证，否则重新加以考虑，对于中途辞职或被辞退的同学以后将不再录用，并将黑名单发至勤工助学各部门负责人的手中。对于第三次参加健身房面试的同学保证录取。

什么能让部员一直保持很高的工作热情与积极性，答案其实很简单，那就是能让他们不断地学习进步。这不仅仅是一句"健身房是一个很好的平台"就能解决的，而要引导他们主动去做。如鼓励提建议，收到的很多建议都很肤浅，一句话，然后就没有下文了，在这个过程中其实得不到什么进步，而且管理者很头疼，因为他们面对很多这样的建议，告诉他们技巧与方法，并不断地运用和实践，他们思维的深度与广度才会提升。另外还有礼仪方面，包括值班室的礼仪，如何称呼，待人接物；又如口才的培养与提高，普通话的重要性等等。

执行力是相当重要的一种能力，负责人也都经常强调，但到底如何有效地提高呢？大学的时间是如此的宝贵，那如何有效管理时间呢？怎样才能让自己得到重视，进而得到晋升呢？

再次，理念的传达就显得尤为重要了。要么想出更好的办法，要么彻底执行，这句话适合所有的人，如果你想得到重视，获得晋升，那么工作时好好开动你的了脑筋，比期望的做得更多，更快更好地完成任务；如果你只是需要那150块钱，人各有志，这也没错，那么请你好好完成任务，不要犯错。

炫舞坊和会员健身房性质类似，一起说。最主要的问题是宣传力度不够，在全校范围内没有较高的知名度与影响力。我的看法是，贴宣传单基本没用，开学初制作免费体验卡(含兄弟卡，情侣卡等)，类似于名片，大量制作的话，每张不到五分钱，正面介绍健身房，背面介绍体育器材商家，这是拉外联可以解决，然后发到各学院团委和学生会，以及健身房部员，相信可以达到很好的效果。另外实行学期会员(100元每学期，4人及其以上团报90元每人)，按次的会员(50元30次)，以及每次2元共3种可供选择。

对于器材损坏较快，其主要原因是值班的部员的责任心不够，在同学不规范操作时没有及时指出，相信强调以后能在较大程度上改善这一问题。对于报修过程极缓慢，没有效率的问题，可以尝试先修后报，但要保证没有弄虚作假。

对例会制度进行改善，部门大会两周一次，组长例会逐步改成由小组长轮流主持，这样能更好地锻炼他们各方面的能力。

台球室已进入最后的公关阶段，相信会在下个学期对同学们开放，具体的实施制度也在详细制定当中。

我已对这个部门有了深厚的感情，请相信我具备管理好这个部门的能力，给我一个机会，我会做好的。

谢谢！

健身房：××

技能实训

在现代社会，竞聘上岗已经成为单位用人的主要方式。请同学们根据自身特长，设定一个岗位，写一篇竞聘书。

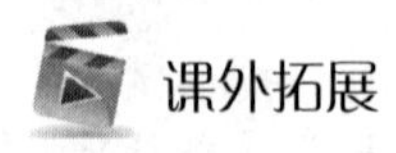

课外拓展

竞职演讲稿写作要注意“五忌”

竞职演讲作为一种直抒胸臆、发表政见的重要形式，越来越被党政群机关中层干部竞争上岗和企事业单位工作人员竞聘上岗所广泛应用，成为人们考察一个人综合素质的有效途径。笔者认为，竞职演讲应有“五忌”。

一忌信口开河，杂乱无章。竞职演讲具有较强的针对性和时效性，竞职者必须在事前对要争取的职位做大量的调查研究，全面了解职位特征和胜任这一职位所应具备的素质，在所述的内容上做文章。有些竞职演讲者对自己要竞争的职位，没有一个完整清晰的认识，对一些鸡毛蒜皮的小事翻来覆去地解释，对所应从事的工作抓不住重点，东扯葫芦西扯叶，自己说不明白，听众也搞不清楚。

二忌狂妄自大，目空一切。有的竞职演讲者过高地估计了自己的能力，在谈工作优势时好提当年勇，自认为条件优越，某职位“非我莫属”，做好工作不过是“小菜一碟”；在谈工作设想时，脱离实际，来一些“海市蜃楼”般的高谈阔论，极易引起听众的反感。

三忌妄自菲薄，过分谦虚。竞职演讲要求竞职者客观、公正地评价自己的竞争优势，大胆发表行之有效的“施政纲领”。但有的竞职演讲者却唯恐因自己的“标榜”，而引起评委和公众的不悦，把对自我的认识和评估弄到“水平线”以下。这种过分谦虚的表白，不仅不能反映自己真实的能力、水平和气魄，也不利于听者对你做出正确的评价。

四忌吐词不清，含混模糊。竞职演讲一般要求演讲者在有限的时间内，言简意赅地把自己的基本情况、工作特点、工作设想向听众娓娓道来。但是有的竞职演讲者却不善于把握演讲的轻重缓急，虽连珠炮式地将整个演讲“一气呵成”，但因吐词不清，或语速过快，使听众不知所云。

五忌服饰华丽，求新求异。登台演讲，服饰是一个人思想品德、内在修养的外在表现和自然流露。竞职演讲是一项正规、严肃的主题活动，评审员往往会以所竞争职位的需要和自己的审美观来评判演讲者。因此，演讲者的穿着应以庄重、朴素、大方为宜。有的竞职者认为穿得与众不同就会以新奇取胜，于是或服饰华丽，或不修边幅，岂不知，这样做的结果，不仅群众眼里通不过，也不会给评委留下好印象，从而使演讲的效果大打折扣。

竞职演讲为广大人才提供了一个充分展示自我、表现自我的舞台，愿广大竞职者能够克服演讲中的不良倾向，客观、公正地做好自我评价，科学合理、切合实际地阐明施政方案，向公众推销一个真实、客观的自我，通过竞争找到适合自己展示才华的工作岗位。

资料来源：http://www.diyifanwen.com/yanjianggao/yanjianggaoxiezuo/143191908313191.htm。

第四节 演讲词

案例精选

例 1

扬起自信的风帆

银色的希望串联成闪烁耀眼光芒的链条，每一个扣子都是自信。

你听见了吗？黎明的山谷每天都在曙光中呼唤：

自信，是通往未来的黄金道，一步一个脚印。

自信，是回响在耳畔的天籁，一声一份力量。

自信，是手掌中紧握的笑容，一点一阵感动。

我曾经用无力的双手写下无奈的问题：是什么，使你不顾一切？是什么，使你的血液在沸腾？是什么，使天空充满活力？是什么，使风筝自由飞翔？

现在，我尝试用沙哑的话语告诉你：“是自信，是它使你摆脱恐惧的深渊，是它带给你挣扎的力量！”

是自信使哥白尼不顾一切地坚持自己的学说，用信念拯救人们被囚禁的思想；是自信使成吉思汗的血液在沸腾，挥洒着利器，君临天下；是自信使天空充满活力，泛出可爱的火烧云，驱赶日本鬼子的侵略；是自信使风筝摆脱绳子，见证恺撒征服罗马帝国。

我们都是一张白纸，我们都是在不断地往白纸上涂抹颜料中成长，别忘了给你的白纸写上自信，别忘了给你的人生镀上希望；我们都是一杯白水，我们都是在不断地往白水中添加调料中成长，别忘了给你的白水放下自信，别忘了给你的将来留下基础。

远在文艺复兴时期，我们熟悉的许多名人就开始信任自己的力量，为了世界的发展，坚持真理的奋斗。在法国有拉伯雷的启蒙运动，在英国有莎士比亚，还有培根的唯物主义哲学，等等。他们都微笑着扬起自信的风帆，坚信自己追求的理想是正确的，他们对自己是充满了信任与骄傲。

在我们中华民族，出类拔萃的人物灿若星辰，充满自信的人更是数不胜数。三国时期，群雄争霸，卧龙先生，诸葛孔明，神机妙算，自信非凡，草船借箭，千古佳话。唐朝的李白，写下了“飞流直下三千尺”的壮景，道出了“天生我材必有用”的豪情，正代表了他仙风道骨般的自信。

你知道吗？左边的信念与右边的思想，回旋错落着一地飞花，我们都笑了。当现实与空虚再无分际，夜也将不再妒忌昼的光明，我们拥有的是自信，我们将挺起胸膛，张开五指，迎接所有挑战！

褪色的是昨天，留下的是自信。

我相信总有一天，你会向山谷发誓，你会向太阳拥抱，你会告诉我，你是一个自信的、勇敢的、成功的人了！

让自信的种子飘满世界，让自信在我们心中萌发，让自信在我们身边茁壮成长！

漫天飞絮都在告诉我们一个故事，自信是成功之船的风帆啊！

资料来源：http://wenku.baidu.com/link?url=uC3faOYE9VCvg-PcjzLi4W6pFV2n-4AbAQ35HYaoUa88XBmwTTL64-c5hxjfMvdwIZrkLRcPWMEiiaHCid_kYTczeU71bMEvCNSCWnrRgNq。

例 2

中国梦——梦之蓝

“一个人可以一无所有，但是不能没有梦想。”这句话，我一直记得。是的，正是因为有梦想，我们才经历坎坷依然前行，正是因为有梦想，我们才历经沧桑信心不改。

当鸦片战争击破“天朝上国”迷梦，当西方文明剧烈冲击“天不变，道亦不变”的心理，当中华民族面临“千年未有之变局”、面对“千年未有之强敌”，中华儿女就有一个梦想，一个民族复兴的梦想。

170 多年来，无数中华儿女就执着于这个梦，为民族复兴上下求索。而今，在实现这个梦想的新的历史征程上，习近平总书记深情阐述“中国梦”，他引用了三句诗“雄关漫道真如铁”“人间正道是沧桑”“长风破浪会有时”，将中华民族的昨天、今天和明天，熔铸于百余年中国沧桑巨变的历史图景，展现于几代人为民族复兴奋斗的艰辛历程，令人感慨、催人奋进。

2011 年，姚明在退役发布会上感言：“感谢这个伟大进步的时代，使我有机会去实现自己的梦想和价值。”今天，我们每个人未必像姚明那样尽情绽放了梦想，但我们都有自己的梦，也都或多或少地实现着自己的梦。

尽管我们的梦想实现未必尽如人意，有的人还在埋怨，收入还不够高，房子还不够大，工作还不够好，看病还不够方便，但与自己的过去相比，梦想的旅程都早已离开原点，梦想的花朵已然开始绽放。

也许，执着于自己的梦想久了，我们可能忘了梦想生长的土壤。也许，有的人认为，自己梦想的实现，得益于自己的奋斗，这个时代我们国家并没有直接为自己做过什么。然而，百余年前的中国人不敢有梦，百余年后的中国人都有自己的梦，其间的差别就在于“中国梦”。当“中国梦”没有绽放，个人的梦又如何开花？从根本上说，我们每个人梦想生长的土壤，都深深植根于“中国梦”。我们每个人梦想的成长，都有“中国梦”的成长相伴。有了“中国梦”的茁壮，我们才有了做自己的梦的自由。

这170多年来，正是无数先贤先烈把自己的梦融入“中国梦”，正是一代代人执着、坚韧地接续“中国梦”，“中国梦”才有今日之荣光。这30多年来，我们能够改变自己的生活甚至命运，能够让自己的梦想次第开放，亿万农民工能够在神州大地上自由流动，市场的生机活力在最贫穷的地方也能够崭露头角。我们也不能忘记，这一切根本得益于“中国梦”的追逐，得益于党带领人民在追逐“中国梦”的进程中创造了发展传奇。

“中国梦”与个人梦唇齿相依。我们追逐自己的梦，本身构成了“中国梦”的一块块基石。“中国梦”的建构，又为我们放飞自己的梦想提供了平台和土壤。历史的接力棒已经交到我们手中，我们要大声宣言：勿忘昨天的苦难与辉煌，无愧今天的责任与使命，不负明天的梦想与追求。现实，是我们曾经满怀的梦想；梦想，是未来可以拥有的现实。

梦想与现实翻涌交错之中，中国，我想和你，一起梦想，一起腾飞！

资料来源：http://wenku.baidu.com/link?url=d2jL1hVk9iZagcNk4uinAZlC5orUYtzea-iunH2-Cxr6rjFOfMHu34WgLIvm9z588HNh-4Nv4w1CdvWSDlNlDLeY-KLrkVHQFw1Gr-A3aLm。

这两篇演讲词，结合历史与现实，表达了自信与中国梦的主题。行文流畅，抒情自然，语言质朴，读起来让人感到亲切。

（一）概念

演讲词，是指在重要场合或群众集会上发表讲话的文稿。在各种会议，它用来交流思想，表达感情，发表意见和主张，提出号召倡议。演讲词有3种类型：①叙事型，以叙述为主要表达方式，辅以适当议论说明和抒情。叙事演讲词通过对人物事件景物记叙描述，表达演讲者思想感情，反映社会生活本质和规律。②说理型，以议论为主要表达方式，它具有正确深刻的论点，使用确凿充足具有说服力的论据，进行富有逻辑性论证。③抒情型，以抒情为主要表达方式，在演讲中抒发演讲者爱恨悲喜等强烈感情，对听众动之以情，以“情”这把钥匙来开启听众心灵。

（二）写作特点

1. 针对性

撰写演讲词，要考虑听众的需要，讲话的题目应与现实紧密结合，所提出的问题应是听众所关注的事情，所讲内容的深浅也应符合听众的接受水平。同时，演讲又要注意环境气氛，既要注意当时的时代气氛，又要了解演讲的具体场合：是庄严的会议或重大集会，还是同志间的座谈和讨论问题；是欢迎国宾，还是一般的友人聚会。不同的场合，演讲有不同的内容、不同的讲法。

2. 鲜明性

演讲的内容不能只是客观地叙述事情，还必须表明自己的主张，阐明自己的见解。赞成什么，反对什么，表扬什么，批评什么，均应做到立场鲜明、态度明确，不能含糊。好的演讲总是以其精密的思想启发听众，以鲜明的观点影响听众，给听众以鼓舞和教育。

3. 条理性

要使讲话易被听众听清、听懂，就要条厘清楚、层次分明，否则，所讲内容虽丰富、深刻，但散乱如麻，缺乏逻辑性，亦会影响讲话效果。

4. 通俗性

演讲的语言，总的说来应该通俗易懂，明白畅晓。要做到这一步，关键是句子不要太长，修饰不要太多，不宜咬文嚼字，要合乎口语，具有说话的特点，同时也应该讲究文采，以便雅俗共赏。

5. 适当的感情色彩

演讲既要冷静地分析，即晓之以理；又要有诚挚热烈的感情，即动之以情，这样才能使讲话既有说服力，又有鼓动性。

(三) 写作格式

演讲词没有固定的形式，可以根据不同的对象、时间以及所讲的问题自由灵活地安排结构方式。尽管如此，从众多的演讲词中仍可看出，其写作格式主要有标题和正文两部分。

1. 标题

标题的形式有 3 种：一是报刊编辑在登报时加上去的，不是作者自己拟定的；二是由作者拟定正题，发表时编辑再加上副题；三是作者拟定正题，题下注明作者姓名的。

2. 正文

正文的结构，一般开头先是针对会者的称呼，接着开始讲话，要造成一种气氛，引起听众注意，控制会场的情绪。主体部分全面展开论述，突出讲话中心，把全部所要表达的内容逐层交代清楚，给观众留下深刻的印象，结尾部分总结全文，表明态度。

(四) 写作要求

1. 了解听众，有的放矢

了解听众的观点、态度、希望和要求，就可以决定采取什么方式来吸引听众，说服听众，取得好的效果。掌握听众的心理特征和认识事物的规律，恰当地选择材料，安排材料，能使演讲在听众心里激起波澜。演讲稿要写得有波澜，主要靠内容有起有伏、有张有弛、有强调、有反复、有比较、有照应。

2. 观点鲜明，感情真挚

演讲稿观点鲜明，显示演讲者对一种理性认识的肯定和对客观事物见解的透辟程度，能给人以可信性和可靠感。一篇演讲稿只能有一个中心，全篇内容都必须紧紧围绕这个中心去铺陈，这样才能使听众得到深刻的印象。演讲稿还要有真挚的感情，才能打动人、感染人，有鼓动性。因此，它要求在表达上注意感情色彩，把说理和抒情结合起来。既有冷静的分析，又有热情的鼓动；既有所怒，又有所喜；既有所憎，又有所爱。这种深厚动人的感情要发自肺腑，就像泉水喷涌而出。

3. 行文变化，富有波澜

好的演讲稿，应该既有热情的鼓动，又有冷静的分析，要把抒情和说理有机地结合起来，做到动之以情，晓之以理。

4. 语言流畅，深刻风趣

一是要口语化，要通俗易懂。广为流传的恩格斯、列宁的演讲，毛泽东的演讲，鲁迅的演讲，闻一多的演讲，都是既有丰富深刻的思想内容，又有生动感人的语言。语言大师老舍说得好："我们的最好的思想，最深厚的感情，只能被最美妙的语言表达出来。若是表达不出，谁能知道那思想与感情怎样好呢？" 首先要用形象化的语言，运用比喻、比拟、夸张等手法增强语言的形象色彩，把抽象化为具体，把深奥讲得浅显，把枯燥变成有趣。

二是运用幽默、风趣的语言，增强演讲稿的表现力。这样，既能深化主题，又能使演讲的气氛轻松、和谐；既可调整演讲的节奏，又可使听众消除疲劳。

技能实训

1. 假设与兄弟班级举办一次新春联谊会，作为被邀请者，你将怎样致辞？

[提示] 先拟一个提纲，默讲一遍，然后脱稿大声说一遍。致辞要热情，可以赞扬对方班集体的优点，谈及彼此班级的友谊，展望今后发展等。语言要精练，力求幽默风趣。时间大约 2 分钟。

2. 请将下面的演讲材料(片断)分三步训练：第一步，标注材料中声母的难点音；第二步，借鉴朗读的标记符号，对材料做声音技巧处理(标出速度快慢、停顿、重音、语调、特殊技巧等)；第三步，脱稿试讲，并注意情感的运动。

(1) "现在，你们必须记住的唯一最重要的一件事，是在任何情况下都不能触动那个红色的开关。"

(2) 一只乌鸦正渴得要死的时候，它看到墙头上有一壶水。乌鸦高兴极了，并很快地飞了过去，但乌鸦的嘴太短，够不着水。乌鸦失望地在树桩上蹦跳和思索。突然它发现附近有一些小石头，于是它想起了一个主意。它用嘴衔起一块小石头。它飞到水壶处，把小石头丢入壶中。水就上升了一点儿。乌鸦就这样把小石头一块一块丢入壶中，每丢入一块，水就上升一点。当它把全部的小石头丢入后，水已上升到壶口。于是这只聪明的乌鸦坐在壶边喝了个痛快。

(3) “我们的大炮就要万炮轰鸣！我们的装甲车就要隆隆开进！我们的千军万马就要杀敌!就要去拼命！就要去流血！可刚才，有那么个神通广大的贵妇人，她竟有本事从几千里外，把电话要到我这前沿指挥所。她来电话干啥？她来电话要给她儿子开后门，让我关照关照她儿子！走后门，她竟敢走到我这流血牺牲的战场上！”

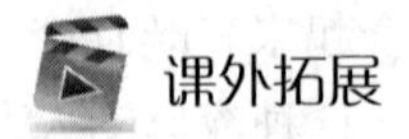

课外拓展

命题演讲的表达技巧

命题演讲不仅是语言运用的艺术，而且是演讲者思想情操、文化修养、风度仪表等素质的综合体现。成功的命题演讲，应当是适应演讲情境、切合演讲主题、有声语言与态势语言和谐的有机结合体。

1. 情感的运用

情感是演讲的“魂”，演讲时切忌情感的无动于衷、与己无关，要克服“魂不附体”的情感游离状态。演讲时情感的运动，是一种由积到发、厚积薄发的过程。

(1) 真心实意地进入演讲角色状态——“积”。演讲前的默场蓄积了一泻千里的情感，上台后自然进入状态，对所讲的人、事、物、情、景、理，要有切实的“心灵感应”。

(2) 通过强烈的心灵冲动激发情感——“发”。演讲时要有心理流程、情感流程，真听、真看、真想、真感觉、真动心，激发真情实意，说真心话、说实话。

(3) 情感要交流。只有自我冲动，才能调动听众。你心中没有情，不可能“煽”起听众的感情；你心中没有“火”，不可能点起听众之“火”。

2. 声音的技巧

声音技巧是指演讲者根据内容表达的需要，对声音做出不同的造型处理。声音技巧有助于思想感情的物质外化，作用于听众的听觉器官，增强演讲的形象感和感染力。

(1) 情、气、声统一、和谐。情、气、声统一、和谐，是演讲的“神”与“形”的有机结合。情感是气息的源泉，气息是声音的依托，声音是情感的流露，三者的关系一般表现为以下几种：喜，气满声高；悲，气沉声缓。爱，气缓声柔；憎，气足声硬。怒，气重声粗；疑，气舒声缓。急，气短声促；静，气舒声细。冷，气少声淡；惧，气提声抖。

(2) 把握好演讲与朗诵在腔调、语感上的区别。

朗诵——对别人(或自己)文字作品的再创作；情感：作品的“无我”；语调：允许夸张，可华丽。

演讲——对自身思想、情感的直接抒发；情感：自我的、真实的——“有我”；语调：自然、朴实、适度。

(3) 演讲声音的“扬”与“抑”。演讲时，要运用好各种声音表达技巧，形成有高低、轻重、强弱、快慢、停连之分的语流。

语调——演讲的语调是一种抑扬起伏、波澜跌宕的行进态势；演讲时，一要克服“与己无关式”的平直语调，即声音单调、无起伏、无变化；二要克服语调的“模式化”，即声音与情感脱节成为“两张皮”。

停连——演讲语流中声音的顿歇和连接。演讲时，一要注意服从于内容、情感，通过停顿的长短，使听众感觉到内容层次变化和情感的转换；二要注意声停气不停，即“此时无声胜有声”。

重音——演讲时，一要找准重音，尤其是全篇的高潮“制高点”，要克服“高潮迭起”的毛病，长时间的强刺激反而会使听众麻木、反感。二要注意克服大喊大叫的“模式化重音”。突出重音的方法有多种：可重、可轻，可低音、可高音，也可在重音前后停顿或用拖音、颤音、气音等。

节奏——演讲的节奏既要统一和谐，服从于基调；又要丰富多彩，同中求异。演讲时，要做到欲抑先扬，欲扬先抑；欲快先慢，欲慢先快；快中有慢，慢中有快。开头要先声夺人，但不要一下子升温到沸点；要渐入佳境，逐步引人入胜，烘托出高潮。

3. 态势语的配合

演讲是“讲”与“演”的结合体。“演”就是态势语的配合，要做到和谐、得体、适度。

(1) 仪表风度。即演讲者的容貌、姿态等外部特征，包括长相、身材体型以及服饰等。容貌可以通过化妆加以修饰和美化，譬如选择适当的发型，描眉、施粉等。但要注意，演讲者只能化淡妆，不可浓妆重抹，否则会使听众产生失真的感觉，有矫揉造作之嫌。演讲者还应当根据自己的身材体型选择合适的服装，着装要整洁大方、得体入时、色调和谐，既满足听众的审美要求，又不至于影响演讲的效果。风度是通过言谈、举止、仪表所体现出来的个人风格和气度，它虽然也是从某些外部特征表现出来的，但却是精神气质，文化修养、心理禀赋等诸因素的外化，是需要很深的“内功”的，而内功需要长期的“修炼”。演讲者的风度直接影响演讲的效果，“对于演讲家来说，善于保持风度，是他的首要禀赋，这样才可以左右听众”。

(2) 身姿语。身姿是由多种人体动作组成的一种相对稳定的身体形态。它同样可以传播信息，表达思想感情，同时也具有直接的审美内容，升华演讲者的自我形象。身姿，主要指演讲时的上场、退场，要求“行如风”，步履轻捷而稳健，展现良好的精神风貌，给观众以好的第一印象；不要慌慌张张、摇摇晃晃、拖拖沓沓。站姿，要求“立如松”，站姿挺拔而端庄，男性气宇轩昂，女性亭亭玉立。站稳之后，开口之前，要挺胸吸气，使演讲者产生挺拔、精神焕发的感觉。站立时身体不要靠在讲台上，身体的重心平均落在两个脚上，两脚自然分开，不超过肩的宽度，或一前一后站定；双手轻松自然地沿着身体两侧下垂，头部端正，这是演讲最基本的站姿。但在实际演讲中，演讲者不可能一直保持这种站姿。有时会随着演讲感情的变化，前后移步或踮脚。这些站姿不会是单一的改变，总是与手势、面部表情等其他部位结合在一起，形成身姿语言的节奏感，而且这种节奏又是与有声语言的节奏相吻合的，从而形成演讲的整体节奏。

(3) 手势语。手势是指从肩部到指尖的各种活动，包括手臂、肘、腕、掌、指的各种协调动作。手势语表达心理活动，表达思想感情，传导某种信息，但它要同口语交际同时进行，是口语表演的辅助手段。手势语所表达的意义，由手活动的范围、方法、幅度、形状几方面来决定。手势活动的范围，大体分3个区间：肩部以上为上区手势，表示积极向上或激昂；肩与腹部为中区手势，表示客观冷静；腹部以下为下区手势，表示鄙夷、厌恶、决裂。手势活动的方向不同，意义也大相径庭。向内、向上的手势，意味着肯定、赞同、号召、鼓励、希望、充满信心；向外、向下的手势，意味着否定、拒绝、制止、终止、摒斥、冷漠。抬起两个手掌，掌心向上、往内缩是表示向我靠拢、注意我；掌心向下、往外推则是意味着拒绝、回避。手势活动的幅度大小与演讲者的感情、语势有很大的关系。幅度大，表示强烈；幅度小，表示平和。一般来说，演讲者大幅度的手势不宜过多，只能偶尔使用。

(4) 面部表情语。头面部是演讲者形象的主体，是听众目光的焦点。演讲时，头要正，面部正对观众，不要频繁晃动。头部侧位打破了正位的严肃、单调的造型，给听众一种优雅感。询问性、怀疑性的语言和表情多配以头部侧位动作。头部侧位的不同，所表示的意义也各不相同。一般说来，微伸表示思考和停顿，昂仰表示情绪激动，偏仰表示呼唤与憧憬。头部垂下的程度不同所表示的意义也是有区别的。浅垂位一般表示谦虚、停顿和思索；深垂位表示悲伤、伤感和难过。面部表情是否丰富与演讲的成功与否关系密切。演讲者应通过积极的调节、控制和支配，使表情准确地、自然地、恰当地体现自己的丰富感情，使听众便于领会。在面部语言中，笑是一种值得提倡的语言，是感染人，继而给听众留下美好印象的有效手段。演讲者有时也会因演讲内容而哭，把悲伤凄惨的情绪传达给听众。但在使用哭与笑这两种表情时也要注意符合语境，善于控制。正确的做法是：含泪不掉泪，能哭不出声；有笑不大笑，可笑反不笑。

(5) 目光语。“眼睛是心灵的窗口”，演讲者恰当地使用目光语，即眼神，不仅有助于思想感情的表达，同时也有利于相互理解与合作。运用目光语具体有如下方法：环视，即演讲者有意识地环顾全场的每个听众，从左到右，从前到后，从听众的各种神态中了解和掌握现场的情绪。演讲开头的环视既是向听众打招呼，又能帮助静场。演讲中的环视，是做短暂的现场调查，检验演讲的效果，以便及时调整自己的演讲方式与演讲内容。点视，即把目光集中投向某一角落、某一部分或者个别听众，可以表示赞许、感谢、征询以及制止等。虚视，即演讲者的目光好像是看着每个听众的面孔，实际上谁也没看，只是为了造成演讲者与听众之间的一种交流感，弥补因为环视和点视而使部分听众感觉受冷落的缺陷。另外，演讲者还应注意表情性的眼神。演讲者讲到兴奋处，目光炯炯有神；哀伤处，眼皮下垂，眼神呆滞；激愤处，两眼圆睁，双眉倒竖；鄙视处，眉毛下挂，眼光斜视。这些目光语与其他态势语配合使用，表现力就更强了。

资料来源：豆丁网。

本章小结

本章主要探讨了自荐信、个人简历、自我鉴定、竞聘书等求职应聘类文书，结合实际又对演讲词进行了介绍。总体来说，本章的主要内容是学会如何在当前市场就业环境日益激烈的背景下学会推销自己、展示自我，从而赢得好工作、好岗位。

实训练习

一、填空题

1. 求职信根据有无具体的求职岗位分为________________________________。

2. 完整的求职信格式应该包括________________________________五部分。

3. 打印或复制求职信，落款处留下空白，姓名前写上“______”“______”，并亲笔签名。

4. 应用文简称的运用：双变单，如“应该”节缩为“______”，“特地”节缩为“______”，“经过”节缩为“______”，“决定”节缩为“______”；缩合式，如“经济贸易”节缩为“______”，“环境保护”节缩为“______”；省略式，如“海内海外”节缩为“______”，“大型中型小型”节缩为“______”。

5. 人民币大写金额数字应用正楷或行书填写。如______等字样，不得用一、二(两)、三、四、五、六、七、八、九、十、廿、毛、另(或0)填写，不得自造。

二、选择题

1．求职信属于(　　)。

A. 社交书信　　B. 专用书信　　C. 一般书信　　D. 个人书信

2. 求职信的格式一般分为标题、称谓、正文、附件和落款五部分。落款要写明联系方式，包括(　　)。

A. 邮政编码　　B. 通信地址　　C. 邮箱　　D. 电话号码

三、问答题

1. 试述求职函写作的注意事项及原因。

2. 求职信与应聘信在正文写法上有什么差别？

四、写作题

1. 假如你即将毕业，需要应聘求职。请你合理虚构自己的个人学业、持证数量及能力素质情况，向某公司写一封求职信。

2. 请结合自身体育特长写一份健身俱乐部营销经理竞聘演讲词。

第三章

礼仪书信文书

第一节　贺信(电)、慰问信(电)和唁电

一、贺信(电)

案例精选

例 1

北京奥组委致火炬接力珠峰传递登山队贺信

2008 年北京奥运火炬接力珠峰传递登山队：

今天，你们成功登上珠穆朗玛峰，将奥运圣火高擎在世界最高峰峰顶，将五星红旗和奥运五环旗共同飘展在地球之巅，将奥林匹克精神带到了一个新的高度，为祖国赢得了荣誉，为奥林匹克运动增添了光彩！北京奥组委谨向中国登山队全体登山火炬手和教练员表示热烈的祝贺和诚挚的慰问！

你们在全国人民和世界人民的瞩目之下，发扬不怕艰险、团结协作、勇攀高峰的优良传统，克服了种种险阻，完成了奥运圣火珠峰传递的神圣使命，实现了北京在申办奥运会时的庄严承诺！

奥运圣火成功登顶珠峰的壮举为现代奥林匹克运动的历史写下浓墨重彩的一笔，将极大地鼓舞我们进一步振奋精神，扎实工作，全力以赴做好各项筹办工作，为实现有特色高水平的奥运会贡献力量。

我们期待着登山英雄们的凯旋！

第 29 届奥林匹克运动会组织委员会

2008 年 5 月 8 日

资料来源：http://2008.163.com/08/0508/10/4BDPBRLH00742CMG.html。

例 2

中共中央国务院致第30届奥林匹克运动会中国体育代表团的贺电

中国体育代表团：

在举世瞩目的第30届奥林匹克运动会上，中国体育代表团表现出色，收获了38枚金牌、27枚银牌、22枚铜牌，位居金牌榜和奖牌榜前列，谱写了我国竞技体育新的辉煌篇章，在世界面前展现出改革开放的中国各族人民的良好精神面貌。党中央、国务院向你们表示热烈的祝贺和诚挚的问候！

刚刚过去的17天里，中国体育代表团的运动健儿们在奥运赛场上频传捷报，雄壮的中华人民共和国国歌一次次奏响，鲜艳的中华人民共和国国旗一次次升起。你们大力弘扬中华体育精神和奥林匹克精神，胸怀祖国、牢记重托，不畏强手、奋力拼搏，展示出高超的运动技能和顽强的意志品质，为祖国和人民赢得了荣誉。你们同各国各地区体育同行互相切磋、深入交流，为促进国际奥林匹克运动发展、增进我国人民同各国各地区人民友谊发挥了积极作用。你们的优异表现，极大地激发了全国各族人民的爱国热情，极大地增强了海内外中华儿女的民族自信心和自豪感。

当前，全党全国各族人民正满怀信心地推进改革开放和社会主义现代化建设，努力以优异成绩迎接党的十八大胜利召开。希望你们立足新的起点，戒骄戒躁，再接再厉，总结经验，从零开始，不断提高运动竞技水平和体育道德水平，为推动我国体育事业科学发展、建设体育强国，为实现全面建成小康社会奋斗目标、开创中国特色社会主义事业新局面贡献更大的力量！

祖国和人民期待着你们凯旋！

中共中央

国务院

2012年8月12日

资料来源：http://politics.people.com.cn/n/2012/0813/c1026-18725189.html。

知识导航

例1是北京奥组委致北京奥运火炬接力珠峰传递登山队庆祝奥运火炬登临珠峰的贺信，例2是中共中央、国务院为祝贺中国体育健儿在第30届奥运会上取得优异成绩的贺电。两份贺电均介绍了贺电的缘由，并向参加完成本次任务的单位表示祝贺、慰问；然后对圆满完成任务的效果、意义、影响给予肯定，并表示感谢；最后对参加完成本次任务的人员给予鼓励，提出希望。

(一) 概述

贺信是表示庆贺的书信。某个单位或个人做出了巨大贡献，某单位召开重要会议，某工程竣工，某重大科研项目获得成功，某项重大任务保质保量地提前完成，某重要人物的寿辰等，都可以使用贺信的形式表示祝贺。贺信是社会交往不可缺少的礼仪性书面形式，也是增进友谊、交流感情的重要手段。

贺信用电报发出，则称为“贺电”。

(二) 写法

贺信的书写格式和一般书信基本相同，有称呼、正文、结尾、署名和日期几个部分。不同点在于一般书信不写标题，而贺信则要在第一行中间写上“贺信”两个字，以使祝贺的意思更鲜明。

(1) 标题。除了一般写法之外，贺信的标题还有几种写法：一是在“贺信”前加上发信的主体，如“教育部贺信”；二是加上贺信的接收者，如“给×××的贺信”；三是写明谁给谁的贺信，如“中华人民共和国教育部给全体教师的贺信”。

(2) 正文。贺信正文的开头一般用简洁的语句写出祝贺的事由，并致以祝贺。常用“值此……之际，谨(代表……)向……表示热烈祝贺”等写法。由于祝贺的对象不同，正文的内容与措辞也应有所变化。如果是祝贺对方取得突出成绩的，就要充分肯定和热情赞扬对方取得的成绩，并揭示其意义；如果是祝贺会议召开的，就要侧重阐述会议召开的意义和深远影响；如果是祝贺担任新的职务的领导人，就要侧重于祝贺对方荣任新职，并祝愿对方在新的任期内取得新的成就。

(3) 结尾。简要写一些祝愿、鼓励、希望或要求方面的内容。表示热烈的祝贺、赞颂。充分表达自己欢欣鼓舞的心情，也可展望未来，表示决心，或提出希望和要求。

(三) 要求

(1) 主题明确，内容切实，要充分肯定成绩，肯定先进的思想和高尚的品德。

(2) 感情要真挚饱满，笔调要热情喜悦，要有赞美之词，恭贺之语。评价成绩要实事求是，切不可言过其实。表示决心要切实可行，切不可空喊口号。

(3) 篇幅短小，语言精练、明快、通俗、流畅，不堆砌华丽辞藻。祝贺之语要掌握分寸，过多溢美之词会使对方不安，自己也难避吹捧献媚之嫌。

请你评判

请指出下面这封贺信的不足之处。

贺 信

亲爱的国家乒乓球队运动员们：

值此四十三届世界乒乓球锦标赛闭幕之际，获悉你们夺得了七个项目的全部冠军，非常荣幸。你们为国争了光，特向你们致以热烈的祝贺。希望你们再接再厉，取得更大成就。

谨致

敬礼

广东省乒乓球协会

技能实训

阅读下文，请拟一封由沈阳体育学院发给韩晓鹏同学的贺电。

沈阳体育学院：

欣闻2月24日凌晨我国运动员、贵院学生韩晓鹏在第20届冬奥会自由式滑雪男子空中技巧决赛中，以250.77分的优异成绩为中国体育代表团再添一枚宝贵的金牌，取得了中国雪上项目的历史性突破，为祖国和人民争得了巨大的荣誉，也为贵院及兄弟院校争了光，谨向贵院和韩晓鹏表示热烈的祝贺和崇高的敬意！

这枚宝贵的金牌是贵院秉承“厚德博学，弘毅致强”精神，长期坚持“亦读亦训，科学训练”办学方针的硕果，将有力地鼓舞兄弟院校士气，振奋体育教育工作者的精神。衷心祝愿沈阳体育学院各项事业蒸蒸日上，再创辉煌！

北京体育大学

2006年2月24日

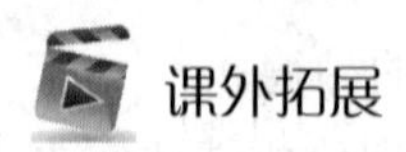

课外拓展

鲁迅发给红军的贺信

红军艰苦卓绝的长征举世闻名，得到了国内外各界人士的声援和支持。鲁迅先生就曾在红军到达陕北以后，与著名作家茅盾联名给红军发来贺信。但由于当时的政治环境，这封贺信的具体情况一直没有公开，成为史学界颇有争议的一个话题。《鲁迅全集》第14卷公开了这封珍贵的革命文献，笔者抄录了全文，具体如下。

读了中国苏维埃政府和中国共产党中央的《为抗日救国告全体同胞书》、中国共产党《告全国民众各党派及一切军队宣言》、中国红军为抗日救国的快邮代电，我们郑重宣言：我们热烈地拥护中共、中苏的号召。我们认为只有实现中共、中苏的抗日救国大计，中华民族方能解放自由！

最近红军在山西的胜利，已经证明了卖国军下的士兵是拥护中共、中苏此项政策的。最近，北平、上海、汉口、广州的民众，在军阀铁蹄下再接再厉发动反日反法西斯的伟大运动，证明全国的民众又是如何热烈地拥护中共、中苏的救国大计！

英雄的红军将领们和士兵们！你们的勇敢的斗争，你们的伟大胜利，是中华民族解放史上最光荣的一页！全国民众期待你们的更大胜利。全国民众正在努力奋斗，为你们的后盾，为你们的声援！你们的每一步前进将遇到热烈的拥护和欢迎！

全国同胞和全国军队抗日救国大团结万岁！

中华苏维埃政府万岁！

中国红军万岁！

中华民族解放万岁！

××××

一九三六、三、廿九

这封热情洋溢的来信，在1936年4月17日出版的中国共产党西北中央局机关报《斗争》第95期全文刊载，主要是祝贺红军渡河(黄河)东征的胜利，表达了拥护中国共产党中央、中华苏维埃政府的抗日救国大计的信心和决心。全文短小精悍，充满战斗精神，更像一篇演说词。

有的媒体把“贺信”也称为“贺电”。最早记述鲁迅庆贺红军胜利一事的，是鲁迅先生的挚友冯雪峰，他在1951年发表的《党给鲁迅以力量》中说：“当红军长征到达陕北的时候，他和茅盾先生共同转转折折地送去过一个给毛主席和朱总司令庆祝胜利的电报。”

关于庆贺红军胜利的事，茅盾在《我走过的道路(中)》中有过回忆，大概意思是1936年春节后的一天，他到过鲁迅家中，后来鲁迅送他下楼时曾对他说：“史沫特莱告诉我，红军长征已抵达陕北，她建议我们给中共中央拍一份贺电，祝贺胜利。”茅盾说：“很好，就是担心电报怎样发出去。”鲁迅说：“交给史沫特莱办就可以了”。至于最后怎样辗转到中共中央，史料记载不详。每当有人提起鲁迅、茅盾发电报或写信祝贺红军长征胜利的事，茅盾都说电报是鲁迅起草的，他也没看到电文原稿。

尽管史学界对这封贺信的细节问题还有一些争论，但是鲁迅先生关注红军、支持中国共产党抗日主张的事实，是毋庸置疑的。

资料来源：中国共产党新闻网。

二、慰问信(电)

案例精选

慰 问 信

亲爱的刘翔：

看到你在昨天伦敦奥运会男子110米栏预赛中受伤的消息，田径中心全体同志和全国田径界同仁对此十分关心、对你的伤情十分心疼和关注。你在比赛中克服无法想象的伤痛，在意外打栏摔倒后，仍顽强地以单腿跳到终点，充分展现了中国田径健儿坚强的意志品质和良好的精神风貌，诠释了更快、更高、更强的奥林匹克精神，赢得了对手的尊重，赢得了全场观众的致敬和全国人民的理解。在此，谨代表田径中心和全国田径界的运动员、教练员向你致以崇高的敬意和最诚挚的慰问！

十多年来，你为了国家荣誉而战，为了梦想而奋勇前行，不懈努力，为推动中国田径发展贡献了自己的力量。你用坚定自信、顽强拼搏的精神和敢于争先、舍我其谁的霸气，在国际赛场创造了一个又一个的胜利战绩，为中国田径争得了荣光，也给我们带来了一次又一次的惊喜与感动，令全国田径界无不为之振奋、骄傲与自豪。你的精神和气质感染和激励了一代田径人，并且将继续感召更多的青少年投入到田径运动中。

漫漫冠军路，几多荣耀和辉煌，几番风雨和辛酸。

一路走来，你攀上过巅峰也跌入过低谷，自2008年来更是不得不面对伤病的困扰。但为了心中那个永不磨灭的奥林匹克梦想，你直面困难、克服伤病、刻苦训练、大胆创新，重回世界顶级运动员行列，让我们看到了你的坚守、你的执着和你对田径事业的热爱。你用永不放弃、追求卓越的实际行动，再次证明了自己，展现了奥林匹克的真正魅力，激励着更多的中国田径健儿自强不息，战胜自我，勇攀高峰。作为黄种人的骄傲，你永远是中国田径的一面旗帜，是中国田径健儿学习的榜样。

“雄关漫道真如铁，而今迈步从头越。”

未来的人生道路还很长，我们希望你放下包袱、安心养伤，早日康复，再次踏上行程，给关心你的所有人带来惊喜，在人生的道路上续写辉煌！

衷心祝福你！

国家体育总局田径运动管理中心

2012年8月8日

资料来源：http://2012.olympic.cn/tuanbu/2012-08-08/2120.html。

知识导航

2012年伦敦奥运会田径比赛进入第五天，男子110米栏预赛第六小组中，刘翔在跨越第一个栏时就打栏被绊倒，他因此没有成绩被淘汰。这篇慰问电就是在这一背景下发出的，文中肯定了刘翔对中国田径事业做出的重大贡献，语言真诚热情、催人奋进。

(一) 概念

慰问信是行政机关、企事业单位、社会团体或个人，对工作中做出巨大贡献、取得优异成绩或遭遇天灾人祸、蒙受重大损失的集体或个人，表示安慰、问候、鼓励和关切的专用信体。

(二) 特点

1. 发文的公开性

慰问信可以直接寄给本人，但大多是以张贴、登报，在电台、电视上播放的形式出现的。公开性是慰问信的一个特点。

2. 情感的沟通性、鼓舞性和慰问性

无论是对有突出贡献者的慰问还是对遭遇困难者的慰问，情感的沟通是支撑慰问信的一个深层基础。慰问正是通过这种或赞扬表达崇敬之情，或同情表达关切之意的方式来达成双方的情感交流和相互理解的。节日的慰问，尤其是为某一群体而设的节日的慰问，更是起着相互沟通情感的作用。如“三八妇女节”“教师节”等的节日慰问。

(三) 对象

1. 对做出贡献的集体或个人的慰问

这类慰问主要针对那些承担艰巨任务、做出了巨大贡献甚至牺牲，取得了突出成绩的先进个人或集体。如“慰问那些抗洪抢险的解放军战士”，“慰问保家卫国的边防军人”，“慰问春节期间仍坚守岗位的铁路工人”等等，鼓励他们戒骄戒躁，继续前进。

2. 对遭受困难或蒙受损失的单位或个人的慰问

这类慰问常常是针对那些由于某种原因(如车祸、火灾、地震、暴雨等)而暂时困难或蒙受了巨大损失的集体或个人。对他们表示同情和安慰，鼓励他们克服暂时的困难而加倍工作，以期尽早地改变现状。如对灾区人民的慰问，对老少边区群众的慰问。

3. 节日慰问

这是一种上级对下级，机关单位对群众而进行的一种节日问候。一般表示对他们以前工作的肯定和赞扬，并祝福他们在今后的工作、学习、生活中心情舒畅，做出更大的成绩。如“春节慰问”“教师节慰问”。

(四) 格式

慰问信通常由标题、抬头、正文、结尾、落款五部分构成。

1. 标题

慰问信的标题通常由以下3种方式构成：单独由文种名称组成，如《慰问信》；由慰问对象和文种名称共同组成，如《给抗洪部队的慰问信》；由慰问双方和文种名称共同组成，如《朱德致抗美援朝将士的慰问信》。

2. 抬头(称呼)

慰问信的开头要顶格写上受文者的名称或姓名称呼。如果是写给个人的，应在姓名之后，加上“同志”“先生”等字样，后加冒号。如“郑州市人民政府：”“鲁迅先生：”。

3. 正文

正文要另起一行，空两格写慰问的内容。慰问的正文一般由发文目的、慰问缘由或慰问事项等几部分构成。

(1) 发文目的。本部分要开宗明义，写清楚发此信的目的是代表何人向何集体表示慰问。如“中共杭州市委慰问驻杭部队军烈属及转业军人”的开头。值此1999年新春佳节即将到来之际，中共杭州市委、市人大常委会、市人民政府、市政协代表全市人民，真诚地向你们及亲属表示亲切的慰问，并致以崇高的敬意。

(2) 慰问缘由或慰问事项。本部分要概括地叙述对方的先进思想、先进事迹，或战胜困难、舍己为人、不怕牺牲的可贵品德和高尚风格；或者简要叙述对方所遭受的困难和损失，以示发信方对此关切的程度；要表现出发信方的钦佩或同情之情。

4. 结尾

结尾表示共同的愿望和决心。如“让我们携手并进，为早日实现祖国的四个现代化而共同奋斗”，又如“……困难是暂时的，最后的胜利一定属于我们！”等。接着写祝愿的话，如“祝你们取得更大的成绩。”“祝节日愉快”等等，但“祝”字后面的话应另起一行，空两格写，不得连写在上文末尾。

5. 落款

慰问信的落款要署上发文单位或发文个人的称呼，并在署名右下方署上成文日期。

(五) 要求

要向对方表示出无限亲切、关怀的感情，使对方有一种温暖如春的感觉。要较全面地概括对方的可贵精神，并提出希望，勉励他们继续努力工作，刻苦奋斗，取得胜利。行文要诚恳、真切，措辞要恰当，篇幅要短小。

请你评判

下面是一篇为2010年教师节写的慰问信，请指出其中的不足之处。

慰问信

尊敬的各位老师：

金秋九月，硕果累累，在四处洋溢着丰收高兴的美好季节里，我们迎来了第 25 个教师节。值此，××党委、××公司谨向辛勤耕耘在教育战线上的全体教师致以节日的恭喜！

在过来的一年里，广大教师和教育工作者在各地方党委、政府的正确指导下，忠诚党的教育事业，勤奋敬业，倾心育人，各项工作取得了新的进步。这些成绩的获得，是各级党政组织高度重视和关心支持教育的后果，更是广大教师为人师表、甘于奉献的后果。在此，××公司党委、××公司向广大教师致以崇高敬意！

祝全体教师和教育工作者节日愉快，家庭幸福，万事如意！

技能实训

五一劳动节即将到来，请同学们为奋斗在竞技体育第一线的教练员写一封慰问信。

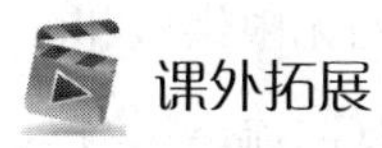

课外拓展

慰问信与感谢信的异同

同：① 都是书信体文书，发送的方式一样，为了庄重与快速，都可用电报；

② 都有表扬的成分。

异：① 内容侧重点不同，感谢信重在谢意，多讲对方对自己的帮助和支持，而慰问信则重在表示慰问，多讲对对方的勉励和激励；

② 写作对象略有不同，感谢信可以是感谢单位的，也可以是感谢个人的，而慰问信则多是对某些单位、集体或群众表示慰问。

三、唁电

案例精选

唁　　电

惊悉霍英东先生不幸因病去世，深感悲痛。他的去世使我们失去了一位可敬的前辈和真诚的朋友，是体育界的重大损失。

霍英东先生生前热爱体育，关心体育。他积极推动内地与香港的体育交流，为恢复我国在国际奥委会等国际体育组织中的合法席位，为北京申办奥运会，为中国体育事业的发展和中国体育全面走向世界付出了极大的努力和心智，做出了巨大的贡献。

在深切缅怀霍英东先生的时候，我们要化悲痛为力量，以办好2008年奥运会的实际行动，告慰霍英东先生的在天之灵。

在此，谨对霍英东先生的不幸去世表示深切的哀悼，并对其家人表示诚挚的慰问。

国家体育总局
中华全国体育总会
中国奥委会
二〇〇六年十月三十日

这封唁电，写了三层意思：首先对霍英东先生的逝世表示“深感悲痛”，接着叙述了霍英东先生为我国体育事业做出的巨大贡献，最后表达了对霍英东先生的无限崇敬和怀念之情。全篇中心明确，层次井然，语言庄重、精练，情感真挚，字里行间流露出对霍英东先生的悼念之情。

(一) 概念

唁电是单位(或个人)向丧家或所在单位表示吊问的电文。

(二) 写法

唁电(函)分为私人和正式两类。在写法上其共同点是：只限于哀悼，不涉及其他内容。措辞须表达出对死者的尊敬和悲痛的心情。内容简单明了、直接，防止累赘。但私人和正式唁电(函)也有区别，如私人唁电(函)侧重表达个人真实情感和伤感色彩，口语化一些；而正式唁电(函)则较庄重，格式较严谨，语言较规范。在结构上，只需一个段落，篇幅要短。其内容包括：

(1) 提及某人逝世，并表示沉痛心情。

(2) 简述死者个人品格、贡献。

(3) 对死者亲人表示慰问。

(4) 对唁电(函)一般应给予简单答复。包括确认收到唁电(函)，对对方的哀悼和同情表示感谢。

(三) 格式

无论是哪种类型的唁电，一般而言都由标题、开头、正文、结尾和落款几部分构成。

(1) 标题。唁电标题的构成有两种形式：一种直接由文种名称构成，如直接在第一行正中书写“唁电”二字；另一种由逝者亲属姓名或单位名称和文种名称共同构成，如《致许广平女士的唁电》。

(2) 开头。唁电开头是收唁电方的单位或逝世者家属的称呼。收唁电者是家属的，一般应在姓名后加“同志”“先生”“女士”“夫人”等相应称呼。写法是顶格写，称呼后面加冒号。

(3) 正文。正文要另起一行，空两格再写。正文通常由以下几项内容构成：第一，直接抒写噩耗传来之后的悲恸心情，无须多言。第二，以沉痛的心情，简述双方在交往中逝者生前所表现的优秀品德及功绩。第三，表达致电单位或个人对逝者遗志的继承和决心，或表达一定要在逝者优秀品德或精神的感召下奋勇前进等。第四，向逝者家属表示亲切的问候和安慰。

(4) 结尾。唁电结尾，一般写上“肃此电达”“特电慰问”等字样。

(5) 落款。落款写在右下方，要写明拍发唁电的单位名称或个人姓名，然后在此下面还要署上发电时间：××年××月××日。

技能实训

2013 年 12 月 6 日(南非时间 5 日)，曼德拉在约翰内斯堡住所去世，享年 95 岁。纳尔逊·曼德拉是 20 世纪 90 年代非洲乃至世界政坛上一位最耀眼的和平主义者。他领导的非国大在结束南非种族主义的斗争中发挥了极其重要的作用。请你为这位时代伟人写一篇唁电。

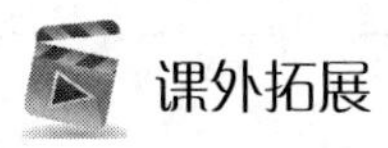

课外拓展

礼仪电报常用吊慰词

※ 噩耗传来，不胜悲悼，特电吊唁，尚望节哀。

※ 远道闻讣，万分哀痛，特电慰唁，尚请保重。

※ 惊闻××病逝，不胜悲痛，特电致哀，并向家属慰问。

※ 惊悉××盛年谢世，不胜悲痛，特电吊唁，尚请节哀。

※ 惊闻令尊(令堂)去世，无比痛悼，尚祈节哀。

※ 惊悉令子(令爱)辞世，万分悲悼，务请节哀。

第二节 名片、请柬和邀请函

一、名片

案例精选

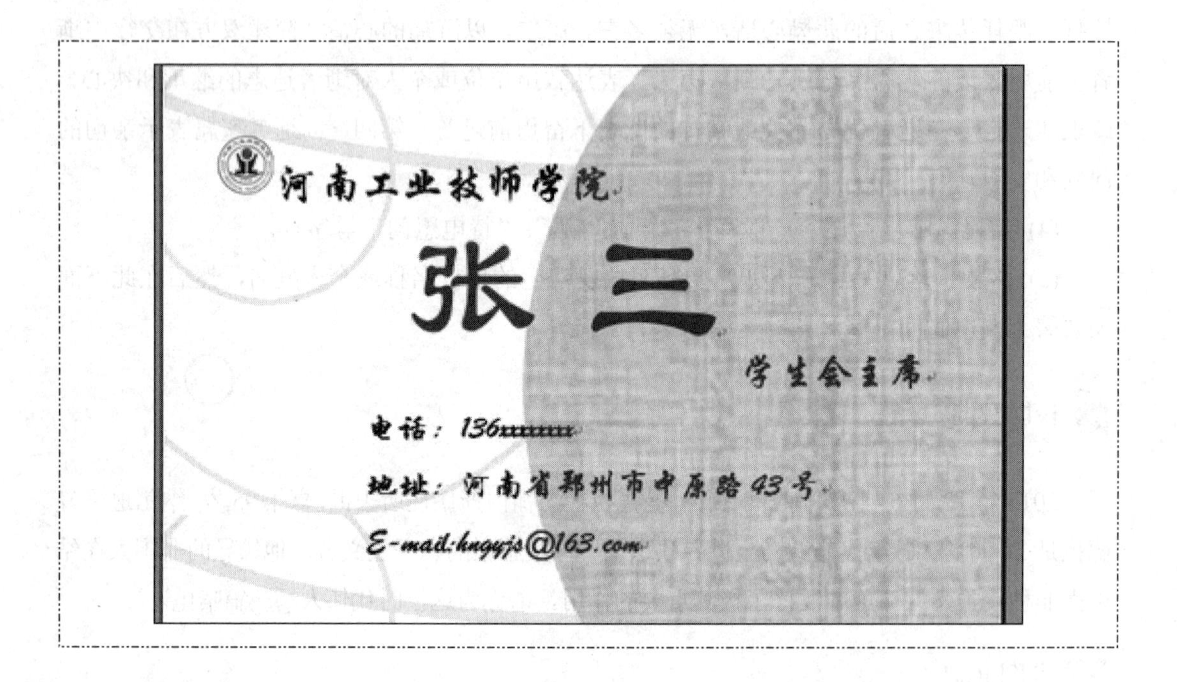

知识导航

(一) 设计要求

名片作为一个人、一种职业的独立媒体，在设计上要讲究艺术性。但它同艺术作品有明显的区别，它不像其他艺术作品那样具有很高的审美价值，可以去欣赏，去玩味。它在大多情况下不会引起人的专注和追求，而是便于记忆，具有更强的识别性，让人在最短的时间内获得所需要的情报。因此名片设计必须做到文字简明扼要，字体层次分明，强调设计意识，艺术风格要新颖。名片设计的基本要求应强调 3 个字：简、功、易。

(1) 简：名片传递的主要信息要简明清楚，构图完整明确。

(2) 功：注意质量、功效，尽可能使传递的信息明确。

(3) 易：便于记忆，易于识别。

(二) 设计程序

(1) 名片设计之前首先做到以下 3 个方面的了解：

① 了解名片持有者的身份、职业。

② 了解名片持有者的单位及其单位的性质、职能。

③ 了解名片持有者及单位的业务范畴。

(2) 独特的构思独特的构思来源于对设计的合理定位，来源于对名片的持有者及单位的全面了解。一个好的名片构思经得起以下几个方面的考核：

① 是否具有视觉冲击力和可识别性。

② 是否具有媒介主体的工作性质和身份。

③ 是否别致、独特。

④ 是否符合持有人的业务特性。

(3) 设计定位依据对前 3 个方面的了解确定名片的设计构思，确定构图、字体、色彩等。

(三) 构成要素

在名片的设计中，少不了构成要素。所谓构成要素是指构成名片的各种素材，一般是指标志、图案、文案(名片持有人姓名、通信地址、通信方式)等。这些素材各赋有不同的使命与作用，统称为构成要素。构成要素分为下面两类。

1. 属于造型的构成要素

(1) 标志(用图案或文字造型设计并注册的商标或企业标志)。

(2) 图案(形成名片特有的色块构成)。

(3) 轮廓(边框)。

2. 属于方案的构成要素

(1) 名片持有人的姓名及职务。

(2) 名片持有人的单位及地址。

(3) 通信方式。

(4) 业务领域。

以上的构成要素在名片的设计中各就其位，依据每一种类型的名片确定其设计的着重点。

(四) 图案

在名片的设计中，图案的设计是一个重要环节。图案与名片的底要形成明显的区别、层次分明。图案的存在是使主题突出、构图醒目、富于个性，同时不喧宾夺主。不仅满足画面的构图需要，还能很强烈地吸引人的注意力，从而达到持有人自我推销的目的。名片图案的形式与色彩，要反映名片持有者的职业特性及行业特征。

图案的表现形式可分为以下 3 种：

(1) 单色渐变。在名片设计中，运用单色渐变既可以保持设计的完整性，又可增强视觉的冲击力。

(2) 混色渐变。两种以上的色彩渐变，此画面的效果较活跃，但应用时应注意色彩的强弱对比及构图的比例分布。

(3) 形象渐变。取名片的标志、厂名或经销的产品，在上面做浅色弱化、色彩渐变、大小渐变，形成更丰富的视觉效果。

图案的设计在 Photoshop 软件中需要注意以下几点：

(1) 图片色彩模式要以 CMYK 模式制作，不能使用 RGB 模式。

(2) 底纹或底图颜色的设定不要低于 5%，以免印刷成品时无法呈现。

(3) 名片裁切误差范围为 1 mm 内，出血上下左右应保留各 3 mm。

(4) 所有输入或自行绘制之线条色块等图形，其线框粗细的设定不可小于 0.1 mm，否则印刷成品将会有断线或无法呈现的状况。

(五) 文字

名片的文字分两部分：一部分是主题文字，另一部分是辅助说明文字。主题文字一般是指名片持有人的姓名、工作单位。辅助说明文字包括名片持有人的职务、通信方式、单位地址等。无论是主题文字，还是辅助说明文字，都要服从整体的构图。在名片的构图安排中需要注意以下几点：

(1) 名片的文字内容要简练概括，信息传递准确，主题文字与辅助说明在字体运用上要有区别。

(2) 文字的版式段落要编排整齐，不要松松散散，杂乱无章。从视觉上讲，行距一定大于字距，这样可以加强行的整齐清晰。

(3) 名片的字体要规范，尽量少用或不用繁体字。中外文对照出现在同一面的名片设计应以中文为主，也可采用中英文正反面分开的排版形式。

(4) 名片中文字的排版要点如下：

① 主题文字一般采用端庄大方的黑体、宋体、隶书等，一般文字的体量比辅助说明文案略大。辅助说明文字一般采用宋体，有时也采用黑体或斜体，字略小。

② 文字的编排设计。在名片的设计中，应使所有文字有一个恰当的位置，在文字的安排上要有节奏，文字的排列要有层次，要讲究点、线、面的区划，画面要有视觉重点，讲究字体形态的变化。由于文字在名片中的位置不同，设计的方式也应有所区别。可考虑实心、空心、调整笔画的粗细、字形大小以及色彩的对比方式，以强调主次关系。把名片的文字进行多种方式的排列与组合，会形成丰富多彩的视觉效果。

(5) 名片的文字与空白是图与底相互衬托的关系。名片的文案在整体的构图中一般归纳成各类几何形，如等边三角形、直角三角形、长方形、正方形、圆形、半圆形、椭圆形等。这样文案就被整体化了，与空白处形成整体的区域对比，这样使画面的整体构图更加明确，使主题文案更突出。一般空白保留在画面的四周或与画面成体块穿插，避免留在画面的中心，这样可以避免主题文字离心而降低注意值。至于空白占多大比例合适，应视具体情况而定。

文字的排版在 Photoshop 软件中需要注意以下几点：

(1) 一般名片的标准尺寸为 90mm×55mm，折卡名片尺寸为 95mm×90mm，还有不规则的形式，但文件在提交给输出公司时要注明正确尺寸，上下左右各有 3 mm 的出血。

(2) 文案的编排应距离裁切线 3 mm 以上，以免裁切时有文字被切到。

(3) 在 Photoshop 中制作完成后，应将文字栅格化，以免输出制版时因字体而出现错误。

(4) TIFF 格式存储，勿以 PSD 格式输入。

技能实训

请设计一张名片，具体信息如下：

名字：李洪彬

职务：东山体育学校校长

住址：六一大道 23 号

电话：1020 - 87756471 (办)　　手机：13678945621

学校网址：www. nczx. org

E-mail：dongshantixiao@163.com

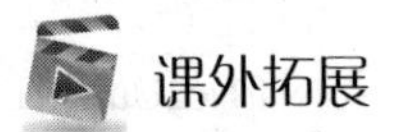

课外拓展

递接名片的礼仪规范

1. 准备工作

自己的名片应放于容易拿出的地方，建议用名片夹(不与杂物混在一起、不将别人的名片与自己的放在一起)。若穿西装，宜将名片置于左上方口袋；若有手提包，可放于包内伸手可得的部位。

2. 递送名片

(1) 递送名片的时机：初次相识自我介绍或别人为你介绍时，当双方谈得较融洽表示愿意建立联系时，当双方告辞并表示愿结识对方希望能再次相见时。

(2) 递送名片的顺序：地位低的先向地位高的人递名片，男士先向女士递名片，当对方不止一人时，应先将名片递给职务高者或年龄长者，如分不清职务高低、年龄大小，宜先和自己左侧的人交换名片，然后按顺时针进行。

(3) 递送名片的礼节：起立或欠身用双手递送名片，面带微笑，注视对方，双臂自然伸出，四指并拢，用双手的拇指和食指分别持握名片上端的两角送给对方，名片正面朝上，文字内容正对对方，递送时可以说“我叫××，这是我的名片，请多关照”之类的客气话。自己的名字如有难读或特别读法的，在递送名片时不妨加以说明，忌目光游移或漫不经心。

3. 接收名片

(1) 如尊者、长者不主动交换名片，可委婉提出，不宜直接索取。

(2) 接收名片时应起身或欠身，面带微笑，用双手接住名片的下方两角，接过名片后应致谢，认真地看一遍表示对对方的重视，可将对方的姓名职衔念出声来，并抬头看看对方的脸，使对方产生一种受重视的满足感，若有不会读的字，应当场请教。

(3) 如果交换名片后需要坐下来交谈，此时应将名片放在桌子上最显眼的位置，十几分钟后自然地放进名片夹，切忌用别的物品压住名片和在名片上做谈话笔记，离开时勿漏带。

(4) 第一次见面，依次同时接收几张名片，千万要记住哪张名片是哪位先生或小姐的，如果是在会议席上，在休息时可以拿出来，排列次序，和对方的座位一致，这种动作同样会使对方认为受到你的重视，而且帮助你准确地认人。

(5) 接受对方名片后，如没有名片可交换，应向对方表示歉意、主动说明，告知联系方式。如“很抱歉，我没有名片”，“对不起，今天我带的名片用完了，过几天我会寄一张给您”。

4. 索取名片

(1) 主动递上自己的名片。(如：你好！这是我的名片，以后多保持联系或请多关照！)

(2) 向平辈或晚辈索取名片。(如：我们可互赠名片吗？或很高兴认识你，不知能不能跟您交换一下名片？)

(3) 向地位高、长辈索取名片。(久仰大名，不知以后怎么向您请教？或很高兴认识您！以后向您讨教，不知如何联系？)

资料来源：http://wenku.baidu.com/link?url=Qn1f3cX47EzjaenQp_UjCvTPNHM0-Iek4NarNc2Uul_gHWhpZiJLbRd7Su6-yad-7xkuBOxXTsV6gqNEVKULSZxX8v-Oi40C96BJnLQCWO_。

二、请柬

案例精选

例 1

请　柬

______女士/先生：

兹定于9月11日晚7:00—9:00在市文体局礼堂举行中秋茶话会，届时敬请光临。

此致

敬礼！

××市文体局

2011年9月5日

例 2

纪念辛亥革命 100 周年(请柬)

尊敬的______同志：

为隆重纪念辛亥革命 100 周年，民革四川省委决定：于二〇一一年九月二十六日(星期一)九点半在成都金牛宾馆俱乐部礼堂举行“民革中央孙中山研究学会四川分会成立大会暨辛亥革命与孙中山精神研讨会”。

恭请莅临！

中国国民党革命委员会四川省委员会

二〇一一年九月十五日

这是两篇邀请有关人士出席相关会议的请柬，既庄重严肃，又体现出对被邀请人士的尊重。时间、地点和具体内容在短短的一句话中全部表达出来，显得简洁明确。

(一) 概念、特点及种类

1. 概念

请柬，又叫请帖，是单位或个人因重大活动、重要节日或会议等，为表庄重和正式而向宾客发出邀请的礼仪文书。

2. 特点

请柬具有格式简短、内容简明和制作精美的特点。

3. 分类

从内容上分，请柬可简单分为红白喜事的请柬和日常活动的请柬。从形式上来分，可以是卡片式的，也可以是折叠式的；可以是印制的，还可以是手写的；可以是西式的横式请柬，也可以是中式的竖式请柬。

(二) 具体格式

当下，大多数场合可采用模式化的现成请柬。特定的活动或有特殊要求时，则需自己制作请柬。请柬根据风格不同，可制作成横式或竖式的两种，一般包括封面和内页两个部分。

封面，通常用较厚的纸质，装帧精美。在居中的位置，用醒目的颜色和稳重的字体写上“请柬”或“请帖”二字。内页，常规的包括称谓、正文和落款 3 个部分。

(1) 称谓。在第一排顶格写，在姓名的位置留白，之后加以“先生”“女士”等称谓，也可加上被邀请宾客的职务、职称。

(2) 正文。通常用“兹定于……”“特定于……”等作为开头，正文部分要交代清楚相关活动的内容、时间、地点及需要注意的相关事项。通常用“恭请光临”，“敬请莅临指导”，“若蒙光临，不胜荣幸”等作为结束语。

(3) 落款。横式请帖写在正文右下角，竖式请帖则在正文左下角写发出请柬的单位名称或个人姓名，并在之下(横式)或之左(竖式)署明日期。

(三) 常见错误和写作要点

1. 常见错误

未仔细核对时间、地点等信息，或是未确认对方的姓名和头衔等便匆忙发出请柬，容易造成误会，引起收受方的不愉快。

2. 写作要点

(1) 向宾客发出请柬是为了表示正式和表达对对方的尊重，因此在填写姓名和职务的时候一定要核实确认，以免有误。

(2) 正文部分一定要准确地告知活动的内容、时间和地点。在多数情况下，时间一般精确到半小时，地点精确到具体的场馆位置。另外，如涉及一些重要的备注事项，如联系人、联系电话、交通路线、食宿地址，有的活动还须携带请柬作为入场凭证，则需要在内容事项中注明。

(3) 请柬突出一个“请”字，所以在具体行文的时候，语气应是热忱的、谦恭的，不得使用“必须”“不得有误”等带有强制性的词语。

请你评判

下面这份请柬存在哪些不足？

请　　柬

×××同志:

您好!工作一定很忙吧!

我校兹定于7月1日召开校友座谈会，请您做好准备，务必准时出席。

此致

敬礼!

××体校办公室(盖章)

2009年6月14日

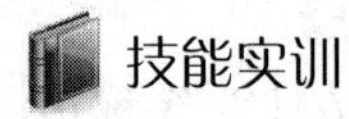

技能实训

假设你作为市体育局办公室工作人员，领导让你负责本市承办的全国体育科学研讨会的筹备工作。请你据此写一篇请柬。

课外拓展

请柬礼仪

请柬是用于邀请有关单位或个人参加某种活动而发出的礼仪文书。按篇幅大小、文字多少、内容繁简，请柬可分为邀请信(书)和请柬两种形式。篇幅大、文字多、内容繁可称为邀请信(书)。文字较少，内容相对简单，印制较为精美的称为请柬。请柬也称为“请帖”“柬帖”，形式上有横竖之分。请柬既是我国的传统礼仪文书，也是国际通用的社交联络方式。

托人转递请柬是不礼貌的

请柬的递送方式很有讲究。古代无论远近都要登门递送，表示真诚邀请的心意；当代亦可邮寄。一定注意不能托人转递，转递是很不礼貌的。请柬如果是放入信封当面递送，要注意信封不能封口，否则造成又邀客又拒客的误会。

请柬一般由标题、称谓、正文、结语、祝颂语、署名落款六部分组成。请柬(邀请信)的正文中有3个基本要素不可缺少：事由、时间、地点。邀请对方参加自己举办什么活动的缘由，这部分必须书写清楚，给被邀者决定是否参加提供依据。举办活动的准确时间，不但要书写年、月、日、时，甚至要注明上、下午。如果活动地点比较偏僻，或者对于部分人来讲不熟悉，就要在请柬上注明行走路线、乘车班次等。

请柬中应避免出现“准时”两字

在正文后可根据不同的情况采用“敬请光临”“恭请光临”“请光临指导”等结语。在一些请柬上我们时常可以看到“请届时光临”的字样，“届时”是到时候的意思，表示邀请者的诚意。但是有些请柬把“届”改成了“准”字，这样就成了命令式，体现了邀请者高高在上，对被邀请者不尊敬，在请柬中我们应该避免出现这样的结语。

在当代的请柬中，一般用“此致”“敬礼”的祝颂语作最后致意。在文面的右下角签署邀请人的姓名。如果是单位发出的请柬，要签署主要负责人的职务和姓名，以主邀请人的身份告知对方。发文日期最好用汉字大写，以示庄重正式。有些舞会、音乐会、大型招待会的请柬还写有各种附启语，如“每柬一人”“凭柬入场”“请着正装”等，通常写于请柬正文的左下方处。

能否赴约都应以书面形式告知

应邀信是被邀人接到主人的邀请信后，同意赴约而给主人的复函。古时也称“谢帖”。应邀信的发出，体现了被邀人对活动的重视和对主人的尊重。应邀信一般由称谓、正文、祝颂语、署名落款四部分组成，表明接受邀请的态度。最后以“我将准时出席”做结语。祝颂语可用“祝活动圆满成功” 等词语。谢绝信是被邀请人收到邀请信后，因为某种原因不能应邀赴约而写给邀请人婉言谢绝的礼仪文书。从礼仪上讲，不管何种原因不能应邀赴约，一定要以书面形式及时告知邀请人，以体现尊重他人。从信中文字讲，更要字字讲究，句句谨慎，避免产生误会。

资料来源：http://baike.baidu.com/link?url=SEVg8UhJXdeWA-LBbrBUnN4UQmCJo6ckUFdQjpLRD24ldQF6Tzga4tmV9okSf-2JnVA08cb5jsiWkPQVAquSRxMKQz6D3ah23cGfdYmyI0S。

三、邀请函

案例精选

邀 请 函

老挝人民民主共和国国家乒乓球协会:

贵协会与××省具有悠久的友好合作关系，两地以乒乓球为纽带开展了一系列友好合作活动，为两国人民沟通情谊、以球会友做出了自己的贡献，不仅为老挝乒乓球事业培训了一批高水平的乒乓球专门人才，也促进了两地乒乓球事业的共同发展。

近日，接贵协会关于申请来闽集训的邀请函，××体育职业技术学院为进一步加强中国人民与老挝人民的情谊，建立××学院与老挝乒协的友好合作关系，协助老挝国家乒乓球队备战第26届东南亚运动会及第16届东南亚大学生运动会，××学院现邀请贵协会于2011年10月15日—10月30日派遣3名选手(2男1女)及1名教练前来我院执行集训任务。被邀请人此次来华相关费用(包括往返机票、住宿、医疗保险和人寿保险等)由贵会自理。特此函邀！

顺颂商祺！

××体育职业技术学院

二〇一一年九月二十九日

知识导航

这是一份外事邀请书。信中首先写明某体育职业技术学院与老挝乒协的友好关系；其次邀请老挝乒协组队异地训练以便增进双方友好情谊，促进乒乓球水平的提升。信写得紧凑自然，用词庄重典雅。

(一) 概念、特点及种类

1. 概念和特点

邀请函和请柬的适用范围大致相同，只是邀请函更正式，一般用于正式的会议、晚宴、论坛等等，比较官方，使用的措辞也更正式，文后可以加盖公章。相比而言，请柬更简洁、人性化一些，落款签单位主要领导名字即可。在具体操作上，可以先发邀请函，等对方收到并确认接受后，再递送请柬。

2. 种类

按照具体的用途分，邀请函可以分为工作类的邀请函和活动类的邀请函。前者如成果评审、决策论辩、学术会议等，后者往往针对一些重要的纪念活动、仪式、庆祝会、座谈会、宴会等。

(二) 写作格式

(1) 标题。居中写上“邀请函”，也可在邀请函之前加上具体的事由。

(2) 正文。第一行顶格写上被邀请单位或个人的姓名，加上“先生”“女士”的后缀或相关的职务职称。邀请函通常比请柬所涉及的事项更为复杂，所以在正文部分需要花稍多的篇幅向被邀请者说明有关问题及事项。

(3) 落款。右下角落上邀请者的名称及时间。

(三) 常见错误和写作要点

1. 常见错误

混淆邀请函和请柬的适用范围，将邀请函的内容过于简要化。邀请函更多用于正式官方的场合，涉及的相关内容要素更为具体，请柬则更简明一些。

2. 写作要点

(1) 邀请函中涉及的时间、地点、事项等一定要反复核实后再寄出。

(2) 邀请函往往需要对该活动的目的、意义、有关内容事项及后续联系方式进行较详细的介绍，以吸引对方的关注及参与兴趣。

(3) 行文要注意语气，突出诚意。

请你评判

某学院成立学生文学社，拟请一位已是著名作家的老校友担任顾问，给他写了一个邀请函，内容如下。请指出语言不得体的地方，并加以改正。

邀 请 函

××同志：

你已荣幸地被聘请为我院文学社的顾问，希望您能同意。文学社将于本月28日下午4时隆重成立，希望您准时出席，并准备发言。

此致

敬礼！

××学院文学社筹备组

技能实训

武术，是中华民族五千年来不败的一朵奇葩，为了让更多的人了解武术，弘扬武术精神，传承中国传统文化之精髓，某学院将举办一场全国高校武林大会。请根据下列材料，写一封邀请信。

活动名称：《全国高校武林大会》。

活动时间：2011 年 6 月 19 日晚 19:00—21:00。

活动地点：××体育职业技术学院武术馆。

活动主题：“武术嘉年华，功夫你我他”。

活动邀请嘉宾：全国高校武术类社团。

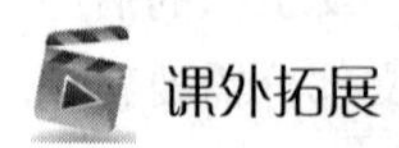

课外拓展

学会说不，学会拒绝

争取时间的缓兵之计

说“不”当然容易，但你真的想清楚了吗？太快回答，一旦后悔，反而会带来很大压力。所以在答案脱口而出之前，先给自己留出足够的时间想清楚，给嘴巴设一道“安检”，用“我明天回复你好吗？”延缓一下权衡利弊的时间，才能对未来结果做出理智判断。

说“不”不是世界末日

做决定前先问问自己：“如果我拒绝他，他会对我做的最坏的事是什么？如果他真的做了，我该怎么应对？应对的好坏对我分别有什么影响？”做最坏的打算，将后果一一列出，把担忧和现实区分开，说“不”时就会心中有数。

有话当面说清楚

不好意思拒绝别人时，你是不是经常用电子邮件、短信或请别人转达的方式说“不”？不直接接触让你眼不见心不烦，但反而会给别人留下遮遮掩掩、底气不足的印象。不如当面找他说清楚，让他知道这件事并非针对他个人，只不过你现在没办法帮忙而已。

越简单越有力

解释就是掩饰，掩饰就是确有其事——拒绝别人时，解释得越多，越显得你底气不足。比如拒绝朋友的邀请，简单一句“我已经事先有别的计划，不过谢谢你”就可以了。记住，解释得越详细，只会引来越多不必要的批评。

坚持自己的原则

如果你纯粹出于个人原则想拒绝对方，那就直截了当说“不”好了。比如“我没有借钱给别人的习惯，不好意思”，“我从来不喝酒”等等。这样对方就会明白，你的拒绝不是对他有想法或针对个提议，而是你的一种生活方式。

给出替代建议

通常别人求你办事是急着想解决一个问题，而你并不一定是唯一人选。表明你不能参与这件事之后，不妨提供一些建议，给出其他建议方案。比如你不能接受某项工作，但可以推荐其他人，可能比你更合适。这样别人只会记得你做了什么，而不是你没做什么。

资料来源：百度文库。

第三节 欢迎词、欢送词和答谢词

一、欢迎词

案例精选

“两岸携手合作，共创美好未来”

——海峡两岸体育学术论坛欢迎词

福建省体育局

各位同胞、各位朋友，女士们、先生们：

大家好！

初夏的鲤城，花团锦簇，生机盎然。很高兴和来自海峡两岸的各位同胞一起，共同参加本次海峡两岸体育学术论坛。论坛以“促进海峡两岸体育教育、体育科研交流与合作”为主题，顺应了两岸关系和平发展的潮流，很有意义。我谨代表主办方，对海峡两岸体育学术论坛的举办表示热烈的祝贺！向所有前来参加论坛活动的两岸同胞特别是台湾各界乡亲，致以诚挚的问候！

今天我们所在的泉州，是一座古老而美丽的滨海城市。60年来，她见证了两岸关系经历的曲折坎坷，见证了两岸关系发生的历史变迁。曾几何时，一湾浅浅的海峡把两岸骨肉同胞隔绝多年。如今，泉州绽放出灿烂的笑容，喜迎两岸八方来宾。两岸同胞欢聚在一起，共同参加本次论坛，到处洋溢着浓浓的同胞亲情，充满着欢乐祥和的喜庆气氛。这是两岸体育交流中的一件盛事，是当前两岸关系呈现和平发展新气象的生动写照。

各位同胞、各位朋友！海峡体育学术论坛是在两岸关系迈向和平发展的新形势下召开的。当前，和平发展已成为两岸关系的主题，并且日益呈现出广阔和光明的前景。正如胡锦涛总书记在2008年12月31日重要讲话中指出的：“实现中华民族伟大复兴要靠两岸同胞共同奋斗，两岸关系和平发展新局面要靠两岸同胞共同开创，两岸关系和平发展的成果由两岸同胞共同享有。”胡总书记的讲话为我们指明了当前及今后一段两岸体育交流合作的方向和目标。我们希望在两岸关系保持和平发展的进程中，与台湾体育界进一步加强良性互动，切实解决两岸体育交流面临的实际问题，推进两岸体育合作提升新的水平，迈入新的阶段，迎接新的未来。为此，我在这里提出几点意见。

第一，加强海峡两岸体育科研的交流与合作

体育的发展，最终有赖于体育科研水平的提高。为此，祖国大陆体育界有识之士发出了“科技兴体”的呼声。而台湾体育界人士也认为，台湾竞技体育成绩与体育科研和体育信息有着密切的关系。当前，大陆应加强自身的体育科研工作，组织建立高校体育科研机构或学术研究团体，改变体育科研“单兵作战”“零打碎敲”的做法，在学科间、在校际开展综合性体育科学研究工作，并积极与台湾体育科研机构进行学术交流和科技合作。两岸体育科研工作者可以尝试双方轮流编辑出版《海峡高校体育研究》刊物，介绍两岸体育动态，体育信息以及科研成果，并积极创造条件，在两岸体育市场实现科技成果的直接交流与转化。两岸高校或其体育科研机构还可以发挥各自的优势，就某些体育课题开展联合攻关。

第二，大力促进体育院校学术交流

海峡两岸体育院校交流与合作的领域很广，无论从大众体育、竞技体育的交流或体育学科研究、专业课程设置、教材教法编撰、职业技能拓展的合作等，都有很强的互补性，发展潜力也很大。我们一定要抓住机遇，建立联系渠道，加强两岸体育院校之间的交流与互动。两岸体育院校和体育团体要加强合作，建立长期协作关系，形成结盟优势，达成相辅相成的效果。积极开展以高等体育人才培养为重点的教育研究，以竞技体育、学校体育以及大众健身体育为主体的交流互动，以体育的学科发展、专业拓展、科技应用为主题的创新合作。

两岸体育院校还可通过学生互访、技能交流、论文研讨、体育竞赛、运动员集训、社团交流、学生联谊会等，进行各种形式多样、内容丰富的文化、体育交流活动，扩展两岸体育院校学生的往来；尝试组织两岸学生异地开展专业实践活动，考察调研社区体育推广服务，“产、学、研”结合和实行职业岗位标准相衔接等运作机制，增进两岸青年学子的友谊和互动，使两岸的师生心灵更加贴近。

第三，加强体育科研信息的协作，试行体育代理制

当前两岸体育发展，特别是竞技体育的提升急需体育科研和信息的支持，以便进行科学化的训练，两岸可以在此方面进行交流合作，一是引进台资，二是科技人才交流，两岸可联合建立科学研究中心，研究开发成果就地商品化，打进祖国大陆市场，也可转移到台湾，促进台湾竞技体育水平的进一步提升。同时，积极开展体育信息、学术交流活动，尽快建立闽台(海峡)体育数据库，健全体育信息管道，定期开展体育学术交流活动，编辑出版《海峡体育信息》《海峡体育科技》等刊物。此外，有计划、有目的、有组织地指导、协调两岸竞技体育交流合作，是目前急迫需要解决的问题。因此，两地也可考虑推行体育经纪(代理)制，设立办事处，开展服务或直接委托异地代理人(经纪人)在海峡两岸为双方招聘教练员、运动员和组织比赛等。

各位同胞、各位朋友！海峡两岸体育学术论坛是加强两岸体育交流的一个重要平台。我们真诚希望参加论坛的两岸同胞在亲和热烈中感受真情，在交流互动中加深了解，在平等参与中增进共识。让我们牢牢把握两岸关系和平发展的主题，心连心、手牵手，为两岸关系和平发展，为中华民族繁荣昌盛，共同努力奋斗！

最后，祝愿海峡两岸体育学术论坛圆满成功！

资料来源：福建省体育局网。

这是福建省体育局在承办的“第二届海峡论坛·海峡两岸体育学术论坛”时的一篇欢迎词。致辞中说明论坛的举办背景和意义，对代表团来访的评价和祝愿，均显得自然、亲切。

(一) 基本分类

欢迎词从表达方式上分为：

(1) 现场讲演欢迎词。一般由欢迎人在被欢迎人到达时，在欢迎现场口头发表的欢迎稿。

(2) 报刊发表欢迎词。这是发表在报刊或公开发行刊物之上的欢迎稿。它一般在客人到达前后发表。

欢迎词从社交的公关性质上分为：

(1) 私人交往欢迎词。一般是在个人举行较大型的宴会、聚会、茶会、舞会、讨论会等非官方的场合下使用的欢迎稿。通常要在正式活动开始前进行。私人交往欢迎词往往具有很大的即时性、现场性。

(2) 公事往来欢迎词。这样的欢迎词一般在较庄重的公共事务中使用。要有事先准备好的得体的书面稿，文字措辞上的要求比私人交往欢迎词正式、严谨。

(二) 主要特点

(1) 欢愉性。中国有句古话是“有朋自远方来，不亦乐乎”，所以致欢迎词当有一种愉快的心情，用语务必富有激情和表现出致辞人的真诚。只有这样才可给客人一种“宾至如归”的感觉，为下一步各种活动的完满举行打下良好的基础。

(2) 口语性。欢迎词本意是现场向宾客口头表达的，所以口语化是欢迎词文字上的必然要求，在遣词用语上要运用生活化的语言，既简洁又富有生活的情趣。口语化会拉近主人同来宾的亲切关系。

(三) 基本格式

欢迎词一般由标题、称呼、正文和落款四部分组成。

1. 标题

标题写法一般有两种。一种是单独以文种命名，如《欢迎词》。另一种是由活动内容和文种名共同构成，如《在××学术讨论会上的欢迎词》。

2. 称呼

称呼要求写在开头顶格处。要写明来宾的姓名称呼。如“尊敬的各位先生们、女士们”，“亲爱的××大学各位同人”等等。

3. 正文

欢迎词的正文一般由开头、中段和结尾三部分构成。

(1) 开头。通常应说明现场举行的是何种仪式，发言者代表什么人向哪些来宾表示欢迎。如：“今天下午我们有机会与史密斯先生欢聚一堂，感到十分荣幸。斯密斯先生已来我校多次，他是一位我们十分熟悉的师长和学界的前辈，他在文学理论方面的学术成就，在世界上已久负盛名。这次，我们有幸再次请到斯密斯先生来我校讲学，希望大家倍加珍惜这次机会。首先让我代表今天所有参加会议的人，向远道而来的贵宾表示热烈的欢迎和敬意。”

(2) 中段。一般要阐述和回顾宾主双方在共同的领域所持的共同的立场、观点、目标、原则等内容，较具体地介绍来宾在各方面的成就及在某些方面做出的突出贡献，同时要指出来宾本次到访或光临对增加宾主友谊及合作交流所具有的现实意义和历史意义。

(3) 结尾。通常在结尾处再次向来宾表示欢迎，并表达自己对今后合作的良好祝愿。如《在全国普通高校招生改革研讨会上的致辞》的结尾部分：“各位领导，各位同志：这次全国普通高校招生改革研讨会在我们温州召开，这是对我市教育改革和发展工作的一个很大的鞭策。我们要借这次会议的东风，认真学习兄弟地区的先进经验。我们也热忱地希望各位领导和同志们，对我市教育工作多加指导和帮助。最后，预祝会议圆满成功。”

4. 落款

欢迎词的落款要署上致辞单位名称，致辞者的身份、姓名，并署上成文日期。

(四) 注意事项

欢迎词是出于礼仪的需要而使用的，因此要十分注意礼貌。具体而言，要注意以下几点。

(1) 礼貌。称呼要用尊称，感情要真挚，要能较得体地表达自己的原则立场。

(2) 谨慎。措辞要慎重，勿信口开河，同时要注意尊重对方的风俗习惯，应避开对方的忌讳，以免发生误会。

(3) 热情。语言要精确、热情、友好、温和、礼貌。

(4) 精练。篇幅短小，言简意赅。一般的欢迎词都是一种礼节性的外交或公关辞令，宜短小精悍，不必长篇大论。

技能实训

假定英国客人琼斯夫妇将到你校参观访问，他们将把一批图书和电脑作为礼物送给你们。你们将送一副中国画给他们。现在要你准备一篇欢迎词，内容包括以下几点：

(1) 欢迎英国客人来我校参观。

(2) 感谢他们送的礼物。

(3) 简单介绍你们学校的情况，学校有九十年的历史，现在有两座教学楼、一座办公楼、一座实验楼、一个图书馆。和一个大运动场。教师工作认真，学生学习努力。

(4) 欢迎客人在参观后提出建议，以改进学校工作。

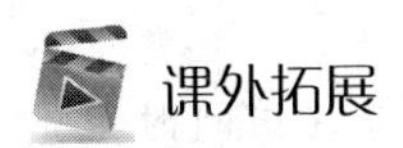

课外拓展

奇特的迎宾礼

射箭迎宾 南美洲圭亚那东部牧区的依那族的迎宾礼节，对于陌生人来说实在难以接受。当你到那里时，主人便会离你几十步远架起土箭，冲你连射4箭，箭枝仅距你的头顶一二十厘米飞过。按他们的风俗，这样才称得上是对客人最真挚、最热烈的欢迎。当你临别前，他们还会以相同的礼节来欢送客人。

高跷迎宾 东非马塞族素有高跷迎宾礼仪。当贵宾到来之前，村中的男子先要在家洗脸净身，或用干沙搓脸，然后再以白布披身。客人一到，他们便会踩上高跷聚集在村口欢迎。他们认为事先净身，后又脚踩高跷(脚不沾地)，这样迎宾，表明主人的肉体和心灵都是洁净的，是对客人最为真诚的欢迎。

同洗迎宾 在巴西印第安人居住区，当客人来临时，主人就会邀请客人一起跳进河里去洗澡。因为当地高温多雨，时常在一天之中要邀客人一起洗上十几次。依照他们的风俗，这是对客人最尊敬的礼节。洗澡的次数越多，显得越尊重客人。

拴线迎宾 老挝人迎宾的方式别具一格。客人会受到他们“拴线”迎宾的热情待遇。当你走进他们的村寨时，便会有一位老太太或是年轻姑娘，口中念念有词地把一缕浸过香水的白线栓在你的手腕上，以示对你最真挚的欢迎。

献蛇迎宾 突尼斯诗斐米德人遇客人来访时，主人定会献出两条蛇装在客人的口袋里，以表示对客人的盛情欢迎之意。这两条蛇一黑一红，黑蛇是友好的象征，红蛇为欢乐的象征。虽说这种迎宾方式使大多数客人感到恐惧，但客人还必须“入乡随俗”，向主人表示谢意和高兴。否则主人会认为你不诚实，甚至还会产生反感。喀麦隆西部撒可尼拉族人的迎宾礼节更为奇特。当贵宾临门时，主人就会毕恭毕敬地献上一条活蛇环绕到客人的脖子上，以示对客人的热情欢迎和衷心祝愿。

骆驼迎宾 骆驼是毛里塔尼亚的国宝，象征着他们民族的灵魂和骄傲。因此，每当客人来访时，他们都要用驼队来夹道欢迎。当外国友人抵达时，他们还要用木碗盛骆驼奶献给宾客品尝，以此为贵宾接风洗尘。

吐舌迎宾 尼泊尔山区的人，认为人的舌头似心一样鲜红。因此，他们欢迎客人之时，都要伸出舌头对客人示意。按他们当地的习俗，这等于向客人奉献自己的一颗赤心，表示对客人的崇敬。

嗅闻迎宾 印度东南地区的一些少数民族，流行着嗅闻迎宾礼。当客人来临时，主人就会主动迎上前去把嘴和鼻子紧紧地贴在客人的脸上，并用力吸气，同时还要连声说："嗅一嗅我！"他们认为这是迎宾的最高礼节。

童女迎宾 这是流行在尼泊尔的一种传统礼仪方式。尼泊尔人把童女看作圣洁的象征。所以，每当贵宾来访之时，尼泊尔官方总要安排5个童女到机场迎接，敬献花束，以示祥瑞。

铜车迎宾 这是赞比亚人的一种传统迎宾形式。当外国贵宾或是元首前往访问时，赞比亚政府都要以"铜车"迎接。因为赞比亚是盛产铜的国家，人民对铜怀有极深的感情，认为用铜制作的东西来迎接客人，是对客人的最高礼遇。

眨眼迎宾 安哥拉基母崩杜人的迎宾方式独具特色。当贵宾来临之时，他们的迎宾人员，总要不断地向客人眨左眼，以本民族最诚挚的礼节方式来欢迎贵宾的到来。这时，客人则应眨右眼，以表达对主人的谢意。

资料来源：《当代世界》，2005年第11期。

二、欢送词

案例精选

北京奥运会欢送词

女士们，先生们：

第29届北京奥运会，历时14天，通过奥运会各国与会代表的共同努力，顺利地完成既定的各项议程，即将圆满结束了。

本届奥运会，规模较大、范围较广、层次较高，在世界奥运会体育学术的交流中是空前的，也是少有的。它反映了世界有识之士的共同愿望——和平，符合世界各国人民的共同利益。

通过本届奥运会，世界更多地了解了中国，中国更多地了解了世界，来自204个国家和地区奥委会的运动健儿们在光彩夺目的场馆里同场竞技，用他们的精湛技术博得了我们的赞叹。新的奥运明星诞生了，往日的奥运明星又一次带来惊喜，我们分享他们的欢笑和泪水，我们钦佩他们的才能与风采，我们将长久铭记再次见证的辉煌成就。

这届奥运会，得到了世界各国和各级领导部门的关心和帮助，得到了广大作家和文学工作者的合作和支持。我谨代表奥运会的领导集体，对世界各国和主办城市奥运会的热爱者的光临指导，表示亲切的感谢和敬意；向出席本届奥运会并为盛会竭尽心智的全体代表，向新闻界以及所有为盛会召开付出辛勤劳动的工作人员表示衷心感谢！

我们这次盛会，围绕着奥运精神，展现了各项科技等，创造了很多新的纪录，为振兴体育、创奥运辉煌的宏伟目标而奠基。

女士们、先生们，昨天已经过去，让我们携起手来，在奥委会的领导下，高举和平的伟大旗帜，紧紧团结互助，坚持为人民健身服务，弘扬体育的主旋律，提倡多样化，注重思想与艺术性和平统一。努力学习，勇于开拓，勤奋创新，锐意进取，满怀信心地迎接2012年第30届奥运会新纪元的到来！

最后，祝愿世界体育教育事业共同发展，祝与会代表身体健康、万事如意！

致辞人：××

二〇〇八年八月二十四日

知识导航

这是一篇北京奥运会的欢送词。全文用词流畅、自然、朴实、真情动人。叙述和议论都带有感情，使整个欢送词有动人心魄的力量。

(一) 概念

欢送词是客人应邀参加了活动，主人为表达对客人的欢送之意，在一些会议或重大庆典活动、参观访问等结束时的讲话。

(二) 写作格式

欢送词的结构大体上由如下几部分组成。

(1) 标题。一般应由致辞场合、致辞人和文种3个要素组成，例如《在欢送日本松下集团考察团宴会上××××总经理的欢送词》，可以省略致辞人姓名，只以场合和文种名称为题；也可直接以“欢送词”文种名称作为标题。

(2) 称谓。对被欢送宾客的称呼，一定要写得礼貌得体。用语要确切、亲和，一般应在称呼之前冠以诸如“尊敬的”“亲爱的”之类的修饰语，并在其后加上被欢送宾客的头衔，也可加“先生”“女士”“夫人”之类的称谓。

(3) 正文。这部分是欢送词写作的主体，应根据实际情况表达不同的内容。其写法与欢迎词大体相同。一般应在写明对宾客的离去表示热情欢送之意以后，追叙宾客访问期间的活动情况及收获，对其访问的成果进行概括和总结，然后表示需要进一步加强交往与合作的意愿，并以饱蘸深情的笔墨再次对宾客的离去表示热烈欢送。

(4) 结尾。在正文的右下侧，由致辞的机关、致辞人具名，并署上日期。也可在标题之中载明。

(三) 具体要求

要写好欢送词，应注意把握如下几点。

(1) 要有真情实感。与欢迎词一样，撰写欢送词也要根据宾客的实际情况和特定的场合，以诚恳热情、情真意切作为第一要义，充分体现出对宾客的尊重之情和友好合作之意。即便在交往过程中存在一些分歧或者不愉快之处，也应落落大方、彬彬有礼，这样不仅能够赢得对方的好感，而且还会为今后的合作提供必要与可能。

(2) 要简练明快。要以简明扼要的语言充分表达出对宾客的欢送之意，使之感到亲切自然，力戒过多使用那些没有实际意义的虚言浮词，以免冲淡欢送时友好和谐的氛围。

(3) 要短些再短些。由于欢送词适用于送别的特定场合，因而其在篇幅上应力求简短，切忌长篇大论，空洞乏味。

技能实训

下文是一篇欢送毕业生的欢送词。请遮住正文第五、六段，另写五、六段文字代之，写好以后对比质量优劣。

欢 送 词

尊敬的领导，亲爱的老师，可爱的学长、学姐们：

大家好!

首先，请允许我代表10级的全体学弟学妹们，为学长、学姐们顺利地完成学业并即将踏上新的征途送上最美好的祝愿。

不知你们是否还记得，在父母的陪同下满怀期待地踏入校区？是否还记得离开时对校园的留恋和对未来的憧憬？是否还记得学院搬迁的那份期待与喜悦？走过楼兰，走过荒滩，只是为了那句“路在脚下，明天会更好”。

虽然即将与相处三年的同窗好友分别，但却无法把自己和属于花季年龄的回忆全都忘掉，因为在那个美好的年龄，你们已将自己最美好的青春做了一次交换。含着泪，回头读起身后的脚印，这些脚印离学生时代越来越远，伸向远方。即使脚窝泥泞，步履蹒跚，但你们还是毅然地去追求属于自己的梦。

几载光阴如梦碟，回首往事堪嗟叹。光阴似箭，岁月如梭，别离的时刻终究还是到来了，心里纵有千万句的不舍，也只能在心里为你们默默地祝福。学长、学姐们，为了自己的梦想，尽情地去放飞吧……学院因你们穿梭的身影，方显青春与活力；学院因你们的笑声与足迹，方显欢乐与活泼。然而，就在短短的时间里，我们却要与你们离别了。

忆往昔，走在校园的路上，路过宣传栏，时不时地会看见你们的光辉业绩，于是我向自己宣战，一定要努力，像你们一样的优秀。如今的你们即将离去，而我们还留在这你们曾经学习、生活过的地方继续为我们的梦想拼搏。有你们的精神相伴，我们更加坚定了追梦的脚步。你们坚定的信念，也愈加推动着我们人生的脚步向着理想迈进。我知道在你们的大学生活中你们肯定有着这样的特殊回忆：你们一定记住了“妈妈喊你吃饭”“神马(什么)都是浮云”等。

最后，我代表全体在校生向即将告别母校的毕业生致以最真心地祝福！你们的优秀给了我们很大的压力，你们的优秀让我们羡慕嫉妒恨。然而我还要再次祝福你们，祝在新的人生道路上、新的工作岗位上，让一切困难都变成浮云，因为你们不仅仅是哥，你们还是个传说；希望你们，坦坦荡荡地走向社会，幸幸福福地走向未来。

似水流年，体味完美人生；分手再见，愿你们走向灿烂明天!

我的演讲到此结束，谢谢大家。

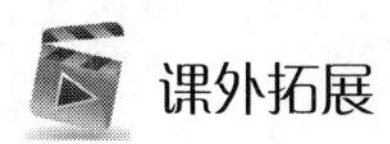

课外拓展

送别诗

古往今来，许多文人墨客对于离别总是歌吟不绝。在这浓浓的感伤之外，往往还有其他寄寓：或用以激励劝勉，或用以抒发友情，或用于寄托诗人自己的理想抱负。离别之际，人们往往设酒饯别，折柳相送，有时还要吟诗话别，因此离情别绪就成为古代文人吟咏的一个永恒的主题。送别诗中常用的意象有长亭、杨柳、夕阳、酒、秋等。诗歌题目通常以“赠、别、送”等字眼。送别内容有写夫妻之别、亲人之别、友人之别，也有写同僚之别，甚至写匆匆过客之别。所用的手法常常是直抒胸臆或借景抒情。其艺术特点，有的格调豪放旷达，有的委婉含蓄，有的词浅情深。下面选取了几首经典送别诗，请大家欣赏。

送友人

李　白

青山横北郭，白水绕东城。此地一为别，孤蓬万里征。

浮云游子意，落日故人情。挥手自兹去，萧萧班马鸣。

黄鹤楼送孟浩然之广陵

李　白

故人西辞黄鹤楼，烟花三月下扬州。

孤帆远影碧空尽，惟见长江天际流。

送杜少府之任蜀川

王　勃

城阙辅三秦，风烟望五津。与君离别意，同是宦游人。

海内存知己，天涯若比邻。无为在歧路，儿女共沾襟。

芙蓉楼送辛渐

王昌龄

寒雨连江夜入吴，平明送客楚山孤。

洛阳亲友如相问，一片冰心在玉壶。

资料来源：《唐诗三百首》。

三、答谢词

答 谢 词

女士们、先生们：

首先请允许我感谢你们的盛情邀请及款待，今天能够出席你们的招待会，我感到十分荣幸，能够有机会与在场的中国朋友畅谈，感到非常高兴。

随着中国改革开放的进程不断深入，我们两国之间的交往越来越频繁，许多政府官员、科学家、艺术家、体育代表团和商人的互访，更加深了我们的友谊。多年来，我一直盼望着能有机会来中国，现在终于圆了我中国之行的梦。

这次在华一年时间的访问学习是卓有成效的，我能够有机会见到许多知名人士，聆听许多专家、学者的教诲，我们之间互相探讨、学习，并向中国专家、学者请教，收获很大。

我的到访，得到了热情好客的中国朋友的热情接待，我深深感受到了勤劳、善良的中国人民的热情、友好，我们彼此之间的深情厚谊，令我终生难忘！

借此机会请允许我再一次向大家表示衷心的感谢！

祝愿我们两国人民世代友好下去！

××

2005 年 10 月 12 日

这是一篇答谢词。正文开头先向主人的盛情接待和双方的良好合作致以感谢之意；接着颂扬了主人的成绩和贡献，展望了双方合作的美好前景；最后对双方未来的美好合作进行了祝愿。全文语言简洁、朴实，情感真挚、感人。

(一) 概念

答谢词，是指特定的公共礼仪场合，主人致欢迎词或欢送词后，客人所发表的对主人的热情接待和多方关照表示谢意的讲话。答谢词也指客人在举行必要的答谢活动中所发表的感谢主人的盛情款待的讲话。自古以来，人们就提倡“礼尚往来”“知恩报德”“来而无往非礼也”，于是在人际交往中便有了“谢”的言行：或揖拳，或鞠躬，或以言辞道谢，或以纸笔作书(写成谢函、谢帖、感谢信)，倘若在庄重的礼仪场合，那便要温文尔雅地致“答谢词”了。与欢迎词相对应，答谢词是由宾客出面发表的对主人的热情接待表示感谢的讲话稿。

(二) 写作格式

(1) 标题。在第一行居中的位置上写上“答谢词(辞)”。

(2) 称谓。另起一行顶格写致辞对方的姓名、头衔，既可以是广泛对象，也可以是具体对象。称呼后加“：”以示引领全文。

(3) 正文。首先，对主人的盛情表示感谢，并对对方的优越性予以肯定，表达出自己的荣幸与激动。这是答谢词的写作重点。其次，要对对方的情况做较详细的介绍，以示尊重。第三，应提出希望与之进一步发展关系的强烈意欲。最后，结语再一次用简短的语言表示感谢。

(三) 具体要求

(1) 客套话与真情。在礼仪场合，必要的客套话是不能省略的，比如“感谢”“致敬”之类热情洋溢、充满真情的词语。

(2) 尊重对方习惯。在异地作客，要了解当地的民情、风俗、尊重对方习惯。

(3) 注意照应欢迎词。主人已经致辞在前，作为客人不能“充耳不闻”。答谢词要注意与欢迎词的某些内容照应。这是对主人的尊重。即使预先准备了答谢词，也要在现场做紧急修改、补充，或因情因境临场应变发挥。

(4) 篇幅力求简短。欢迎词、答谢词都是应酬性讲话，而且往往是在一次公关礼仪活动刚开始时发表的，下面还有一系列的活动等着进行。因此篇幅要力求简短，不宜冗长拖沓，以免令人生烦。

技能实训

1. 南方职业技术学院院长带领酒店管理专业师生去广州华侨大酒店参观学习，受到酒店领导和员工的热情欢迎和款待，请为院长拟写一篇答谢词。

2. 你的表哥新婚在即，请代他的父母拟写一份婚礼答谢词。

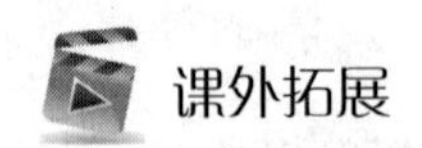

课外拓展

婚礼答谢词

婚礼上有个必然的环节就是答谢的环节，这样感动的时刻当然是少不了的，中国人最注重礼仪尊卑，也注重家庭和睦，我们喜欢把自己内心的感触表达出来，情绪和情感不会藏着、掖着，尤其是自己最幸福的时候。父母在对待自己的儿女的时候，也绝对不会吝惜自己的语言去抒发情感。下面为大家整理一些答谢环节要用到的婚庆答谢词。

新娘答谢词

今天是我这一生最重要的日子，从此我不用一个人去看电影了。千言万语都不能表达我的心情，此刻我心里是满满的感谢。

首先我要感谢在座的各位亲朋好友特意前来为我们的故事做一个重要的见证，你们的祝福让我们有勇气去携手相伴，共同面对人生的喜怒哀乐!

其次我要感谢我们的父母，感谢你们给予我们生命，给予我们最无私的爱直到今天，让我们彼此幸福的相遇。亲情是一种最朴实却最珍贵的情感，现在我多了一位疼爱我的母亲，所以我也会成为妈妈最贴心的小棉袄!

还有我要感谢站在我身边的这位先生，说句实话，这世上没有人能够那么欣赏我的优点，同时包容我那么多的缺点，只有你，我小小的任性、我偶尔的坏脾气、我的唠叨，还有我那么一点点的自私与骄傲，你都全部包容，在这里我要跟你说一声： 谢谢你!我真的——爱你!

新郎答谢词

各位亲朋好友，各位兄弟姐妹，大家好!

今天是我感觉最好的日子，因为我娶媳妇了!而且还是一位漂亮、能干的媳妇! 感谢今天到场的每一位亲朋好友，在你们的关心和祝福下，我终于完成了这个光荣、艰巨又幸福的任务!所以大家要原谅我的激动和紧张!当然我更要感谢我的岳父母，把这么好的一个传家宝留给了我，我一定继续发扬你们的光荣传统，爱她、照顾好她，从此我们就是相亲相爱的一家人!

当然我也要感谢我的母亲，这么多年都是你为我挡风遮雨，现在你可以放心了!有个跟你一样爱我的人愿意这一辈子都陪着我!从今天开始，你不用羡慕别人家有女儿陪着买菜逛街了，现在你也儿女双全，享福了!

最后我要对我身边的这位女子说：感谢你对我的信任，我不是李嘉诚，不是古天乐，但你仍然愿意这一辈子跟我牵手，不离不弃。我只有用我这一辈子为你打工、为你受累!

父母答谢词

各位嘉宾、各位领导、各位亲朋好友，大家好!

今天是我们的孩子××和××喜结良缘的大喜日子，感谢大家在百忙中抽出时间来参加我们孩子的婚礼。你们的到来让婚礼增光添彩!我们全家感到万分高兴。在此，我代表我们全家对大家的到来表示最衷心的感谢!感谢你们前来见证这对新人喜结良缘，感谢你们给这对新人送来了美好的祝福!我特别要感谢的是××的父母亲，是你们养育和培养了一个美丽大方、聪明懂事的好女儿。

我们看到两个孩子在××集团相识、相知、相爱，并在今天喜结良缘，手拉手地走进婚姻殿堂，我们做父母的感到由衷欣慰!成家立业是人生旅途的重要里程。如果说以前是父母拉着你们的手，完成了人生的起步，今后将是你们一起牵手，去经营人生、去创造美好的未来!父母祝福你们!衷心希望你们在新的生活中更加互敬互爱，互谅互让，钟爱永恒，希望你们诚实做人、勤奋工作，用自己的聪明才智为××集团多做贡献；为社会多做贡献；这就是你们对双方父母养育之恩的最好回报，这就是你们对领导、亲朋好友一直关爱你们成长的一片爱心的最大感恩。

最后，再一次衷心感谢各位领导、嘉宾和亲朋好友的光临，感谢你们送来了吉祥、送来了最美好的祝福!今晚，在此略备薄酒，敬请大家畅饮，共同祝愿这一对新人新婚愉快、永结同心、白头偕老、幸福美满!

资料来源：久久结婚网。

第四节　介绍信、证明信和家信

一、介绍信

案例精选

介　绍　信

北京大学中国经济研究中心：

兹介绍我单位李小萌到你处申请经济学双学位学习，请予以接洽。该同学(同志)遵纪守法，无犯罪记录。我单位对此事表示支持。

此致

敬礼

××

2014年3月1日

(加盖公章)

这是一篇介绍学习的信件，内容明晰、简洁，符合介绍信的基本要求。

(一) 概念

介绍信是机关团体、企事业单位派人到其他单位联系工作、了解情况或参加各种社会活动时用的函件，它有两种类型：一种是印好格式的介绍信，使用时按空填写即可；一种是用公用信笺书写的介绍信。

(二) 主要作用

(1) 介绍信主要用于联系工作、洽谈业务、参加会议、了解情况时的自我说明。

(2) 对于持信人而言，介绍信具有介绍、证明双重作用。

(三) 具体分类

1. 便函式的介绍信

便函式的介绍信用一般的公文信纸书写，包括标题、称谓、正文、结尾、单位名称和日期、附注几部分。

(1) 标题。在第一行居中写“介绍信”3个字。

(2) 称谓。另起一行，顶格写收信单位名称或个人姓名，姓名后加“同志”“先生”“女士”等称呼，再加冒号。

(3) 正文。另起一行，开头空两格写正文，一般不分段。一般要写清楚：①派遣人员的姓名、人数、身份、职务、职称等；②说明所要联系的工作、接洽的事项等；③对收信单位或个人的希望、要求等，如“请接洽”等。

(4) 结尾。写上表示致敬或者祝愿的话，如“此致”“敬礼”等。

(5) 单位名称和日期。

(6) 附注。注明介绍信的有效期限，具体天数用大写。在正文的右下方写明派遣单位的名称和介绍信的开出日期，并加盖公章。日期写在单位名称下方。

2. 带存根的介绍信

这种介绍信有固定的格式，一般由存根、间缝、本文三部分组成。

(1) 存根。存根部分由标题(介绍信)、介绍信编号、正文、开出时间等组成。存根由出具单位留存备查。

(2) 间缝。间缝部分写介绍编号，应与存根部分的编号一致，还要加盖出具单位的公章。

(3) 正文。本部分基本与便函式介绍人相同，只是有的要在标题下再注明介绍信编号。

(四) 写作要求

(1) 接洽事宜要写得具体、简明。

(2) 要注明使用介绍信的有效期限，天数要大写。

(3) 字迹要工整，不能随意涂改。

(五) 注意事项

(1) 要坚持实事求是的原则，优点要突出，缺点不避讳，最好是用成就和事实替代华而不实的修饰语，恰如其分地介绍自己。

(2) 要态度诚恳，措辞得当。用语应委婉而不隐晦，自信而不自大。

(3) 篇幅不宜过长，言简意赅，在有限的篇幅中突出重点，同时文字要顺畅，字迹要工整。

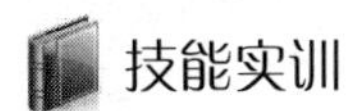

技能实训

请根据以下格式，写一封实习介绍信。

××体育职业技术学院
学生专业实习介绍信

______________单位：

我院各专业已进入社会实习阶段，专业实习对于提高学生业务能力和综合素质具有重要作用。兹介绍我院______________专业学生______________前来贵单位实习，请予以大力支持，并给予指导和严格管理。

感谢贵单位支持我院的学生专业实习工作。

此致

敬礼！

××体育职业技术学院

年　月　日

实习单位回执

××体育职业技术学院：

我单位已同意贵院学生______________前来进行专业实习，实习时间从____年__月__日至____年__月__日。实习结束后，我们将按照我单位的工作要求和贵校有关专业实习的要求对该生进行考评。

此致

敬礼！

单位地址：

联系部门：　　　　　　实习单位(公章)

联系人电话：　　　　　　年　月　日

课外拓展

常见介绍信模板

第一，不带存根的介绍信。

介 绍 信

政介字　　号

兹介绍　　　　同志(系　　　　)，前往贵处联系　　　　事宜，敬请接洽并予以协助。

此致

敬礼

单位(公章)

年　　月　　日

第二，带存根的介绍信。

介 绍 信(存根)

字第××号

兹介绍××同志×人前往××××联系×××××××××××××。

××××年×月×日。

……………………第……………………号……………………

介 绍 信

字第××号

×××:

兹介绍××等同志×人，前往你处联系×××××××××××××，请予接洽并给予协助。

此致

敬礼

×××(公章)

(有效期××天) ××××年×月×日

二、证明信

案例精选

收 入 证 明

泉州市住房公积金管理中心：

兹证明李敏同志(身份证号35021019861203××××)现在在我单位工作，有稳定的工资收入，其本人的基本情况：目前月平均收入伍仟叁佰元整(小写¥ 5300元)，系干部(干部或职工)身份，李敏现任职务(或职称)为中级教练。

本收入证明仅做住房公积金贷款使用，特此证明。

联系电话：1386047××××
证明单位：泉州市体校(公章)
2013年12月12日

本文是一篇有关个人收入的证明信，主要用于公积金房贷之用，文笔简洁、格式规范，符合有关公积金贷款的相关需要。

(一) 概念

证明信是证明某人身份、经历等情况以及证明某个事件原委、真相的专用书信。

(二) 基本分类

一是以组织名义所写的证明信。这种证明信多数是证明曾在或正在本单位工作的有关人员的身世、经历或者与本单位有牵连的事件。证明信的内容材料，往往来自档案或调查研究。此外，证明丢失证件情况属实的证明信，也可归为此类。

二是个人证明某人某事真实情况的证明信。此类证明信是由个人写的，证明的内容完全由个人负责，必要时还须出具证明者所在单位签署意见，证明他(她)的政治面貌和主要表现，说明对证明信上所写材料的态度，以便使需要证明信的单位能鉴别证明内容的真伪和可信程度。

三是随身携带的证明信。这是因工作需要，由被证明者随身携带，供有关人员外出活动时做证件使用的，以保证被证明者的工作、生活、旅行等正常进行。此类证明信，多数已被身份证替代。

(三) 具体作用

证明信对了解和考察有关人员和事件的真实情况，有着重要的证明、参考作用。

(四) 结构写法

(1) 标题。在公文纸第一行正中间，写上“证明信”三字或“证明”二字，字体比正文稍大些。也可使用证明内容与文种构成的形式，如“身体状况证明”等。

(2) 称谓。在标题偏下左起顶格书写，一般为某个单位的名称。

(3) 正文。写明所要证明的人或事的有关真实情况。如果是证明某人在某一事件中的表现，则应写明参与者的姓名、所在单位、身份及其在此事件中的地位、作用和事件的前因后果。如果是受文单位要求对某人某事给予证明(如证件丢失证明)，则应根据实际情况和对方要求给予明确的答复。涉及事项较多的证明，必要时可采用表格形式，以防遗漏，同时也使人一目了然。正文的最后，往往用惯用语“特此证明”结尾。惯用语应独立成段。一般礼貌性祝福语可省略不写。证明信忌用红色笔写，应用蓝黑水笔。如有涂改，须在涂改处附上与落款相同的章印。

(4) 落款。写上开具证明的单位名称或个人名称，并附上章印，注明写作日期(用阿拉伯数字)。单位开具的证明信，用单位公章；个人出具的，附上私人章印或手印。

(五) 写作要求

(1) 要言之有据，证据确凿，不能隐瞒真相，弄虚作假。

(2) 用语准确、明晰，切忌含糊其词、模棱两可。

技能实训

苏明同学是体育职业学院12级法学班学生，2013年9月他报名到西藏参军。由于他是在校大学生，所以省武装部特派干事王立同志来体育职业学院调查情况，并请学院给开具证明信。证明他在学院德智体各方面的表现情况。

课外拓展

证明信与介绍信的区别

二者作用不同。证明信是根据事实阐述说明某人或某事有关事实情况的专用书信，具有凭证作用；介绍信是介绍本单位有关人员去相关单位办理、联系某事的专用书信，它在两个单位或人员办理、联系某事时起介绍沟通作用。

二者时效不同。证明作为具体的凭证，一般没有具体的有效期限，甚至有的可以作为历史凭证，长时间发挥作用；而介绍信涉及两个单位或人员之间的联系，往往随着联系事项的结束而失去使用价值，因此它有严格的有效期限，逾期失效。

对受文单位的要求不同。证明信旨在证明某人在某事或某一时期的既成事实，仅供受文单位参考，而不要求其办理某事。而介绍信旨在联系办理某一事项，尽管其中也有对持介绍信人必要情况的介绍，其目的是为了取得受文单位的信任和协助，从而保时、保质、保量地办好联系事项。所以，介绍信的结尾往往会使用祈请帮助的语句，如“请予协助”等，而证明信仅以“特此证明”陈述句结尾。

资料来源：出国留学网。

三、家信

案例精选

孙杨给教练一封深情“家书”

朱指导：

自从成为专业运动员以来，几乎每个中秋节都是和您一起在队里过的。您为我付出的不仅仅是时间，更多的是精力和心血。

在我看来，好的运动员，相比天赋来讲，更重要的是教练的指导。没有您的指导，我认为不会有今天的孙杨。就算生病要动手术也会为了我的训练延期，我心里非常心疼您。十年来，您和我在一起的时间可能比和您儿子的时间都要长，我却还没尽到做儿子的职责，唯一能做的就是用优秀的成绩来报答您。

您总是告诉我，阳光总在风雨后，教导我要沉稳大气，我也在逐渐让自己成熟起来，不骄不躁。

不管怎样，我们都是一辈子的师徒。

朱指导，中秋快乐，一定要健康。

您来指导，我来执行，让我做您最骄傲的弟子。

弟子 孙杨

2013 年 9 月 17 日

资料来源：体育频道。

知识导航

这封由世界冠军孙杨写给教练朱志根的家书，在中秋晚会上由孙杨亲自朗读。在信中，孙杨表示，在成为专业运动员以后，几乎每个中秋节都是和朱指导一起在队里过的。“十年来，您和我在一起的时间可能比和您儿子的时间都要长，我却还没尽到做儿子的职责，唯一能做的就是用优秀的成绩来报答您。”这封信内容集中，文字简洁，语言亲切，处处充满了慈父的舐犊之情，情真意切，十分感人。

(一) 类型

家信，又叫家书，是指写给自己亲属或长辈的书信。它适合于家人、长辈之间的情感交流。情感可以尽情流露，畅所欲言，不必遮掩，有话直说。

家信可以分为以下几类：写给长辈的信、写给晚辈的信、写给丈夫的信、写给妻子的信、写给兄弟姊妹的信。

(二) 格式

一般来讲，家信内容主要包括称呼、正文、结尾、落款四部分。

1. 称呼

一般说来，平时与家人见面怎样称呼，家信开头的称呼就怎样写。对长辈可以在称呼前加上“尊敬的”“亲爱的”等亲昵的称呼。要顶格写，后加冒号。

2. 正文

正文包括以下内容：

其一，表示问候。单独成行。

其二，另起一段。询问家里的情况。若是复信，则可先说明何时收到来信，再谈其他一些事情。

其三，谈自己的事情，主要针对对方关心的事情谈。

其四，可写些有何希望、要求或再联系的事项。

3. 结尾

结尾要写一些表示致敬或祝福的话。如“敬祝健康”“祝工作顺利”“努力学习”“祝你进步”“此致”“敬礼”等，这些话要合乎身份，不可滥用。

4. 落款

署名写在结尾右下方。可加上自己的身份，如儿、外孙等，不必写姓。后面再署上发信日期。

(三) 注意事项

(1) 家信切忌生硬、死板，语言的选用要轻松自如，不要过分进行修饰。

(2) 语言要口语化，但也不排斥使用书面语。如对“岳父岳母”不能写成“老丈人”“丈母娘”，对“妻妹”不能写成“小姨子”等。

(3) 信件不能用铅笔书写，以防模糊不清；也不要用红笔书写，这会被认为是绝交信。一般用毛笔、蓝色水笔或圆珠笔书写。信纸一般用专用信纸或稿纸，切不可随便捡一页纸就写信。

(4) 字迹工整，一般不要出现错字、别字或病句，信件一定要保持清晰整洁，不可过多涂抹。

请你评判

下面这份家信存在哪些不足?

哥:

你在那边混得怎样?不会不怎么样吧，你可是我哥!要好好干哦!

怎么不多打几个电话回家呀?上次有段时间没了你的消息，我们还以为你怎么了……虽然妈总说我们不用经常打电话回家，我知道每次他们都很高兴听我们说说最近的事情的!

郁闷，最近忙死了。也许大学生就是这样，平时松散得不得了，到考试了，一天到晚抱着书猛啃、猛啃。有一次我都啃到凌晨三点!可凌晨三点却更加睡不着了，大脑里全是什么肌肉、骨骼、神经、血管……

哈，我现在不怕死人了，学医就这点好。可好像……越发怕鬼!它们的肉体被我们剖得稀巴烂，能轻易放过我们?！寒假回家，我又要在你房里打地铺了。我拿把解剖刀，看你还敢用什么枕头呀之类的东西砸我！！哈哈哈……

暑假我不回家了，我要在这片土地上找几份工作！我要逃出象牙塔，猛吸自由的空气。要是实在不行了，我应该会跟你说的。

OK，我得啃我的书本了。再联系吧。3166(不会忘了吧，撒呀呐拉的意思呀)。

祝再帅一点，再高一点，再酷一点!

小妹

二〇〇〇年6月21日

技能实训

母亲节快到了，想要对母亲说些什么呢?请用家信的形式，写一封向母亲祝贺节日快乐的信。

课外拓展

古代书信的别称知多少

竹简：造纸发明前，以削成狭长的竹片作为书写材料，这种竹片称为简。用于写信的便称为书简。

尺牍：古时书写用的薄而小的木片称牍。汉代对简和牍串起来写文字时规定，诏书律令不能宽过三尺，民间写书信不能超过一尺，故有“尺牍”之说，代称书信。

柬：与简通用，是信件、名片、帖子的统称。

尺素：古代称绢为素。用白绢(或绸)写成的书信称“尺素”，后成为书信的代称。

笺：原指精美的小竹片，供题诗作画用。一般信纸也叫笺，后引申为书信的代称。

函：原指封套。古代寄信用木匣子邮递，这种匣子就叫函。后来就称信件为函，如函件、来函、公函。

札：古指书信，公私文书。

还有一些代称：

鸿雁：古代传说鸿雁能传书，故代称书信。

鲤鱼：典故出自汉乐府诗《引马长城窟行》："客从远方来，遗我双鲤鱼，呼儿烹鲤鱼，中有尺素书。"

书筒：以盛书信的邮筒代称书信。

入行书：古时信件每页入行，以此作书札的代称。

关于函与封：

汉代用"牍"写信，长度一尺，故曰"尺牍"。在信的"牍"上再加一块，当作信封，然后用绳子捆好，古人把这块封缄叫作"检"。在"检"上签字叫作"署"。在"检"的中间一块微凹的空间叫作"函"。在"函"上捆的绳子打结的地方用泥封上，加盖印章，以防人拆动，这种做法叫作"封"。

资料来源：http://blog.sina.com.cn/s/blog_4cddb1e20100gscf.html。

第五节　启事、倡议书、表扬信和感谢信

一、启事

案例精选

××市体育运动学校招聘足球教练员启事

××市体育运动学校是市体育局下属的正科级事业单位，是全市青少年业余训练的龙头单位，其肩负着发掘、培养和输送优秀体育后备人才的任务，并代表我市参加省、国家和国际体育比赛和体育文化交流。因事业发展的需要，现向社会公开招聘 2001—2002 年龄组队伍的男、女足球主教练和助理教练各一名。

一、招聘条件

1. 有省级足球队运动经历。
2. 具有大专以上文凭。
3. 年龄在 40 岁以下。
4. 有 3 年以上青少年足球队的执教经验。
5. 尚未解除纪律处分或者正在接受纪律审查的人员以及刑事处罚期限未满或者涉

嫌违法犯罪正在接受调查的人员，不得应聘。曾被机关、事业单位开除的人员不得应聘。

二、招聘办法

1. 应聘人员填写《2013年××市体育运动学校公开招聘人员报名表》一份，提供身份证、学历证书、专业技术资格证书等相关证书，《报名表》上需粘贴近期两寸正面免冠照片，另附一张同底两寸电子照片(JPG格式，大小为20KB以下)。

2. 报名时间：2013年10月25日至2013年11月25日(工作日)上午9:00—11:30；下午15:00—17:00。

3. 报名地点：市体育局办公室(××市××区××路××号市体育局三楼)。

4. 报名要求：应聘人员报名与考试时使用的身份证必须一致。应聘人员提交的报考申请材料必须真实、准确，提供虚假报考申请材料的，一经查实即取消报考资格。

5. 考试采取结构化面试方式进行，面试主要对应聘人员的基本素质，适应岗位的专业素质及潜能进行综合测评，具体由市体育局和市体育运动学校负责组织实施。面试考试时间地点另行通知。

三、招聘薪酬

主教练每人每月基本工资叁仟元，助理教练每人每月贰仟伍佰元，签订劳动合同，按规定缴纳社保，发放四大节日补助及购买意外伤害保险。

联系人：王××　　联系电话：2280×××

附件：2013年××市体育运动学校公开招聘人员报名表

××市体育局

2013年10月18日

这是一篇招聘启事。正文写了招聘的目的、对象、条件、办法等。落款注明了招聘单位名称、成文日期、单位地址、联系电话和联系人。写得简明扼要，条厘清楚。

(一) 含义

“启”字含有“陈述”的意思。“事”即“事情”。启事，就是公开陈述事情。单位或个人将需要向大众说明并请求予以支持的事情简要写出，通过传媒公开，这样的应用文书就是启事。

(二) 类型

根据启事事项的不同，分为寻找、征招、周知、声明四大类。

(1) 寻找类启事。如寻人启事、寻物启事、招领启事等。

(2) 征招类启事。如招生、招考、招聘、招工、招领、征稿、征婚、换房等启事，以及征文、征订、征集设计启事等。

(3) 周知类启事。如开业、迁址、变更、婚庆启事等。

(4) 声明类启事。如遗失、更正和其他声明启事等。

(三) 结构和写法

1. 标题

一是以文种做标题，如“启事”“紧急启事”；

二是以事由做标题，如“招聘”；

三是以启事单位和文种做标题，如“××公司启事”；

四是以事由和文种做标题，如“招标启事”；

五是由启事单位、事由和文种构成标题，如“××商城开业启事”等。

2. 正文

具体说明启事的内容，必须将有关事项一一交代清楚。正文一般包含启事目的、原因、具体事项、要求等。如果内容较多，可分条列项，逐一交代明白。正文部分是体现各种启事不同性质和特点的关键部分，应依据不同启事的内容和要求，变通处置，注意突出启事的有关事项，不可强求一律。如：寻物启事应着重交代丢失物品的名称、特征、时间、地点、失主姓名、住址或单位名称、地址，发现后交还的办法和酬谢方式等内容；开业启事则应写明开业单位的名称、概况、性质、地点、经营项目和开业时间等内容；招聘启事一般包括招聘基本情况、招聘对象、应聘条件、招聘待遇、招聘方法等内容。文末可写上“此启”或“特此启事”，亦可省略。

3. 落款

写明启事单位名称或个人姓名和启事日期。如果标题或正文中已写明单位名称，此处可以省略。有的启事还需要写明单位地址、时间、电话、电子邮箱、联系人等。凡以机关、团体、单位的名义张贴的启事，应加盖公章，以示负责。

(四) 注意事项

(1) 标题要简短、醒目。启事标题应力求简短、醒目，主旨鲜明突出，高度概括，能抓住公众的阅读心理。尤其是广告性、宣传性的启事，标题更要注意其艺术性。

(2) 内容要严密、完整。启事的事项一定要严密、完整，不遗漏且表述清楚。要求内容单一，最好一事一启，便于公众迅速理解和记忆。联系方式等都要一一交代清楚。

(3) 用语要热情、恳切、文明。启事的文字要通俗、浅显、简洁、集中，态度庄重、平易，而又热情、恳切、文明礼貌，以使公众产生信任感，达到的预期效果。

请你评判

以下的招领启事是否有错？

招 领

本人于昨日中午在教学一楼203教室内拾到粉红色钱包一个，内有人民币245元，金穗卡一张，电话卡一张。请失主速与27楼416室刘××联系。电话：××。

技能实训

××化工厂运货汽车于2012年2月20日晚8时，在裕华路与建华大街交叉口附近，遗失两个木箱，内有化学药剂，请代写寻物启事。

课外拓展

“启事”和“启示”的区别

“启事”和“启示”，是人们日常生活中用得较频繁但又常混淆的两个词。遗失了东西，写一张“寻物启事”；某单位要招收新职工，贴一份“招聘启事”。但是，上述“启事”却常会被人写成“启示”，这类错误甚至见诸于报刊上的广告用词，可见对这两个词的构成和它们各自的含义大有辨析的必要。

“启”是个多义字。“启”的甲骨文形体像用手去开门，所以它的本义是打开。例如《左传·襄公二十五年》“门启而入”，“启”指开门。人开口笑时露出牙齿，叫“启齿”；求人相助不好意思开口，叫“难以启齿”；打开封装的东西叫“启封”；写信在信封上收信人处署“某某同志启”，亦即请某某同志拆封。“启”由“打开”的意义引申，而有开启、启发、让人得以领悟的意思。双音词“启发”“启迪”均用此义。开导蒙昧叫“启蒙”。例如宋朱熹著的《易学启蒙》，其书名就表明该书乃是示人学习易学的门径。教导初学者也叫“启蒙”，现在称幼儿教育为启蒙教育即用此义。再引申之，“启”还有陈述、表白的意思。古诗《孔雀东南飞》中有“府吏得闻之，堂上启阿母”，此处“启”的意思是告诉、表白。旧时书信在正文开头称“某启”或“敬启者”，“启”均表写信的人向对方表白、启告。“启”的这个意义构成的双音词有“启白”“启告”“启报”等。

在合成词“启事”和“启示”中，“启”表示意义并不相同。“启示”的“启”为开导、启发，“示”也表同样的意义。“示”本指把东西给人看。例如《左佐·宣公二年》“大史书曰：‘赵盾弑其君。’以示于朝”，就是史官董孤把记载到史书上的内容在朝廷上公布给诸大臣看。在“示威”“示弱”“示众”等词语中，“示”皆表此义。由让人看的意义再引申，“示”又有指示、开导、让人明白某种道理的意思。因此，在合成词“启示”中，“启”与“示”是同义并用。“启示”的意思是给人启发，或指从别人那里获得的启迪。至于“启事”的“启”，则为陈述表白的意思。“启事”即陈述某件事情。因此，为寻找失物、招聘职区或其他事情写个文告，都应当称“启事”才对，如果自称“启示”，那不仅与文意有悖，而且似乎摆出一副居高临下、自以为给别人启发的架势，其实是闹出了笑话。

资料来源：吾喜杂志网。

二、倡议书

案例精选

“迎接北京奥运　树立网络新风”倡议书

2008年北京奥运会开幕在即，为了进一步促进文明办网、文明上网，弘扬网络道德，抵制网络低俗之风，为北京奥运会营造良好的网上舆论环境，特向互联网业界及广大网民发出如下倡议：

一是弘扬奥运精神，争创一流服务。互联网站以民族自豪感和高度责任感，以只争朝夕的精神状态，投入到传播北京奥运、服务北京奥运的工作中来。大力弘扬奥运精神，争创一流服务，为国争光，为北京奥运会添彩，为我国互联网事业发展做贡献。

二是坚持文明办网，展示文明风貌。互联网站大力传播先进文化，弘扬热爱祖国、服务人民、崇尚科学、团结互助、诚信守法、艰苦奋斗的精神和美德，在办网过程中大力倡导以八荣八耻为标准的社会主义荣辱观，向世界展现中国互联网的文明风貌。

三是加强行业自律，实现共同发展。互联网站严格自我管理，做到不制作发布危害国家安全、违反法律法规、违背社会公德、损害公共利益的信息，不为淫秽色情、诈骗、赌博、暴力等有害信息提供传播渠道，不传播谣言和虚假信息，提倡公平竞争，实现共同发展。

四是接受公众监督，共建网络文明。互联网站始终把社会和公众利益放在第一位，全心全意为公众服务，自觉承担社会责任，自觉接受公众监督，建立健全举报受理制度，以文明健康、积极向上的服务赢得公众的信任，并与广大网民一道共建网络文明。

五是规范网上行为，抵制恶俗之风。广大网民要文明上网，做到网上文明讨论，网下文明观看奥运比赛，争做文明网民，不恶搞，不谩骂，自觉抵制网上不良信息和低俗之风，积极参与到树立网络新风的活动中来。

二〇〇八年六月

资料来源：互联网违法与不良信息举报中心。

选文是 2008 年北京奥运会前夕全国各主流网络媒体联合发布的倡议书，目的在于弘扬网络道德，抵制网络低俗之风。该文条理明晰、具体可行，在北京奥运期间各主流网络媒体严格执行，为北京奥运会营造良好的舆论环境。

(一) 含义

倡议书是个人或集体提出建议并公开发起，希望共同完成某项任务或开展某项公益活动所运用的一种专用书信。

(二) 特点

(1) 群众性；
(2) 公开性；
(3) 对象不确定性。

(三) 分类

(1) 从作者角度，可分为个人倡议书和集体倡议书两种。
(2) 从传播方式，可分为传单式、张贴式、广播式和登载式等。

(四) 结构与写法

1. 标题

倡议书标题一般有 3 种形式：
(1) 由文种组成。即在第一行正中用较大的字体，写“倡议书”3 个字。
(2) 内容加文种。如《把遗体交给医学界利用的倡议书》。
(3) 对象加文种。如《致全体学生的倡议书》。

2. 称呼

倡议书的称呼可依据倡议的对象而选用适当的称呼。如“广大的青年朋友们：”“广大的妇女同胞们：”。有的倡议书也可不用称呼，而在正文中指出。

3. 正文

倡议书的内容包括以下两个方面：

(1) 写倡议书的背景、原因和目的。倡议书的发出贵在引起广泛的响应，只有交代清楚倡议活动的原因，以及当时的各种背景事实，并申明发布倡议的目的，人们才会理解和信服，才会自觉的行动。这些因素交代不清，就会让人觉得莫名其妙、难以响应。

(2) 写明倡议的具体内容和要求。这是正文的重点部分。倡议的内容一定要具体化。开展什么活动，都做哪些事情，具体要求是什么，它的价值和意义等方面都有哪些，均须一一写明。倡议的具体内容一般是条文式的，这样写往往清晰明确，一目了然。

4. 结尾

结尾要表示倡议者的决心和希望，或者提出某种建议。

5. 落款

落款，即在右下方写明倡议者单位、集体，或个人的名称、姓名，署上发倡议的日期。

请你评判

这份倡议书，在格式上有几处错误，请指出来。

鸟是人类的好朋友。在我国辽阔的土地上，有一支庞大的义务灭虫队伍，这就是常年守卫在森林、果园和田野之中的食虫鸟类。它们为捕捉各种害虫而奔波，是一些称职的“天兵天将”，为保护庄稼和森林做出了很大的贡献。

目前，春回大地，正是百鸟做窝的季节。喜鹊、燕子和山雀等许多鸟都要在树上或屋檐下做窝、下蛋、孵小鸟。我们向全县小朋友发出以下倡议：

1. 不掏鸟窝，不摸鸟蛋，不捕捉益鸟。
2. 多栽树，多种草，为鸟类创造生活繁殖的良好环境。
3. 向人们宣传保护益鸟的重要意义。
4. 认真观察和研究鸟类的生活习性，学习保护益鸟的知识。

少年朋友们！让我们立即行动起来，保护益鸟，为四化建设出力！

此致

敬礼

××县××体校

初三年级全体同学

技能实训

杨××，某体育职业技术学院 2012 级学生，今年 3 月被确诊为白血病。多次手术花光了杨家的所有积蓄，杨××的父母焦急万分，但无能为力，一步步走向绝望。请你以某体育职业技术学院学生会的名义，写一封倡议书，发动全校师生，为挽救杨××同学的生命贡献自己的绵薄之力。

课外拓展

一份充满诗意的倡议书

你轻轻地走过来，请不要在离去时留下脚印，小草说“小心别踩我，很疼”；雪白的墙壁，干净的课桌，本不应该有任何色彩；宽阔的街道，只有你我他，不存在任何杂质；嘴里吐出的应该是优雅音符般的文字，而不是低级无趣的语言；节约每一滴水，不然最后一滴将是我们的眼泪；节约粮食应是你我对劳动的尊重；太前卫的服饰会伪装朴实的你；楼道里安静的环境体现出最有情操的你；再寂寞的梧桐也不会有过分的亲热。

三、表扬信

案例精选

表 扬 信

亲爱的心理学系同学们:

世纪奥运、百年梦圆。在过去的一年里，从招募报名到组织培训，从赛场服务到校园安保，我系共有 49 名奥运会志愿者、46 名残奥会志愿者、4 名校园安保志愿者全身心投入奥运志愿服务，他们在各自的岗位上兢兢业业、无私奉献，向世人展示了北京大学心理学系学生的良好形象。

奥运悄然而去，而志愿者们的点点滴滴，至今令人难以忘怀：难忘在报名时，他们积极主动、踊跃参与，用行动将青春和汗水与奥林匹克精神紧紧相连，体现了强烈的历史责任感和爱国奉献的无限热情！难忘在培训中，他们一丝不苟、学习提高，强化专业技能、实现无缝对接，得到了场馆和学校的交口称赞，为心理学系赢得了宝贵的荣誉！难忘在赛场上，他们各司其职、尽忠职守，尽管岗位不同，却用同样的微笑、同样的标准、同样的执着，感动了来自五湖四海的各方友人！难忘在燕园里，他们不惧烈日、不怕暴雨，默默值守在东门外，严格进行证件查验，为“平安奥运、平安校园”目标的实现做出了突出贡献！

2008 年，五环齐汇北京，他们用最美的微笑，绘出赛场上最靓丽的风景；2008 年，奥运华美落幕，他们用最棒的服务，为国家赢得了尊严和友谊。他们的出色表现，向世人展示了 80 后的崭新风貌，他们无愧北大心理人的光荣称号！在此，系学工办对全体参与奥运志愿服务的志愿者(名单后附)予以通报表扬，感谢你们在过去一年中的辛勤努力和无私奉献。同学们辛苦了，心理学系为你们而骄傲！

在未来的日子里，希望全体志愿者戒骄戒躁、一如既往，也希望广大同学能够认真向身边的志愿者学习。希望全体同学坚定理想、携手同行，继续投身志愿服务，着力弘扬志愿精神，将实践专业技能与回报社会公众更好地结合起来，共同创造心理学系志愿事业更加美好的明天！

北京大学心理学系学生工作办公室

二〇〇八年十一月

资料来源：北京大学心理学系网站。

这则表扬信语气热情恳切，文字朴素精练。首先交代表扬的原因，突出叙述人物的事迹，在此基础上进行评价，赞颂对方所作所为的道德意义，有利于弘扬正气，褒奖善良，形成良好的社会风气。

(一) **定义**

表扬信是用来表彰某个行政机关、企事业单位、社会团体或个人的先进思想、先进事迹、高尚风格，用以弘扬正气的一种专用书信。表扬信可以直接写给表扬对象，也可以写给表扬对象的所属单位，还可以写给报刊社、电台、电视台等新闻媒体。

(二) **种类**

从表扬双方的关系来看，可以分为两种：一是上级对下级、团体对个人进行表扬的表扬信；二是群众之间进行表扬的表扬信。从被表扬者的身份来看，表扬信又可分为两种：一是对集体进行表扬的表扬信；二是对个人进行表扬的表扬信。

(三) **格式**

一般由标题、称呼、正文、结尾、结语和落款 5 个部分组成。

1. 标题

一般而言，表扬信的标题单独由文种名称“表扬信”组成，位于第一行的正中间位置。

2. 称呼

在开头顶格写上被表扬的机关、单位、团体或个人的名称、姓名。写给个人的表扬信，应在姓名之后加上“同志”“先生”等字样，后面加冒号。若是直接张贴到某机关、单位、团体的表扬信，开头可不必再写受文单位。

3. 正文

正文一般由交代表扬的理由和指出行为的意义两个部分组成。

(1) 交代表扬的理由。用概括叙述的语言，重点叙述人物事迹的发生、发展、结果及其意义。叙述要清楚，要突出最本质的方面，要让事实说话，少讲空道理。

(2) 指出行为的意义。在叙事的基础上进行评价、议论，赞颂该人所作所为的道德意义。

4. 结尾

结尾部分要提出对对方的表扬，或者向对方的单位提出建议，希望对××给予表扬。如“××同志的优秀品德值得大家学习，建议予以表扬”。写给本人的表扬信，则应适当谈些“深受感动”“值得我们学习”等方面的内容。

5. 结语

在结尾后写上“此致”“敬礼”等结束用语。但“此致”“祝”“谨表”“向你”等字写在末尾，其余的字另起一行，顶格写。

6. 落款

落款应写明发文单位名称或个人姓名，并在右下方注明成文日期。

(四) 注意事项

(1) 叙事要实事求是。对被表扬的人和事的叙述一定要准确无误，既不夸大，也不缩小。评价要实事求是，恰如其分。

(2) 要用事实说理，要充分反映出对方的可贵品质。写动人事迹要做到见人、见事、见精神。不要以空泛的说理代替了动人的事迹。

(3) 表扬信语气要热情、恳切，文字要朴素、精练，篇幅要短小精悍。

(4) 表扬信可以组织名义写，也可以个人名义写。除信中给予的表扬外，也可以建议有关部门给予表扬。

请你评判

下面这封信有几处错误，请指出并改正。

××剧团负责同志：

为帮助我校举办艺术节排练节目，你们及时给我们派来了××、××两位老师，协助我们编排歌舞，演唱。他们工作认真，耐心指导，亲自示范。在两位老师的帮助下，经过全校广大师生的努力，大家的水平得到了很大提高，排练出了很多精彩的节目，使我校艺术节获得了很大成功。

现在两位老师回去了，谨代表贵校全体师生向两位老师及你们表示衷心感谢，并希望今后继续得到你们的难得的支援。

此致

敬礼

××体校总务处(公章)

×年×月×日

技能实训

某大学2008级运动训练2班孙×同学在图书馆看书时不慎将钱包丢失，被体育保健3班的李×同学捡到。李×同学捡到钱包后，主动交到学生处，学生处核实情况后，将钱包还给孙×。请你以党委工作部的名义给李×同学写一封表扬信。

课外拓展

一个好的领导者要善于真诚地赞美别人

“每个人都喜欢他人的赞美。赞美，实际上就是不用花钱的奖赏。”林肯1865年在给萨罗·威德的信中写道。林肯知道人人都爱听好话，喜欢别人真诚的赞扬，并愿意听到别人郑重其事地谈论他们。

当林肯在斯普林菲尔德做律师的时候，就能够认真听取他人的意见，而当意见中肯时，林肯总统总是拿出最好的言辞来赞扬提意见的人，所以他总能创造出一个良好的交谈氛围而受到众人的欢迎。他的办公室里经常会出现来访者接踵而至的场面。当林肯做了总统后，他的这一美德仍然保持着。

一个好的领导者必须贴近下属，这样能激发士气。在美国内战初期，林肯当时为自己立了一个规矩，当每支部队经过华盛顿向前线开进时，他都要亲自检阅，实际上，当时北方的每一支开往前线的部队都要经过华盛顿，这意味着他都得亲自检阅。有一次，当一支部队路过华盛顿时下着瓢泼大雨，士兵们以为在这么恶劣的天气里，总统是不会再检阅部队了。可出乎他们意料的是，总统仍旧站在以前所站的阳台上，向经过的部队挥手致意。大雨淋湿了总统的全身，但总统依然坚持站在那儿，这让士兵们备受鼓舞。林肯身边的工作人员怕他着凉，都劝他赶快进屋避避雨，但林肯语气坚定地回答说：“如果士兵们能够承受得了，我照样能够承受得了。”在接受林肯检阅的时候，士兵们因此而士气高昂，军乐队奏起雄壮的乐曲。《纽约时报》的记者当时曾经报道说：“林肯接见士兵们的场面感人至深。他一个接一个地同士兵们握手，士兵们则夹道欢迎他们所爱戴的总统，一国总统与普通士兵之间没有任何隔阂……”

林肯的这种行为向部队将士表明政府感激他们为国捐躯，国家永远不会忘记这些上前线奋勇杀敌的将士。在内战期间，林肯一直坚持在战场上接见他的将军和士兵。他通常骑着高头大马，走过排列整齐的部队，手中拿着他的帽子，向激动不已的士兵们挥帽致意。此外，林肯只要有机会，就会深入部队之中和将士们亲切交谈，向他们袒露自己对美国未来的构想，他们所从事的事业的崇高性，以及他们所取得的每一场胜利对这个国家的重要性。林肯曾经亲口对前线的将士们说：“你们所从事的事业十分神圣，你们在支持政府做着最为艰苦的工作，你们应该得到最伟大的奖赏。我们的国家是不会忘记你们的，我们的人民也是不会忘记你们的。”

在每一次大的战役结束之后，林肯分别由夫人和作战部长陪同，前往华盛顿的军队医院，亲切看望并鼓励在那儿养伤的士兵们。例如，1862年，林肯就前往医院看望了伍德中尉。伍德中尉是“监视者”号战舰的一名指挥官，在一次海上战斗中不幸被一块弹片击中头部，眼睛几乎失明。林肯在医院的病床前紧紧地握住伍德的双手，看着眼前这位为国家而身负重伤的勇士，情不自禁地失声痛哭起来。

林肯在担任美国总统期间，只要有机会就会亲自去医院或私人家中看望伤病员，或者参加逝者的葬礼。总统这种关爱所赢得的信任、忠心及敬佩，是任何物质奖励都换不来的。实际上，不管哪一级的领导，对在工作中做出了成绩或获得荣誉的下属，给予褒奖、赞赏及关怀，都会极大地激发下属更加拼命地工作，这一点是毋庸置疑的。

资料来源：大学生创业网。

四、感谢信

案例精选

感 谢 信

××体育职业技术学院：

本人于2月22日(周六)下午，在学院办事过程中不慎丢失钱包一个，其中装有身份证、银行卡等重要证件及部分现金，本人着急地反复寻找，然而还是未能找回钱包。正准备向有关部门挂失，此时学院社会体育系2011级营销专业班张××同学找到我，将拾到的钱包归还本人，我被他的行为深深地感动。我觉得，拿回钱包是一件小事，但是在这个物欲横流的社会，作为一名大学生能够保持一颗纯洁无私的心灵，并以拾金不昧的实际行动来印证自己的高尚品德确实是难能可贵的。在构建社会主义和谐社会、弘扬和倡导中华传统美德的今天，张××同学这种精神更是应该大力提倡并加以表彰。

此外，张××同学拾金不昧的行为也充分体现了学院学生们的整体道德素质、精神面貌以及良好的社会公德，他的行为也是对学院精神文明建设成果的肯定！因此，我在感谢张××同学的同时也十分感谢学院为培养德智体全面发展的体育人才所做出的努力！

最后，我真诚地向张××同学说一声：谢谢！

失 主

2014年2月23日

知识导航

该感谢信清楚地交代了感谢的原因及事件，语言严谨求实，措辞客观中肯，行文真切自然。

(一) 概念

感谢信是得到某人或某单位的帮助、支持或关心后答谢别人的书信。感谢信对于弘扬正气、树立良好的社会风尚，促进社会主义精神文明建设有着重要意义。

根据寄送对象不同，感谢信可以分为 3 种：一是直接寄送给感谢对象；二是寄送对方所在单位有关部门或在其单位公开张贴；三是寄送给广播电台、电视台、报社、杂志社等媒体公开播发。

(二) 行文特点

(1) 公开感谢和表扬。

(2) 感情真挚。

(3) 表达方式多样。

(三) 结构内容

感谢信的结构一般由标题、称谓、正文、结语、署名与日期五部分构成。

1. 标题

标题可只写“感谢信”3 个字；也可加上感谢对象，如“致张××同学的感谢信”，“致××物业公司的感谢信”；还可再加上感谢者，如“赵××全家致××社区居委会的感谢信”。

2. 称谓

称谓指写感谢对象的单位名称或个人姓名。如“××交警大队”“刘××同志”。

3. 正文

正文主要写两层意思：一是写感谢对方的理由，即“为什么感谢”；二是直接表达感谢之意。

(1) 感谢理由。首先准确、具体、生动地叙述对方的帮助，交代清楚人物、时间、地点、事迹、过程、结果等基本情况；然后在叙事基础上对对方的帮助做适当、诚恳的评价，以揭示其精神实质、肯定对方的行为。在叙述和评价的字里行间要自然渗透感激之情。

(2) 表达谢意。在叙事和评论的基础上直接对对方表达感谢之意，根据情况也可在表达谢意之后表示以实际行动向对方学习的态度。

4. 结语

一般用“此致”“敬礼”或“再次表示诚挚的感谢”之类的话，也可自然结束正文，不写结语。

5. 署名与日期

写感谢者的单位名称或个人姓名和写信的时间。

(四) 注意事项

(1) 内容要真实，评誉要恰当。感谢信的内容必须真实，确有其事，不可夸大溢美。感谢信以感谢为主，兼有表扬，所以表达谢意时要真诚，说到做到。评誉对方时要恰当，不能过于拔高，以免给人一种失真的印象。

(2) 用语要适度，叙事要精练。感谢信的内容以主要事迹为主，详略得当，篇幅不能太长，所谓“话不在多，点到为止”。感谢信的用语要求精练、简洁，遣词造句要把握好度，不可过分雕饰，否则会给人一种不真实、虚伪的感觉。

请你评判

请指出下文在结构及事由等方面的错误，并做出修改。

感　谢　信

××出租汽车公司：

5月3日下午，我公司经理张大山乘坐贵公司“×××××”号出租车时，不慎将皮包丢失。内有人民币8万余元、身份证一个、护照一本、空白支票三张及各种票据若干张。在我们焦急万分之时，贵公司司机×××先生主动将捡到的皮包送至我公司，使我公司避免了一次重大损失。为此，我们再三表示感谢并拿出1万元作为酬谢，×××先生却说“这是我应当做的”，表示不能接受。在此特致函贵公司，深表谢意。

×××公司

二〇一一年五月六日

技能实训

写一封感谢信，用文字来表达你的感恩之情。可选择以下的感谢对象：父母、老师、母校、朋友、军训的教官等等。要求：以《感谢信》或《致×××的一封感谢信》为题，500字左右。

课外拓展

受到帮助应该写表扬信还是感谢信

据中国之声《新闻纵横》报道，近日，一封表扬信在微博上引起热议，写信的人是山西省××市人民检察院副检察长李×，表扬的对象是××市高速路警察支队。表扬信本来是表达感谢的一种方式，不过这封表扬信却有点特别，它的落款是“××市人民检察院副检察长李×”，而且还加盖了山西省××市人民检察院的公章。

信是以个人名义发的，又加盖公章，这不是公章私用吗？山西省人民检察院通报了对这一事件的调查处理结果，给予李×警告处分。

李×副检察长写表扬信表扬给予他帮助的交通警察，出发点是好的，是值得肯定的。在表扬信上加盖了市人民检察院的公章是错误的做法，以个人的名义写信却加盖公章，把公章当成自己的个人物品，这确实是公章私用的性质，但我认为他不是故意要这么做的，而是无意为之，因为他在思想上装着高高在上的官僚作风思想。为什么这么说呢？当一个人受到帮助的时候，如果要写信，一般都是写感谢信表示感谢，而李×副检察长写的却是表扬信，表扬和感谢的区别在于感谢通常是平等的关系，而表扬通常是上级对下级才用。在下班时间，在回老家的路上，在自己得到帮助的时候，李×副检察长仍然以高高在上的领导自居，因此才习惯性地用了表扬信，而且还加盖了市人民检察院的公章，这就说明在他心里错误地认为人民检察院公章所代表的权力是他的，而忘记了他能够使用这个公章的权力是他所在的职位赋予的，是人民赋予的。

所以得到帮助写表扬信而不是感谢信、公章私用所反映的问题，是高高在上的官僚思想根深蒂固，山西省人民检察院给以其警告处分，警告的不仅是李×副检察长个人，还警告了所以有官僚思想、忘记手中权力归属的人。

资料来源：搜狐社区网。

第六节 申请书

申 请 书

尊敬的总局领导：

我是一名来自贵州农村的普通社会体育工作者，从事社会体育工作已有17年，自参加工作以来，我不断努力学习，积极参加各级各类体育健身辅导相关的培训班，并以优异的成绩顺利结业，在健身指导工作中坚持正确的政治导向，本着强身健体，全民健身，抵御邪教，遵纪守法，积极学习邓小平理论和“三个代表”重要思想，开展健康向上、科学文明的健身活动，认真贯彻执行党的体育方针。

我所从事的指导项目是以中国儒家文化为底蕴的武术项目——跆拳道。这项运动集健身防身、修身养性、励志育德为一体，集中体现了体育运动的各种功能，在实际操作中我重点突出项目的教育功能和健身作用，力争让更多的体育爱好者分享到运动带来的快乐和幸福，奉献我一个、换来众多人的健康是我的心愿，带领活动站让全体队员十几年如一日，风雨无阻，坚持长年不懈，人人锻炼出了一副好身体。由于我指导认真规范，来我站学习锻炼的人越来越多，十几年来共计培训和指导了上千人次，带动了兄弟站点的发展，为社会和部分站点输送了众多的技术骨干。

近年来，随着人们生活水平的不断提高，城市和农村的居民都对高品质的生活赋予了更多的希望，对健康的生活也有着共同需求。但是很多人都得不到专业的健身指导员科学地悉心指导，甚至盲目地、野蛮地进行体育锻炼，有人甚至为此付出了惨痛的代价。而国家为农村划拨的健身路径有的形同虚设，没有专人管理；有的破损严重，变成危险的障碍物。因此，社会体育指导员必须走出城区，到社区和农村传播健身知识，把科学健身的方法传授给更多的民众。据我了解，我区的三级社会体育指导员人数与居民的比例为 1∶8000，二级和一级社会体育指导员的比例更少，远远满足不了辖区内群众的健身指导需要。

为了更好地开展全民健身工作，让富裕起来的人民群众实现健康快乐的梦想，我志愿申请成为一名国家级社会体育指导员，尽最大能力为本区多培养体育服务人员，配合体育行政管理部门推广全民健身运动，开拓进取，求真务实，心甘情愿地一心扑在健身事业上。舍小家顾大家，废寝忘食钻研技术，为实现“从体育强国走向体育大国”的远大目标，奉献一个社会体育指导员微薄的力量。

恳请批准为谢！

此致

敬礼

申请人：王××

二〇一〇年十二月十三日

资料来源：国家体育总局网。

本篇申请书重点突出、层次分明，行文流畅、简明具体，充分说明了申请人的具体条件与专业优势，同时申请内容符合国家政策方针和社会发展需要，容易获得评审通过。

(一) 概念

申请书是单位或个人因某种需要，向有关部门、组织、社会团体提出一定要求、愿望并请求得到满足的专用文书。一般有表格和书信两种形式。要求写清申请解决的问题及具体要求，申请的理由及动机，申请者的态度等。

(二) 基本格式

申请书的结构由标题、称谓、正文、结语和落款五部分构成。

1. 标题

申请书的标题有两种形式：

(1) 性质加文种构成，如《入团申请书》。

(2) 用文种“申请书”作为标题。

2. 称谓

另起行，顶格加冒号写明接收申请书的单位名称或领导人姓名。如“××团支部：”，“系总支领导同志：”等。

3. 正文

正文包括3项内容：

(1) 申请内容。开篇就要向领导、组织提出申请什么。要开门见山，直截了当，不含糊。

(2) 申请原因。为什么申请，也就是说明申请书的目的、意义及自己对申请事项的认识。

(3) 决心和要求。最后进一步表明自己的决心、态度和要求，以便组织了解写申请书的人的认识和情况，应写得具体、详细、诚恳、有分寸，语言要朴实准确、简洁明了。

4. 结语

申请书可以有结语，也可以没有。结语一般写表示敬意的话，如“此致”“敬礼”等；也可写表示感谢和希望的话，如“请组织考验”“请审查”“望领导批准”等。

5. 落款

在右下方署明申请人姓名，并在下面注明年、月、日。

(三) 注意事项

(1) 申请的事项要写清楚、具体，涉及的数据要准确无误。

(2) 理由要充分、合理，实事求是，不能虚夸和杜撰，否则难以得到上级领导的批准。

(3) 语言要准确、简洁，态度要诚恳、朴实。

技能实训

根据下面提供的资料，请你为这位低保户代写一份“城市低保申请书”。

××，家中三口人。本人，1958年生，慢性气管炎哮喘病，长年有病。曾在建筑陶瓷厂上班，于2008年病退。工厂每月给生活费207元，再无其他收入。妻子，××，1960年生，没有参加过工作，没有任何收入。儿子，××，1983年生，先天性呆傻，无工作无收入。女儿，××，1987年生。现已出嫁。住××小区×楼×门×室。在××第九瓷厂上班，月工资451元。其夫是同厂的下岗工人。厂子开下岗生活费每月251元。她有一个女儿，两周岁。她家生活也很困难，不能给我生活费用。

现住××市××区钓鱼台南楼×楼×门×室。房屋是1998年住房改革时购买的公有住房。住房面积为46.1平方米。家庭收入每月只有207元，家中生活困难。

××市政府有文件《××市城镇居民最低生活保障办法》，该申请人符合申请条件。

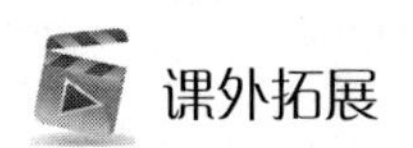

课外拓展

如何写入党申请书

入党申请书，又称入党申请报告，是要求入党的人向所在单位的党组织提出的一种书面材料。入党申请有书面申请和口头申请两种方式，青年学生一般应采取书面申请的形式。入党申请书标志着申请人向党组织表明自己有入党的志愿和要求。使党组织了解申请人的政治信仰和追求，便于党组织对申请入有针对性地进行培养、教育、考察，同时也是党组织确定入党积极分子和发展对象的重要依据。写入党申请书，是入党的青年学生对党的认识和自我认识的反映。因此，每一位要求入党的青年学生，都应该认真写好入党申请书。

入党申请书的基本内容和写法如下。

1. 标题。

一般写“入党申请书”或“入党申请”。

2. 称谓

申请人对党组织的称呼，如“敬爱的党组织”“敬爱的党支部”等，顶格写在第一行，后面加冒号。

3. 正文

这是入党申请书的关键部分，主要包括三方面内容：

一是对党的认识和要求入党的动机，也就是为什么要入党。对党的认识，主要是对党的性质、纲领、奋斗目标、宗旨、党的路线、方针、政策的认识；入党动机，就是加入中国共产党的目的，即为什么要加入党组织。这部分要联系自己的思想实际写，可以写通过学习党的基础知识、听了党课、参加了有意义的活动以后的思想演变过程，以及思想认识上有什么提高等。

二是个人履历(学历和工作情况)、家庭成员和主要社会关系的情况。如果本人家庭成员和主要社会关系中，有人有政治历史问题，或犯过什么错误，或受到过刑事处分的，都要写清楚并表明自己的态度，以便让组织了解。

三是自己的优缺点和今后的努力方向。即个人在政治、思想、学习、工作、作风、纪律等方面的主要表现，特别是对自己存在的缺点和不足要敢于指出，并向党组织表明改正的决心和努力方向，以及如何以实际行动争取入党。

4. 结尾

入党申请书的结尾，一般可写“请党组织在实践中考验我”或“请党组织看我的实际行为”等作为正文的结束。正文写完之后，加上“此致”“敬礼”等用语，亦可不写。

5. 署名和日期

入党申请写完后，要署上申请人的姓名和申请时间(年、月、日)，以示郑重。

资料来源：中华励志网。

本章小结

本章主要探讨了礼仪及书信类文书。礼仪类应用文是人们在互相平等、相互尊重的基础上形成的一种日常应用文。它是人们文明交流的一种体现。我们应该了解的礼仪类日常应用文，主要有请柬、邀请信、慰问信、感谢信等。书信类应用文包括一般书信和专用书信两大类。一般书信是与专用书信相对而言的，是指个人之间来往的信件，是人们用书面形式谈话的一种工具。专用书信类具有书信的格式，是特定的一类应用文。我们应该了解的专用书信类日常应用文，主要有申请书等。

实训练习

一、判断改错

请在下面这篇倡议书的正文处补上表明倡议的背景和目的的句子，并将其格式、语序、病句、错别字等方面的错误改正。

倡 议 书

××职业学院全体同学：

期末考试即将来临，针对(1)(点明倡议背景)____________________________，为了(2)(点明倡议目的)____________________，我们特提出以下倡议：

一、做诚实的人，保护考试的严肃性和客观性，以真实的成绩向老师、向家长汇报。

二、从我做起，自觉遵守考场纪律。

三、如发现有违纪行为，及时向监考老师汇报。

四、从做诚实守信的人的角度出发，正确理解考试的意义和作用。

此致

敬礼

××机电班全体同学

2005 年 1 月 15 日

二、解释填空

某人接到一学术会议秘书组来信，信上说："只要你单位同意，报销差旅费，安排住处，领取大会出席证的问题，可由我们解决……。"此人读后不解其意，因为对此信可有多种理解，请你就文意写出 3 种不同的解释。

答：

(1)____

(2)____

(3)____

三、写作实践

1. 某体育职业学院的“晨曦文学社”，是在团委、语文组指导下的、由学生自发组织的文学社团，平时活动组织得有声有色。虞×同学是该院运动训练专业的学生，平时喜爱写作，想加入文学社进一步发挥和提高自己的写作水平。文学社规定，凡有意加入者，必须提出书面申请。请你以虞×同学的名义写一份入社申请书。

2. 某体育职业学院附近有一家光明化工厂。工厂天天向外排放有毒气体和污水。广大师生和附近居民深受其害，工作学习受到影响。几年来，学院多次向工厂提出意见，要求妥善解决污染问题，但厂方以生产任务繁重、技术力量薄弱和经费开支太大等为理由，一再拖延，至今未能解决。试就上述问题以“某体育职业学院学生会”的名义，给《××日报》编辑部写一封信，反映情况，申述理由，呼吁尽快解决。要求：①符合书信格式，可适当扩充内容；②字数不少于300字。

中篇

公务文书

我国公务文书的历史源远流长。追溯其初始功能，主要是为了传递交流信息，传达政令，反馈下情，利用公文形式对国家或区域实行有序的管理。公务文书发展到今天，已经形成一个独立的知识体系。在现代社会里，它和人类的社会生活的关系越来越密切。各级机关、企事业单位，日常工作更是离不开公务文书。因此，研究探讨公务文书的写作规律，提高公务文书写作能力，提高公务文书的质量，无疑是时代的要求和社会发展的实际需要。随着科学技术的发展，从事公文写作的人多数已不用再“爬格子”了，但是不管是使用计算机，或是将来使用更先进的设备，都改变不了公务文书的实质内容。公务文书的写作永远都是公务人员和各类工作人员不可或缺的基本功。

本篇重点结合 2012 年版《党政机关公文处理工作条例》，介绍了行政公文和事务文书的相关知识，其中每一种文体都结合案例进行了详细的说明，以便帮助大家掌握各种文体的写作格式、行文规则和写作范围，培养大家写作公务文书的能力。

第四章

行政文书

第一节　公文格式

案例精选

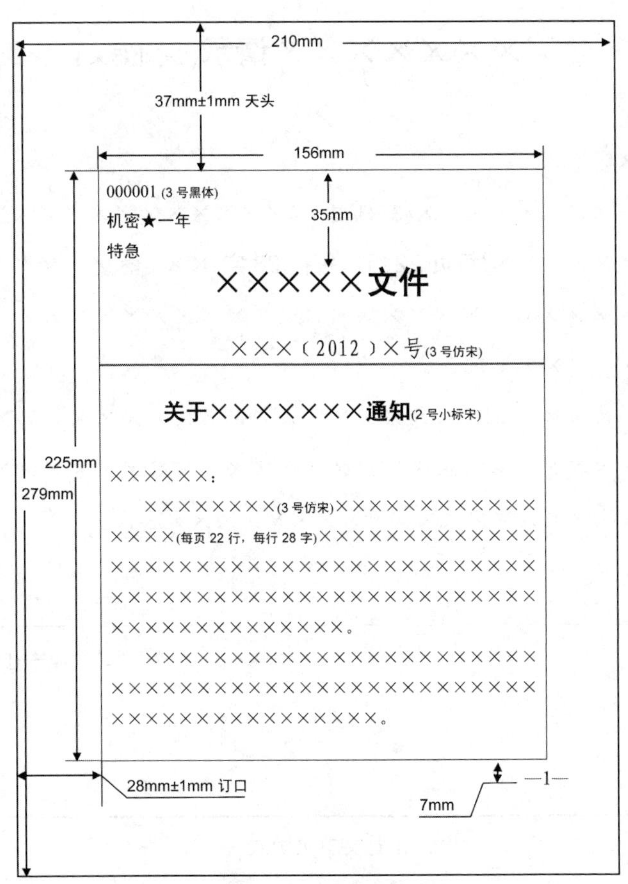

下行文、平行文首页版式

注：A4 型公文用纸页边、版心尺寸及版心实线框仅为示意，在印制公文时并不印出。

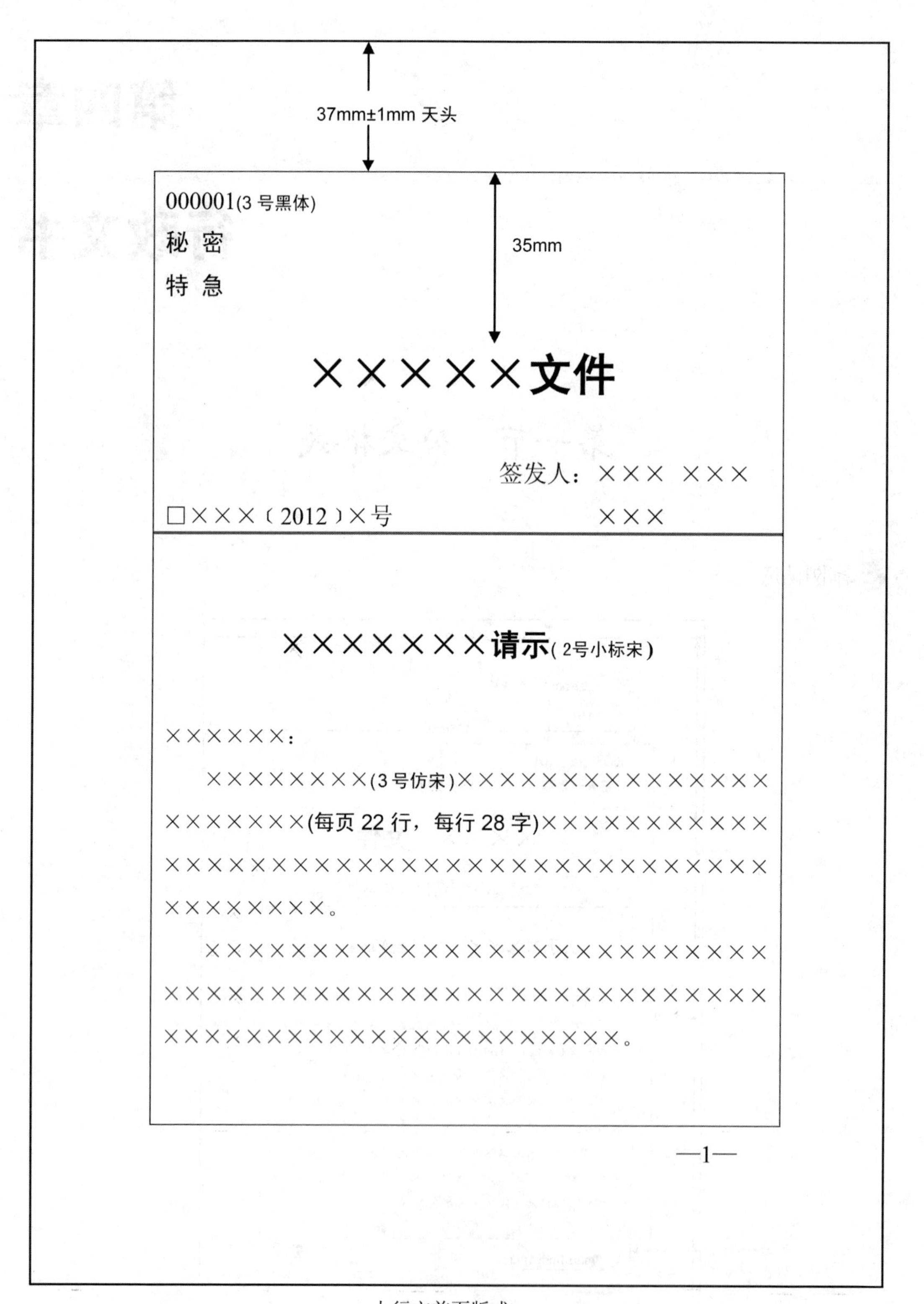

37mm±1mm 天头

000001(3 号黑体)

秘 密

特 急

35mm

×××××文件

签发人：××× ×××

□×××〔2012〕×号　　　　×××

×××××××请示(2号小标宋)

××××××：

××××××××(3 号仿宋)××××××××××××××××××××××××××(每页 22 行，每行 28 字)×××。

××。

—1—

上行文首页版式

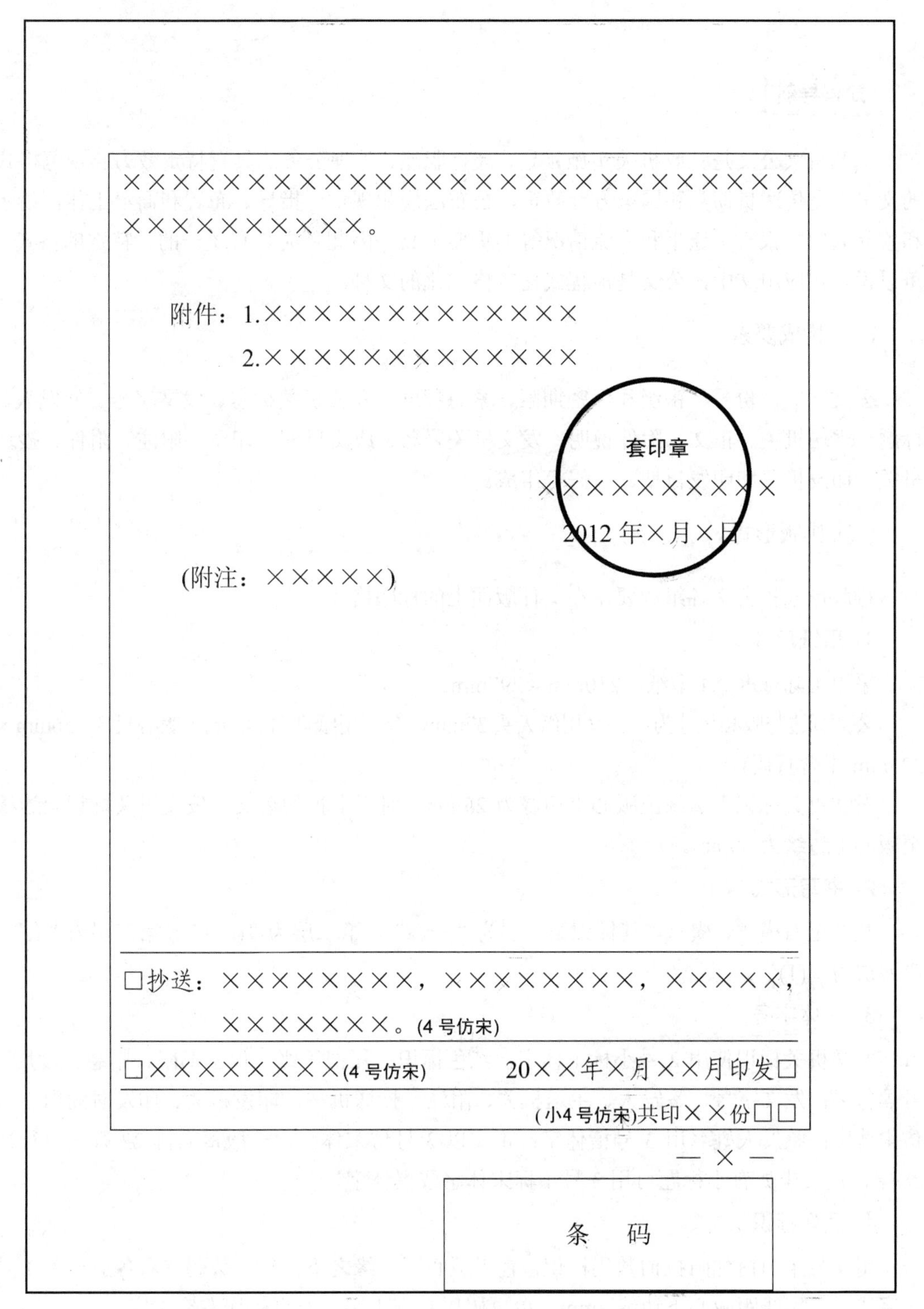
××××××××××××××××××××××××××××××××××××。

附件：1.××××××××××××××
　　　2.××××××××××××××

套印章

××××××××××××
2012年×月×日

(附注：×××××)

□抄送：××××××××，××××××××，×××××，
×××××××。(4号仿宋)

□××××××××(4号仿宋)　　20××年×月××月印发□

(小4号仿宋)共印××份□□

—×—

条　码

公文末页版式

注：版心实线框仅为示意，在印刷公文时并不印出。

知识导航

党政机关公文是党政机关实施领导、履行职能、处理公务的具有特定效力和规范格式的文书，是传达贯彻党和国家方针政策，公布法规和规章，指导、布置和商洽工作，请示和答复问题，报告、通报和交流情况等的重要工具，因此公文具有统一的、特定的格式。可以说，在应用文中，公文是最程式化或格式化的文种。

(一) 构成要素

公文一般由份号、密级和保密期限、紧急程度、发文机关标志、发文字号、签发人、标题、主送机关、正文、附件说明、发文机关署名、成文日期、印章、附注、附件、抄送机关、印发机关和印发日期、页码等组成。

(二) 排版形式

排版形式指公文各组成要素在文件版面上的标印格式。

1. 用纸尺寸

采用国际标准A4型纸，210mm×297mm。

公文页边与版心尺寸为：公文用纸天头37mm，公文用纸订口28mm，版心尺寸156mm×225mm(不含页码)。

发文机关标识上边缘至版心上边缘为25mm。对于上报的公文，发文机关标识上边缘至版心上边缘为80mm。

2. 书写形式

从左至右横排、横写。其标识第一层为“一、”，第二层为“(一)”，第三层为“1.”，第四层为“(1)”。

3. 字体字号

发文机关标识使用2号小标宋体字，红色标识；秘密等级、保密期限、紧急程度用3号黑体字；发文字号、签发人、主送机关、附注、抄送机关、印发机关、印发时间用3号仿宋体字；签发人姓名用3号楷体字；正文以3号仿宋体字，一般每面排22行，每行排28字，正文中如有小标题可用3号小标宋体字或黑体字。

4. 页码标识

用4号半角白体阿拉伯数码标识，置于版心下边缘之下一行，数码左右各放一条4号一字线，一字线距版心下边缘7mm。单页码居右空1字，双页码居左空1字。

5. 信函公文

发文机关名称上边缘距上页边的距离为30mm，推荐用小标宋体字，字号由发文机关酌定；发文机关全称下4mm处为一条武文线(上粗下细)，距下页边20mm处为一条文武线

(上细下粗)，两条线长均为 170mm。每行居中排 28 个字。发文机关名称及双线均印红色。

(三) 具体写法

公文的分为眉首、主体、版记三部分。

1. 眉首

置于公文首页红色反线以上的各要素统称公文眉首。眉首包括：公文份数序号、秘密等级和保密期限、紧急程度、发文机关标识、发文字号、签发人。

(1) 份号。公文印制份数的顺序号，即将同一文稿印刷若干份时每份公文的顺序编号。涉密公文应当标注份号。置于版心左上角第 1 行，用阿拉伯数字。

(2) 秘级和保密期限。密级分为绝密、机密和秘密；保密期限是对公文秘密等级时效规定的说明。置于版心右上角第 1 行，两字之间空 1 字。

(3) 紧急程度。即对公文送达和办理的时限要求。根据紧急程度，标注“特急”“加急”；紧急电报分为“特提”“特急”“加急”“平急”。置于版心右上角第 1 行，两字之间空 1 字。公文同时标识秘密等级与紧急程度，秘密等级顶格标识在版心右上角第 1 行，紧急程度顶格标识在版心右上角第 2 行。

(4) 发文机关标识。发文机关标识表明公文的作者，他是发文机关制作公文时使用的、规范板式的文件版头，通常称“文头”。由发文机关全称或规范化简称后加“文件”组成，居中红色套印在文件首页上端。联合行文时，发文机关标志可以并用联合发文机关名称，也可以单独用主办机关名称，“文件”二字置于发文机关名称右侧，上下居中排布。

(5) 发文字号。发文字号是发文机关按照发文顺序编排的顺序号。由发文机关带字、年份和序号组成。置于发文机关标识下空两行，居中排布。年份、序号用阿拉伯数码标识；年份应标全称，用六角括号“〔 〕”括入；序号不编虚位(即 1 不编为 001)，不加“第”字。联合行文使用主办机关的发文字号。发文字号之下 4mm 处印一条与版心等宽的红色反线。

(6) 签发人。签发人是在上报的公文中批准签发的领导人姓名。只用于上行文。平行排列于发文字号右侧。发文字号居左空 1 字，签发人姓名居右空 1 字；签发人用 3 号仿宋体字，签发人后标全角冒号，冒号后用 3 号楷体字标识签发人姓名。如有多个签发人，主办单位签发人姓名置于第 1 行，其他签发人姓名从第 2 行起在主办单位签发人姓名之下按发文机关顺序依次顺排，下移红色反线，应使发文字号与最后一个签发人姓名处在同一行并使红色反线与之的距离为 4mm。

2. 主体

置于公文首页红色反线(不含)以下至抄送机关(不含)之间的各要素统称主体。包括：标题、主送机关、正文、附件说明、成文日期、印章、附注、附件。

1) 标题

对公文主要内容准确、简要的概括。由发文机关名称、事由和文种组成。除法规名称加书名号外，一般不用标点符号。位于红色反线下空两行，用2号小标宋体字，可分一行或多行居中排布；回行时，要做到词义完整，排列对称，间距恰当。

2) 主送机关

指要求公文予以办理或答复的主要受理机关，应当使用机关全称、规范化简称或者同类型机关统称。标识在标题下空1行，左侧顶格3号仿宋体字标识，回行时仍顶格。最后一个主送机关名称后标全角冒号。

3) 正文

公文正文表述公文的具体内容，通常分导语、主体和结束语。在主送机关下一行，每自然段左空2字，回行顶格，数字、年份不回行。正文以3号仿宋体字，一般每面排22行，每行排28字。文中如有小标题可用3号小标宋体字或黑体字。

4) 附件说明

公文附件的顺序号和名称。公文如有附件，在正文下空一行左空2字用3号仿宋体字标识“附件”，后标全角冒号和名称。附件如有序号使用阿拉伯数码(如“附件：1.××”)；附件名称后不加标点符号。

5) 发文机关

署发文机关全称或者规范化简称。

6) 成文时间

指公文生效的时间。署会议通过或者发文机关负责人签发的日期。联合行文时署最后签发机关负责人签发的日期。标识在正文之下，空两行右空4字。用阿拉伯数码将年、月、日标全。

7) 印章

公文中有发文机关署名的，应当加盖发文机关印章，并与署名机关相符。有特定发文机关标志的普发性公文和电报可以不加盖印章。联合上报的公文，由主办机关加盖印章，联合下发的公文，发文机关都应加盖印章。

单一机关制发的公文在落款处不署发文机关名称，只标识成文时间。加盖印章应上距正文2mm～4mm，端正、居中、下压成文时间，印章用红色。

当印章下弧无文字时，采用下套方式，即仅以下弧压在成文时间上；当印章下弧有文字时，采用中套方式，即印章中心线压在成文时间上。

当联合行文须加盖两个印章时，应将成文时间拉开，左右各空7字；主办机关印章在前；两个印章均压成文时间，印章用红色。只能采用同种加盖印章方式，以保证印章排列整齐。两印章间互不相交或相切，相距不超过3mm。

当联合行文须加盖3个以上印章时，为防止出现空白印章，应将各发文机关名称(可用简称)排在发文时间和正文之间。主办机关印章在前，每排最多排 3 个印章，两端不得超出版心；最后一排如余一个或两个印章，均居中排布；印章之间互不相交或相切；在最后一排印章之下右空 2 字标识成文时间。

当公文排版后所剩空白处不能容下印章位置时，应采取调整行距、字距的措施加以解决，务使印章与正文同处一面，不得采取标识“此页无正文”的方法解决。

8) 附注

附注是需要说明的其他事项，如公文的发放范围、使用时注意的事项、联系人及联系方式等。公文如有附注，用 3 号仿宋体字，居左空 2 字加圆括号标识在成文时间下一行。

9) 附件

公文正文的说明、补充或者参考资料。附件应与公文正文一起装订，并在附件左上角第 1 行顶格标识“附件”，有序号时标识序号；附件的序号和名称前后标识应一致。如附件与公文正文不能一起装订，应在附件左上角第 1 行顶格标识公文的发文字号并在其后标识附件(或带序号) 。

3. 版记

置于抄送机关以下的各要素统称为版记。包括：抄送机关、印发机关和印发日期。

(1) 抄送机关。指除主送机关外需要执行或知晓公文的其他机关。公文如有抄送，在主题词下一行；左空 1 字用 3 号仿宋体字标识“抄送”，后标全角冒号；抄送机关间用逗号隔开，回行时与冒号后的抄送机关对齐；在最后一个抄送机关后标句号。

(2) 印发机关和印发时间。印发机关是印制公文主管部门，印发时间是公文的付印时间。位于抄送机关之下(无抄送机关在主题词之下)占 1 行位置；用 3 号仿宋体字。印发机关左空 1 字，印发时间右空 1 字。印发时间以公文付印的日期为准，用阿拉伯数码标识。

(3) 版记中的反线。版记中各要素之下均加一条反线，宽度同版心。

(四) 新旧公文区别

(1) 《党政机关公文处理工作条例》是全新的首次统一党政机关公文处理规范标准。

(2) 在“文种”方面，在《国家行政机关公文处理办法》的 13 个文种基础上，增加了党委的“决议”和“公报”两个文种，共 15 个文种。

(3) 在“格式”方面，取消了主题词；行政公文也要署发文机关名称。

(4) 在公文拟制方面，要求“重要公文”由主要负责人签发。

(5) 在行文规则方面，增加“不得以本机关名义向上级机关负责人报送‘请示’、‘意见’和‘报告’。

(6) 在公文管理方面，增加发文立户的规定。

(7) 在成文时间和印发时间方面，均采用阿拉伯数码标识。

请你评判

请指出以下文件在文件红头及文种方面的错误。

××系关于拨款举办锻炼意志活动的请示报告

校委并行政处:

近年来，我支部在提高团员素质方面做了不少工作，收获较大。现将有关情况报告如下:

(一) 抓培训: 本年度共举办两期培训班，参加培训班的团员热情很高，收到了良好的效果。原因是:

1. 培训主题能做到有的放矢。根据团员的思想、工作情况确定培训主题，第一期的主题是: 阻碍自身发展的个性探讨; 第二期的主题是: 如何提高员工绩效。

2. 培训注意效果: 根据以往教训，有的同志参加培训时心不在焉。今年的培训，我支部要求在培训后，联系自己或学校的实际，需撰写一篇听课后的感想或一份建议，字数不限。支部对每个团员的文章都认真地阅读过。

(二) 开展有意义的社会活动。……

当前，社会情况比较复杂，竞争也很激烈。少数团员在当前这样复杂的环境和激烈的竞争中，显得力不从心，有的甚至意志消沉、萎靡不振。虽然通过培训解决了一些问题，但远远不够。为了培养团员的坚强意志，以提高适应社会的生存能力，我支部决定，拟举办系列锻炼意志活动(活动安排见附件)。初步匡算，约需经费 9000 元(见附件)，恳请校委帮助解决。

特此报告，请予答复。

××团支部

2012 年××月××日

技能实训

请用正确的格式(含眉首、主体、版记)写一篇请示，内容不限。

课外拓展

公文格式变化口诀

公文格式新国标

主题词儿不再标

公文用纸A4型
涉密公文标份号
密级紧急左上角
加急特急马上办
上行公文不留空
印章署名要齐全
成文日期用数字
公文页码不可少
版记4号仿宋体
信函格式应简化

资料来源：百度文库。

第二节　决定和通报

一、决定

案例精选

国务院关于表彰第29届奥林匹克运动会组织委员会马术委员会(香港)的决定

(2008年9月28日)

在国际奥委会和国际奥林匹克大家庭大力支持下，在全国各族人民热情参与下，经过北京奥运会、残奥会全体建设者、工作者、志愿者共同努力，北京奥运会、残奥会取得了圆满成功，实现了中华民族的百年期盼，实现了中国人民向国际社会做出的举办一届有特色、高水平的奥运会和两个奥运同样精彩的郑重承诺。

在筹办2008年北京奥运会、残奥会马术比赛的过程中，第29届奥林匹克运动会组织委员会马术委员会(香港)精心组织，认真准备，做了大量卓有成效的工作，为北京奥运会、残奥会马术比赛的圆满成功做出了突出贡献，为国家赢得了荣誉。国务院决定，授予第29届奥林匹克运动会组织委员会马术委员会(香港)“北京奥运会残奥会先进集体”荣誉称号。希望香港特别行政区政府和社会各界人士再接再厉，团结奋斗，为国家的经济社会全面发展和香港的长期繁荣稳定不断做出新的贡献！

资料来源：人民日报。

知识导航

这是一份刊载在《人民日报》上的表彰决定。该决定写作目的明确，结构层次清晰，选材点面结合，表述叙议结合，语言表意准确、深刻，并体现了决定事项的“重要性”和表彰对象的“典型性”要求。

(一) 用途、特点与类型

1. 决定适用范围

对重要事项或者重大行动做出安排；奖惩有关单位及人员；变更或者撤销下级机关不适当的决定事项。

2. 决定的特点

(1) 内容性质重要或重大。必须是“重要”或“重大”事情才用决定行文。

(2) 法律、政策性强。做出的决定，尤其表彰、处分决定，必须以法律法规、规章制度和现行政策为依据。

(3) 具有强制性、约束力。决定已经做出就必须严格遵照执行，不能随意更改或马虎对待。

3. 决定的类型

(1) 决策性决定。对重要事项或重大行动做出安排的决定。如《中共中央关于经济体制改革的决定》(1984 年 10 月 20 日)。

(2) 部署性决定。对一些重要的或涉及面较广的工作进行具体布置的决定。如《国务院关于落实科学发展观加强环境保护的决定》(国发〔2005〕39 号)。

(3) 奖惩性决定。对典型先进或错误、问题做出表彰或惩处的决定。如《广东省委省政府关于向“人民满意的公务员”朱健明同志学习的决定》。

(4) 处置性决定。变更或撤销下级机关不适当的决定的决定。这种决定，在实际应用中，还被用来“处置”本机关已不适用的行政法规、规章。如《国务院关于修改〈中华人民共和国个人所得税法实施条例〉的决定》(2005 年 12 月 19 日国务院第 452 号令)。

(5) 法规性决定。如《全国人大常委会关于惩治骗购外汇、逃汇和非法买卖外汇犯罪的决定》(1998 年 12 月 29 日第九届全国人民代表大会常务委员会第六次会议通过)。这种决定是全国人大针对打击当前某种严重犯罪行为而做出，并由国家主席以《中华人民共和国主席令》发布，具有强制性、权威性和法律效力。

(二) 写作格式

决定一般由标题、正文、落款和成文日期组成。

(1) 标题。由“发文机关＋事由＋文种”三要素构成，如《国务院关于 2000 年度国家科学技术奖励的决定》；或由“事由＋文种”两要素构成，如《关于环境保护工作决定》。

(2) 正文。决定正文因内容性质不同写法不尽相同，但一般写成三层：开头写做出决定的缘由、依据、目的等；接着写具体事项，内容复杂时，应分点列项写，同时要注意过渡；最后提出执行要求、希望。

(3) 落款。若标题由两要素构成，没出现发文机关名称，又不是用“红头文件”发出，而是在媒体刊发，则应落款。

(4) 成文日期。用汉字小写数字写全年、月、日。会议通过的一般在标题下用括号注明。

(三) 注意事项

(1) 决定是权威性、严肃性仅次于命令的公文。只有涉及发文机关“重要”或“重大”的事项或行动才用决定行文。

(2) 所做决定要以法律法规、规章制度和现行政策为依据，同时要结合本地区、本系统、本行业、本部门、本单位实际情况。

(3) 决定事项要明确，语言表达要准确、严谨、庄重，以便下级领会决定精神，并遵照执行。

技能实训

某体育职业学院运动系 2012 级学生李四，入学以来不认真学习，经常旷课，多次打架斗殴。今年 11 月 5 日，李四喝醉酒回宿舍开门时，被同宿舍的张三同学不小心撞了一下，李四大打出手，将张三打成重伤。

请根据上述材料，以学院名义草拟一份处分决定。字数在 500 字以内。

课外拓展

公文的分类

第一，国家行政机关公文最新版本有 15 种，分别是决议、决定、命令(令)、公报、公告、通告、意见、通知、通报、报告、请示、批复、议案、函、纪要，比 2000 年 8 月的版本多了决议和公报两个文种。

第二，公文按其行文方向，可分为上行文、下行文和平行文。

(1) 上行文指下级机关、组织向其所属的上级机关、组织行文，也可以是向有业务指导关系的上级部门行文，例如市级政府向具有领导关系的省级政府行文，省级政府工作部门向具有业务指导关系的国务院工作部门行文都是上行文。上行文的文种有三类：“请示”“报告”“意见”。

(2) 下行文是指上级领导机关或业务主管部门对所属下级机关或业务部门的一种行文。根据发文的不同目的和要求，下行文可分为三种行文方式：①逐级下行文；②多级下行文；③直达基层组织和群众的下行文。如命令(令)、决定、批复、通告、通知、通报等。

(3) 平行文是指同级机关或之间的行文。一般用“函”的格式，用词和语气较为客气。

(4) 呈请性文件指陈述呈请性公文。它的一般特点：公文的强制执行效用仅表现为对受文者阅处公文的行为有强制性影响，但不能强制对方执行公文的内容；行文须满足诸多条件限制；语言平和。它也属于一种上行文。如“请示”。

资料来源：百度百科。

二、通报

案例精选

建设部关于2003年上半年全国建筑施工事故情况的通报

各省、自治区建设厅，直辖市建委，江苏省、山东省建管局，新疆生产建设兵团建设局：

据31个省、自治区、直辖市和新疆生产建设兵团报告，2003年上半年，全国共发生建筑施工事故519起，死亡582人，重伤68人，与去年同期相比，事故起数、死亡人数分别上升24.5%和20.7%，重伤人数下降41.9%；其中发生建筑施工一次死亡3人以上事故15起，死亡66人，重伤5人，与去年同期相比，事故起数、死亡人数和重伤人数分别下降21.1%、2.9%和37.5%。这15起事故中：浙江4起，江西、山东各2起，内蒙古、上海、安徽、河南、广东、甘肃、贵州各1起。2003年上半年全国建筑施工事故统计表见附件。

按照《关于加强建设系统重大质量安全事故快报工作的通知》(建办质〔2003〕23号)要求，自2003年4月20日起，各地应通过建设系统重大质量安全事故快报系统及时报告工程建设、城市市政公用行业运行(营)、房屋安全重大事故。从报告情况看，江西、云南、江苏、贵州、吉林、山西等地能够认真、及时、规范地通过快报系统报送事故。但也有部分地区未能按时限要求和规定内容报告，在一定程度上影响了我部对全国建设系统重大质量安全事故的全面掌握和统计分析。

各地要高度重视重大事故报告工作，落实分管领导和有关工作人员责任，严格报送时限、报送程序，及时、准确、规范地通过建设系统重大质量安全事故快报系统向建设部报告事故。同时，要进一步完善本地区重大事故报告制度，加快建立和完善本地区建设系统质量安全事故报送系统，培训有关工作人员，进一步推动重大事故报告工作的制度化和规范化。

附件：2003年上半年全国建筑施工事故统计表

中华人民共和国建设部

二〇〇三年八月八日

资料来源：中华人民共和国建设部网。

知识导航

这是一份情况通报，通报全国建筑施工事故的情况。正文分三段：第一段利用数字说明和比较说明，说明了上半年全国施工事故的情况。第二段对及时和未按时限要求报告事故的地区分别做了表扬和批评。第三段针对当前出现的施工事故情况，有针对性地对今后的工作提出了意见和要求。情况通报分微观(具体事实)情况通报和宏观情况通报两种。这份总体情况通报属宏观情况通报。本文对情况的分析主要通过数字和比较进行。这是一份写作规范的情况通报。

(一) 含义和用途

(1) 通报适用于：表彰先进，批评错误；传达重要精神或者情况；通报属于下行文，是宣传教育，通报信息的文种。一般性质的好人好事，批评一般性质的错误，发内部简报表扬。如先进事迹比较典型，错误性质比较严重，就须发通报。告知下级机关某信息或执行某事项，一般可用通知，要较大范围地“传达重要精神或者情况”则应发通报。

(2) 通报的 3 个作用：嘉奖作用、告诫作用、交流作用。

(二) 通报的特点

(1) 内容的真实性。真实是通报的生命，是制发通报的重要前提。

(2) 作用的双重性。通报具有两个作用：一是教育作用；二是交流作用。

(3) 行文的时效性。先进事迹、典型经验、重要情况，及时通报才能更好地推广，更好地发挥其作用；坏人坏事，反面典型，及时通报，才能更好地起到警示作用，以杜绝类似事件的发生。

(三) 通报的类型

(1) 表彰性通报。具有典型意义的先进事迹和好人好事的通报。

(2) 批评性通报。能普遍产生鉴戒作用的单位或个人的通报。

(3) 情况通报。传达重要精神或重要情况，起到交流情况，沟通信息，以促进工作的通报。

(四) 结构和写法

1. 标题

标题通常由 3 个要素构成：发文机关、事由和文种。也有的只写“通报”二字。

2. 正文

不同的通报类型，其正文的写作内容各不相同。

表彰性通报，正文内容包括：

(1) 叙述先进事迹，包括时间、地点、人物、事迹、怎么做及其结果；

(2) 对先进事迹进行分析、评议，指出其典型意义，或概括主要经验；
(3) 提出表彰决定；
(4) 提出希望和学习号召。
批评性通报，正文内容包括：
(1) 叙述事故或错误事实的时间、地点、事故及其后果等；
(2) 对事故进行分析评议，分析事故发生的原因，指出事故的性质及其危害；
(3) 提出处分决定；
(4) 引申出应当吸取的经验教训，有的放矢地提出希望和要求。
情况通报，正文内容包括：
(1) 概括叙述情况；
(2) 分析情况；
(3) 针对情况提出希望和要求。

3. 落款

写上发文机关和发文时间；如果标题中已有发文机关，且时间已标注在发文机关下面，则不再落款；普发性通报可不写抬头。非普发性通报得写抬头，相应，发文机关和时间则在落款处写。

(五) 注意事项

(1) 撰写通报前一定要做好调查研究，核实事件细节，实事求是，以免发文后被动、失信；
(2) 叙述典型事实要准确、平实、简明；
(3) 讲究时效性，及时行文；
(4) 写好对事项的“分析”“评议”。“分析”“评议”是最能体现作者思想水平、写作水平的所在，要注意将人和事上升到较高的层面来认识，切忌就事论事。
(5) 通报的决定事项不能与事实、政策相抵触。

技能实训

请根据下列材料，以××市医药总公司的名义拟一份批评性通报，下发所属各分公司和各县医药公司。

元月上旬以来，××市××医药总店每天派出两名职工推着流动售货车，携带××市工商行政管理局最近发给该店的零售营业执照，在市郊人口稠密处销售人参蜂乳精、阿胶、参类、龟苓膏等二十多种不能用公费报销的高档滋补药物。他们公然违反省卫生厅、省财政厅去年12月30日转发的卫生部《关于滋补、营养、饮料等保健类药品不准公费报销的通知》规定，弄虚作假，给购买者均开具发票，上面写的却是普通中草药或西药。市工商行政管理局发现这一情况后已暂时吊销了他们的营业执照，市医药公司也责成他们做出了检讨。

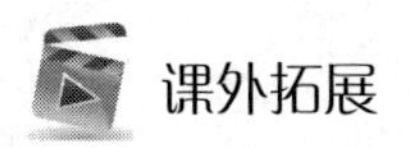

课外拓展

奖惩性决定与表扬批评性通报有什么区别

一、出发点与侧重点不同。奖惩性决定重在处置，它的着眼点在于奖惩有关单位或个人，它代表了领导层的权威意志。奖功罚过是其首要目的，教育或警示他人是其次要目的。通报的目的则是使受文单位了解某一重要情况或典型事件，从而受到教育或警示。表扬性通报对被表扬的单位主要是理解上级的精神，更上一层楼；而对后进单位主要是学习受表扬单位的经验，起步前进；对一般单位主要是学先进、找差距、定措施。批评性通报，对一般单位主要是对照自己，防患于未然；对有类似问题或尚有隐患存在的单位则鸣钟警戒以根除侥幸心理。总而言之，奖惩性决定重在处置，奖功罚过；表扬批评性通报重在教育比照，或先进示范，或以儆效尤。

二、标题写法不同。表彰性决定的标题格式通常如下："关于授予×××称号的决定"或"关于给予×××表彰的决定"，如《国务院关于授予赵××、罗××、蒋××全国劳动模范称号的决定》。处分性决定的标题格式通常如下："关于对××的处理决定"，如《关于对"六二八"重大责任者××的处理决定》。决定的标题中常常含有处置性动词，诸如授予、处理、给予等动词。我们再来看看表扬批评性通报标题的实例，如《××××自治区人民政府关于柳州市壶东大桥特大交通事故的通报》《××市卫生局关于医生汪××滥用麻醉品造成医疗事故的通报》。我们可以看出，表扬批评性通报的标题中一般不使用处置性动词。

三、正文的组成不同。奖惩性决定一般先简要叙述先进事迹或错误事实，然后写明组织的处理决定；表扬性通报与批评性通报的写法略有不同。前者的正文部分一般包括以下内容：①概述先进事迹，表明通报发出单位对通报事项的态度。②指出先进单位或个人的主要做法经验，或叙述事情发生的经过并分析事件的意义。③提出要求和希望，号召大家学习。后者的正文部分一般包括以下内容：①叙述错误事实经过。②表明通报发出单位对事件的态度及处理意见。③分析错误或事故产生的原因与危害性。④提出要求，警示其他单位或个人。奖惩性决定重在处置，表扬批评性通报重在宣传与教育，正文的构成自然不同。

从以上分析我们可以发现：奖惩性决定与表扬批评性通报的根本区别在于阐述问题的角度、侧重点的不同。明白了这一点，我们就不会把两类文种混用了。

资料来源：《应用写作》，2003 年第 3 期。

第三节 公告、通告和通知

一、公告

第一批高危险性体育项目目录公告

为落实《全民健身条例》对高危险性体育项目经营活动管理的相关要求，保障人民群众参与高危险性体育项目的人身安全，根据《全民健身条例》第三十二条第四款的规定，经国务院批准，现将第一批高危险性体育项目目录公告如下：

一、游泳

二、高山滑雪、自由式滑雪、单板滑雪

三、潜水

四、攀岩

各高危险性体育项目经营单位和相关部门应按照《全民健身条例》的规定，做好高危险性体育项目经营的申报和管理工作。

本公告公布前已经开展目录所列高危险性体育项目经营的，经营单位应当在其经营场所醒目位置张贴本公告，对消费者进行提示，并于公告公布后6个月内按照相关规定办理许可手续。

消费者应增强自我保护意识，了解高危险性体育项目的特点，服从经营单位工作人员的劝诫和指导。

特此公告。

国家体育总局 人力资源和社会保障部 国家工商行政管理总局

国家质量监督检验检疫总局 国家安全生产监督管理总局

2013年5月1日

资料来源：国家体育总局网。

这是一份知照及规定性公告。开展高危险性体育项目必须依法进行。所以，这里用公告向社会告知高危险性体育项目目录，使用文种是正确的。

(一) 概念

公告适用于向国内外宣布重要事项或者法定事项。因此，公告的内容多为国家大事与社会大事，如选举国家领导人、公开宣布重大的社会性政策等事项，受文面非常广泛。

(二) 特点

1. 权威性

公告的内容和形式本身都是庄重的。公告的发文机关级别高，多为国家领导机关、地方行政机关或由国家授权的机关，如新华社等。基层单位不能制发公告。公告的内容应是国内外关注的大事，是公开告知而且是郑重宣布的。

2. 慎重性

公告的内容必须是重大的、公开的，不能事无巨细，随意使用。目前，公告的使用较为混乱，认为“公告”就是在公共场合告知一些事项，把“公告”当“广告”“启事”用，这是很不妥当的。因此，使用公告时必须慎重，一是弄清传播范围，是否需要向国内外宣布；二是是否重要的、公开的事项。

(三) 分类

按照用途分为重大事项类和法定事项类；根据发文机关的不同，公告在实际使用中可分为三类：行政公告、专业公告和法院公告；根据公告内容的不同，可分为知照性公告、发布性公告、事项性公告和强制性公告。

(四) 基本写法

基本要求是文字简练，直陈其事，不加说明。篇幅一般都很简短，要求客观地把重大事件的主要之点公诸于众即可，无须详述其细节。公告的内容要求集中，公告的事项要求单纯，一事一告。

(五) 注意事项

使用行政公文中的公告要严肃，不能乱用、滥用。有权向国外发布重要事项的只能是国家最高权力机关和国家最高行政机关，在我国即指全国人民代表大会及其常务委员会、中华人民共和国国务院。

(六) 发布方式

一般来说，公告不像其他公文那样以文件的形式下发到各部门，而是多通过报纸、广播、电视等大众传播媒介作为新闻予以发布。只有新闻才是国内外人士共同接触的东西。除非特别需要，公告一般不像布告、通告那样采用书面张贴的公布形式。因为这样做不够庄重，有损公告的严肃性；同时方式也较落后，它传播信息的速度和范围等方面都远远比不上报纸、广播、电视等大众传播媒介，不利于国内外有关人士尽快地全面准确地了解事实。只有向国内外宣布重大事件时才用公告，重要程度稍小的事件，可用通告、布告、通知、启事、海报等形式来公开宣布。公告正文要力求简短，力求一段到底，用一两句话把公告依据，公告内容，公告结语等内容写尽。如果情况特殊，公告内容过多，可采用分条列举的行文方式。

请你评判

试指出下文中的错误，并做出修改。

××市××区工商行政管理局公告

根据《工商登记管理暂行规定》，对我区姚渡商贸公司进行了清理。经过清理，已于××年12月11日正式宣布注销，并公告全省各地工商行政管理部门。现发现继续以原公司名义从事非法经营活动。为此，我局再次公告：凡所持原××姚渡商贸公司营业执照(包括营业执照副本)、印章、介绍信、合同纸、名片等一律无效。对发现使用上述无效证件者(包括复印件)，请扣留交我局。

特此公告。

技能实训

《中华人民共和国宪法》(修正案)已由中华人民共和国第八届全国人民代表大会第一次会议于1993年3月29日通过，请据此写一篇公告。

课外拓展

“公告”不可滥用

“公告”在使用中常见的问题，一方面是把一些并不重大的事项用“公告”行文，使“公告”失去严肃性；一方面是有的无权使用“公告”这一文种的单位滥用“公告”，使“公告”失去权威性。纠正方法是，在选用文种时，先要弄清本机关是否有权或受权发布公告，其次要看拟发公告的内容是否属于重要事项或者法定事项，如果是否定的，则不可使用“公告”。如1992年9月某报刊登的《×××保健品厂公告》，就是一则使用不当的“公告”。首先，作为一个企业无权使用“公告”这一文种。其次，就其内容而言，无论是“远销世界50多个国家和地区”，还是“获国际国内38项大奖”，乃至“更名为‘××保健品厂’”都够不上国内外关注的大事，不属于公告发布内容的范畴。总之，通篇不像“公告”，倒像一则更名启事或广告。

资料来源：百度知识。

二、通告

案例精选

南昌市体育运动学校55周年校庆通告

南昌市体育运动学校(含南昌市少儿体校、洪城学校)定于2011年10月5日上午九点在南昌市体育运动学校(福州路28号)举行建校55周年庆典(8:30报到)。

现面向在学校学习、工作过的历届校友征集老照片、回忆录、通讯录、校友事迹等材料。热忱欢迎校友联系母校，并互相转告，届时光临，共襄盛举。

通讯地址：南昌市福州路28号南昌市体育运动学校校庆办

邮编：330006

南昌市体育运动学校校庆办

2011年9月1日

资料来源：南昌市体育运动学校网站。

知识导航

本文为校庆通告，此类通告一定要交代清楚时间、地点和具体事项，另外联系地址也要明确告知，南昌市体校的这篇通告基本符合通告的写作要求。

(一) 概念

通告适用于公布社会各有关方面应当遵守或者周知的事项。通告是行政机关在一定范围内公布社会成员应当周知和遵循的事项，其法规性与政策性意义都比较强，相关人员必须遵守不得违背。

(二) 特点

(1) 具体性。发布的内容多是局部性的、业务性的，针对性强。

(2) 行文对象的制约性。辖区区内的单位和人们。

(3) 发文单位的广泛性和内容的广泛性。党政机关、企业事业单位、人民团体都可发布通告。

(三) 类型

(1) 告晓性通告。公布让有关单位和个人周知某些事项，如通告停电、停水、电话升位等。

(2) 办理性通告。公布要求有关单位和人员需要办理事项，要求办理的事项多为注册、登记、年检等。

(3) 制约性通告。指一些令行禁止类事项的通告。令行禁止的事项多为交通管制、查禁违禁物品等类。

(四) 基本写作

通告一般由标题、正文和落款等组成。

1. 标题

一是采用发文机关、事由、文种三要素齐全的完全式标题，如《民航总局公安部关于民航安全问题的通告》；二是省略式，或省略发文机关，如《关于加强客运出租小汽车营运管理的通告》，或省略事由，如《广州市公安局通告》，或省略发文机关、事由，只写文种，如《通告》。

2. 正文

一般包括通告缘由、通告事项、结语三部分。

(1) 通告缘由。阐明发文的原因或目的意义。如属法规政策性通告，要写清楚法律依据，用“特通告如下”过渡语领起。

(2) 通告事项。正文的主体部分，内容较多的，采用分条列项式行文；内容较简单的，则可用概述式行文。

(3) 结语。有的提出希望、要求，如“以上各点，希遵照执行”；有的指出实施时间，如“本通告自发布之日起执行”；有的提出奖惩要求，如“对……有功单位和人员，给予表扬、奖励”，“对违反本通告者，将依法严惩”；有的以“特此通告”惯用语收束，为避免重复，首层如有过渡语，在此可省略，正文主体部分完了自然收束。

3. 落款

如果通告标题中有发文机关，又有题注，可以不用落款，否则必须在落款处写明发文机关，成文日期。

(五) 写作要求

(1) 正确选用文种。

(2) 注意行文格式。

(3) 语言简明准确，通俗易懂。

请你评判

指出下文的毛病并写出修改稿。

通　　告

本渡口是××河上的重要渡口之一，过往车辆、行人很多，等候时间往往较长。为了减少等船时间，加强渡口管理，特做如下规定：

一、不准携带易燃、易爆、腐蚀性强的物品上船。违反规定擅自携带上船，被查出者，没收所带物品，并酌情予以五十元至二百元罚款。

二、凡需乘渡船过河者必须购票，机动车每辆五元，非机动车每辆三元，行人每位一元(儿童免票)。不买票者不得乘船。

三、乘客必须听从工作人员指挥，按顺序上下船。各种车辆要按指定位置停放，以保证渡船安全。

四、凡牵引牲畜过渡，到指定仓位，并购票，每头(只、匹)二元。放在筐、篮等容器内的家禽、仔猪等以筐计算，每筐一元。

五、渡船开动后，乘船者不要来回走动，机动车必须熄火，牲畜必须有人看守。

六、违反规定或者在船上无理取闹、不听指挥、妨碍渡船正常航行者重罚，情节严重的扭送公安机关，依法惩处。

七、乘船者必须爱护渡船及其设备，损坏要赔偿。

××河渡口管理处

×年×月×日

技能实训

首届“桃李杯”马拉松赛将于××年9月15日上午8时至下午1时在某市举行。为保证赛事的顺利进行，对环城路、江滨路、诗书南路、教育北路、桃园中路实行交通管制，除警备车、救护车、消防车、工程保险车外，禁止其他机动车辆通行。试据此信息，代某市公安局拟一份通告。

课外拓展

通告和公告有什么异同

公告和通告是现行法定行政公文中唯一同类的两种文种，两者都是公布性与知照性相结合的告示，在写法上有相似之处。在公文处理实践中经常出现文种用错的现象。很多该用通告的公文，都用了公告，如我们经常见到的房屋拆迁公告，机动车辆禁止通行公告，都是属于滥用公告的例子。

一是发布机关不同。公告的发布机关级别很高，一般由国家最高权力机关和管理机关如全国人民代表大会及其常务委员会，国务院及其各部门发布，根据授权可发公告的如新华社，以及各省、市、自治区人民代表大会及其常务委员会等，一般机关和基层单位不能制发。而通告可以不受单位级别的限制，国家一般行政机关和企事业单位都可以根据自己职权范围发布。

二是受文对象不同。公告面向国内外公众，而通告限于国内某一地区、系统、地段的群众和有关人员。

三是重要程度不同。公告内容涉及重要事项或法定事项，所以十分重要，而通告涉及的是一般事项，往往限于一个行业、系统或部门，内容有较强的专业性和业务性。

四是发布形式不同。公告一般由新闻媒体发布，通告可以由新闻媒体发布，也可以张贴。

资料来源：豆丁网。

三、通知

国家体育总局人力中心关于为优秀退役运动员免试进入北京第二外国语学院、中央财经大学学习举办预科班的通知

__________同学：

为了提高优秀退役运动员入学英语水平，根据《体育总局人力中心北京第二外国语学院关于2014年推荐优秀退役运动员免试进入北京第二外国语学院学习的通知》及《体育总局人力中心中央财经大学关于2014年推荐优秀退役运动员免试进入中央财经大学学习的通知》精神，经与北京第二外国语学院协商，定于2014年4月1日至6月30日在北京第二外国语学院举办英语预科班。现就有关事宜通知如下：

一、参加人员

1. 报名进入北京第二外国语学院学习的运动员；

2. 报名进入中央财经大学的运动员。

二、报到时间和地点

时间：2014年4月1日上午8:00—11:00

地点：北京第二外国语学院1号教学楼403房间

电话：(010)65778421

三、学习内容：英语

四、注意事项

1. 须自行携带床上用品及日常生活用品。

2. 对于报名进入北京第二外国语学院学习的学员，本次宿舍床位是临时安排，如能在9月份正式入学，还将进行统一调整。

3. 本次预科班仅为帮助运动员学员提高英语水平，不代表已通过免试入学资格审核，录取结果以高校印发的大学录取通知书为准。

资料来源：国家体育总局网。

知识导航

通知是使用最为广泛的一种下行文，本文为一篇举办预科班的通知，文件对具体时间、地点、要求、范围、联系方式等事项均作为了较为明确的说明，符合告知性通知的基本要求。

(一) 作用

通知的使用相当广泛，可以说，通知是公文中使用最广泛、最普遍的文种。它的作用大到发布规章，任免干部，小到领取打扫卫生的工具；它的发布机关大到国家行政领导机关，小到学生班组；其会议通知大到中央机关举行会议，小到科以下的班组召开议事会。它的结构也是十分灵活的，长可到几千字，短可到几句话。因此，通知是一种用途广泛，使用灵活自由的文种。

(二) 分类

通知的使用范围虽然十分广泛，但可以大致把它分为四类。

(1) 告知性通知。向有关单位、人员或广大群众宣布需要周知的事项，使有关方面了解情况，利于工作、学习和生活的进行。比如设置和撤销机构，任免和聘用工作人员，启用新印章，国家节日放假安排，安排行车路线，告知城市大规模建设事项等。

(2) 指示性通知。这是一种布置工作(有的又叫事项性通知)，对工作方法原则、组织纪律等提出要求的通知，在不适宜用“指示”这一文种的情况下，就需要用“通知”这一文种。

(3) 转发性通知。用于颁发、转发、批转有关文件，颁布法规等。颁发文件和颁布法规等，是上级机关向下级机关直接颁发；转发文件是转发上级机关和不相隶属机关的文件；批转文件则是批准下级文件后并予以转发。但无论是颁发，还是转发、批转，都是要求受文者执行、办理或者遵循。转发性通知颁发、转发、批转的文件是其主要内容。

(4) 会议通知。会议通知可以归入指示性通知一类，但因其有统一的特点，统一的要求，主要是使用十分广泛，故宜将其从指示性通知里独立出来，成为单独的一类。会议通知应该将会议的性质、内容、时间(报到时间、会议开始及结束时间)、地点、参加人员范围、准备要求、会议经费、联系报到有关事项、主办单位等一一交代清楚。

(三) 写作

通知的写作要求具体、周全、细致。具体，要求文字简练朴实，把有关事项实实在在地交代清楚，便于受文者理解执行；周全，要求把有关事项考虑全面，不要造成遗漏，以致在工作具体办理过程中发生问题；细致其实是具体和周全的延伸和落实，不细致就达不到具体和周全的要求。

通知的标题也有 3 种构成方式：发文机关、事由、文种名称；事由加文种名称；只有文种名称。在实际运用中，一般多采用事由加文种名称的构成方式。正文左上方写明受文机关名称。

通知正文的写作，首先应在导言中将通知的目的意义、指导思想、依据等简明扼要地写清楚；主体部分是通知的核心，将通知的内容具体细致地交代清楚；结尾一般是交代需注意的事项或者是执行要求等。由于通知的使用十分广泛，所涉及的内容繁简相差很大，所以正文的写作相差也很大。有的通知内容十分复杂；而有的通知则十分简单，往往一两句话即可完成；有的通知还使用结语“特此通知”，最后加上发文机关和日期。

请你评判

请指出以下通知的错误。

关于转发《××市市政公用事业管理局企事业单位机构改革实施方案》的通知

机关各处室、各基层单位：

现将市政公用事业管理局《××市市政公用事业管理局企事业单位机构改革实施方案》的通知转发给你们，望各单位围绕此方案组织职工认真学习。

××市供水公司

2006 年 11 月 3 日

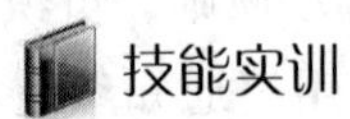

技能实训

根据以下材料，撰拟一份批转性通知。

材料：转发国家工商局、公安部、中国人民银行《关于严厉打击传销和变相传销等非法经营活动意见》，要求地方各级人民政府一定要本着对人民高度负责的精神，切实加强领导，采取强有力的措施，严厉打击传销和变相传销等非法经营活动，切实保护公民的合法权益，维护正常经济秩序和社会稳定。要求工商行政管理、公安机关在当地人民政府的领导下，加大执法力度，严厉打击传销和假借“代理”“专卖”等名义进行变相传销的非法经营活动。

课外拓展

公文的稿本

公文的稿本是指公文在形成过程中所产生的文稿、文本。

1. 草稿

草稿是指供讨论，征求意见，修改审核，审批用的非正式文稿。草稿不具有现实执行效用。草稿包括讨论稿、送审稿、征求意见稿、草案等。

2. 定稿

定稿是公文内容已确定，经履行法定生效程序的最后完成稿，又称“标准稿”。其法定的标志是经领导“签发”。公文文稿一经签发，即表明这分公文已经生效。所以，一般公文的生效期即为领导签发的日期，联合行文以最后一家单位领导的签发日期为生效期。定稿经签发表明公文虽已生效，但定稿本身尚不具有现实执行效用。公文的定稿纸，应使用标准的公文定稿纸(见示意图)。

××市××局　　发文稿纸

<table>
<tr><td>发第　号(日期　)</td><td>缓急：</td><td>密级：</td></tr>
<tr><td>签发：</td><td colspan="2">会签：</td></tr>
<tr><td colspan="3">主送：</td></tr>
<tr><td colspan="3">抄送：</td></tr>
<tr><td>拟稿单位：</td><td>拟稿：</td><td>核稿：</td></tr>
<tr><td>印刷：</td><td>校对：</td><td>份数：</td></tr>
<tr><td colspan="3">附件：</td></tr>
<tr><td colspan="3">标题：</td></tr>
<tr><td colspan="3">(正文)</td></tr>
</table>

3. 正本

正本是根据定稿内容并按公文格式制成的，具有现实执行效用的对外发出的正式公文文本。

4. 试行本和暂行本

试行本和暂行本是规范性公文正本的一种特殊形式，即实验推行本或暂时推行本。二者在试行或暂行期间均具有现实执行效用。

5. 副本

副本是指再现公文正本内容的复制文本，仅供存查、知照用，不具现实执行效用。但是，如有印制说明，其效用同样具备正本的法定效力。

6. 不同文字文本

公文在形成过程中，具有两种或两种以上文字的文本。其任何一种文字的文本均具同等效力。

资料来源：百度文库。

第四节 请示和报告

一、请示

案例精选

福建省乒乓球协会关于申请划拨车辆的请示

省直机关管理局车管处：

福建省乒乓球协会自成立以来，充分发挥社团的桥梁和纽带作用，多层次、全方位地开展了一系列乒乓球竞技和娱乐活动，为满足人民群众日益增长的多元化的体育健身需要做出了积极的贡献。2013 年正值我国第 5 个“全民健身日”，我省又启动了“一起动起来·全民健身与八城运同行”系列活动，协会按照要求须承办系列活动重要组成部分的乒乓球赛事，比赛定于 2011—2015 年在全省各地市采取个人赛和团体赛相结合的模式持续开展。但由于协会为社团组织，软硬件条件有限，下基层组织各项比赛急需一部交通工具。因此，为进一步推动全民健身运动的蓬勃开展，现特向贵处申请划拨商务车一部。

妥否，请批复。

福建省乒乓球协会

2013 年 3 月 13 日

资料来源：福建省乒乓球协会网。

知识导航

这是一份协会向车管局申请划拨车辆的请示。由于该协会事先已获悉车管局进行车辆改革，需要整改处理车辆较多，因此及时提交请示后很快车管局便为乒协划拨了一部商务车。

(一) 概念

请示是下级机关向上级机关请示指示和批准的公文文种。请示主要用于：

(1) 在实际工作中，遇到缺乏明确政策规定的情况需要处理；

(2) 工作中遇到需要上级批准才能办理的事情；

(3) 超出本部门职权之外，涉及多个部门和地区的事情，请示上级予以指示。

(二) 分类

(1) 请求指示的请示。重点应放在情况的陈述和问题的强调上。(只提问题，不提建议)
(2) 请求批准的请示。重点放在意见、办法及其理由的说明上。
(3) 请求批转的请示。在批准的基础上还请求转发。(带有普遍性或涉及面广的事项)

(三) 基本写法

1. 标题

不能写成“请示报告”。

2. 正文

正文包括请示原因、请示事项和请求结语。

(1) 请示原因。扼要地讲明请示的背景和根据，概括地写出请示的事项、请示理由之后，写一句承上启下的过渡句“现将××报告如下”。

(2) 请示事项。是请示的中心部分，要写得明确具体、条厘清楚、说服力强。除了提出请示的内容之外，还要阐述说明道理或事实。

(3) 请求结语。结语一般为“特此请示，请审批”或“以上意见当否，请指示”或“特此请示请批复”。如果是呈转性请示，结语写法是“以上请示，如无不妥，请批转各地贯彻执行”或“以上意见，如属可行，请批转有关单位执行”。

(四) 注意事项

第一，正确选用文种。
第二，内容上要做到一文一事。
第三，行文关系上：向上要避免多头请示、越级请示；不能抄送下级机关。

请你评判

试指出下文中的错误，并做出修改。

关于要求解决学生宿舍拥挤等问题的请示

市人民政府、市教育局:

我校今年由于住宿生急剧增加，已有的学生宿舍已无法容纳，现在住宿生基本上是一个床位两个人睡，严重影响学生的身心健康。为解决这一困难，我校决定再建一栋学生宿舍楼。另外，我校图书馆也尚未达到省“两基”标准，望上级部门给予适当支持。

特此请示，请回复。

××市体校
2012年12月25日

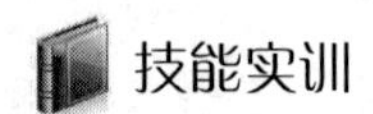

技能实训

根据下面的材料，拟写一份请示。

××市外资局拟于 2006 年 12 月中旬派组(局长×××等 5 人)到美国纽约市××设备公司检验引进设备。此事须向市政府请示。该局曾与对方签订过引进设备的合同，最近对方又来电邀请前去考察。在美考察时间需 20 天，所需外汇由该局自行解决。各项费用预算，可列详表。

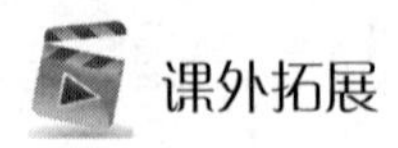

课外拓展

如何写好请示的理由

一是以实情信人。例如：一家单位写请示，申请资金购买电梯。其中有一个理由就是说电梯由于使用多年，已不能运行了。于是领导派人去调查情况，一看这些电梯还没有到报废年限，仍能正常运行。结果领导大为恼火，资金问题当然也就得不到解决了。

二是以真情感人。例如：一家单位行文请求解决学校房屋建设资金问题，内容主要是：这些年学校连年失修，致使孩子们长年在一所破旧的房屋里上课，冬天，窗户没有玻璃，四处透风，孩子们手脚都冻裂了，简直无法写字；夏天，雨水较多，房顶漏雨，房梁遭到虫蛀，非常危险，一旦倒塌，后果不堪设想。看着这些可怜的孩子我们心里十分难受，为此，经乡里同意，我们决定重新盖一座教室，目前我们已筹集了××万元资金，还缺××万元，能否适当给予解决?

三是以理服人。例如：我单位长年没有合适的办公地点，这些年一直租用其他单位的房子办公，光每年的租金就××万元，已远远超出了我们的财政支出，如果建一座办公楼，根据测算，只需要资金××万元，这样每年还将节约××万元经费。又如：一家单位申请资金疏通排水沟。不但着重写了挖排水沟的几个理由：淤泥厚，雨季来临，影响排涝；夏天蚊虫孳生，气味难闻，影响居民乘凉等等，而且还引申下去，写了挖好排水沟后会美化周围环境而且对居民生活也有很大的好处，两岸种上树木后将来会产生较好的社会效益和经济效益，等等。

资料来源：中华文本库。

二、报告

案例精选

关于××同志等一行
赴马来西亚进行武术交流活动的反馈报告

省外事办:

以××为团长的××体育职业技术学院武术交流团一行 15 人于 2011 年 1 月 14—18 日赴马来西亚进行武术交流活动。武术代表团抵达马来西亚吉隆坡后，受到了马来西亚武术总会的热烈欢迎。访问期间，马来西亚武术总会安排专门会议邀请马来西亚武术界代表和我方运动员、教练员就中华武术文化进行了友好诚挚的交流，以 2008 年北京奥运会冠军××为代表的我省运动员也为马方献上了精彩的武术表演，获得了马来西亚武术界的高度评价。双方一致表示将巩固福建省武术中心和马来西亚武术总会的合作联盟基础，进一步增进双方运动员、教练员的友好交往与互访活动。本次友好交流访问对于巩固和架起我省与马来西亚等东南亚周边国家的友谊和文化桥梁，弘扬中华武术文化起到了积极的推动作用。

特此报告。

2011 年 1 月 20 日

资料来源：福建体育职业技术学院网。

知识导航

这是一份外事出访的工作报告。报告由标题、主送机关、正文和成文日期构成。行文简明有序，是其突出特点。文章言简意赅，体现了公文语言的精练、利落，起到了很好地点题与深化主题的作用。

(一) 概念

报告是向上级机关汇报工作、反映情况、提出意见或者建议，答复上级机关的询问时使用的公文。报告使用范围很广。按照上级部署或工作计划，每完成一项任务，一般都要向上级写报告，反映工作中的基本情况、工作中取得的经验教训、存在的问题以及今后工作设想等，以取得上级领导部门的指导。

(二) 特点

(1) 内容的汇报性。一切报告都是下级向上级机关或业务主管部门汇报工作，让上级机关掌握基本情况并及时对自己的工作进行指导，所以，汇报性是“报告”的一个大特点。

(2) 语言的陈述性。因为报告具有汇报性，是向上级讲述做了什么工作，或工作是怎样做的，有什么情况、经验、体会，存在什么问题，今后有什么打算，对领导有什么意见、建议，所以行文上一般都使用叙述方法，即陈述其事，而不是像请示那样采用祈使、请求等法。

(3) 行文的单向性。报告时下级机关向上级机关行文，是为上级机关进行宏观领导提供依据，一般不需要受文机关的批复，属于单项行文。

(4) 成文的事后性。多数报告都是在事情做完或发生后，向上级机关做出汇报，是事后或事中行文。

(5) 双向的沟通性。报告虽无须批复，却是下级机关以此取得上级机关的支持指导的桥梁；同时上级机关也能通过报告获得信息，了解下情，报告成为上级机关决策指导和协调工作的依据。

(三) 分类

(1) 例行报告(日报、周报、旬报、月报、季报、年报等)。例行报告不能变成“例行公事”，而要随着工作的进展，反映新情况、新问题，写出新意。

(2) 综合报告。全面汇报本机关工作情况，可以和总结工作、计划安排结合起来。要有分析，有综合，有新意，有重点。

(3) 专题报告。指向上级反映本机关的某项工作、某个问题，某一方面的情况，要求上级对此有所了解的报告。所写的报告要迅速、及时，一事一报。呈报、呈转要分清写明。

(四) 写法

(1) 标题。包括事由和公文名称。

(2) 上款。收文机关或主管领导人。

(3) 正文。结构与一般公文相同。从内容方面看，报情况的，应有情况、说明、结论三部分，其中情况不能省略；报意见的，应有依据、说明、设想三部分，其中意见设想不能省去。从形式上看，复杂一点的要分开头、主体、结尾。开头多使用导语式、提问式，给出总概念或引起注意。主体可分部分加二级标题或分条加序码。

(4) 结尾。可展望、预测，亦可省略，但结语不能省。

(5) 打报告要注意做到。情况确凿，观点鲜明，想法明确，口吻得体，不要夹带请示事项。

(6) 注意结语。呈转报告的要写上“以上报告如无不妥，请批转各地参照执行”。最后写明发文机关，日期。

请你评判

试指出下文中的错误，并做出修改。

新桥市环境保护局环保科学研究室要求更名为
环保科学研究所的请示报告

市委、市政府、李副市长：

党的十六大报告指出："坚持以信息化带动工业化，以工业化促进信息化，走出一条科技含量高、经济效益好、资源消耗低、环境污染少、人力资源优势得到充分发挥的新型工业化路子。"为了实现十六大提出的伟大目标，必须把环保科学研究放在重要位置，纳入议事日程。根据市政府今年3月5日发出的新政〔2003〕35号文件《关于我市实施可持续发展战略进一步加强环境保护工作的决定》的指示精神，我局经研究，决定在原有的环保科学研究室的基础上扩展规模，增加力量，同时将环保科学研究室更名为环保科学研究所。撤室建所之后，需要引进科研人员8名，还要增添一部分设备，经费约需150万元(见附件)，请求市里给予支持。

以上报告如无不妥，请火速答复为盼。

附：需添购设备名称及费用清单

新桥市环境保护局

2003年4月4日

技能实训

请你代校团委向团支委写一份开展××活动的报告，要求说明为什么要开展这次活动，是怎样开展的，有什么收获。

课外拓展

请示与报告的异同

请示与报告都属于上行文，都具有反映情况、提出建议的功用，但也有其明显的不同。

一是含义不同。请示，适用于向上级机关请求指示、批准；报告，适用于向上级机关汇报工作，反映情况，提出意见或者建议，答复上级机关的询问。

二是要求不同。请示的内容要求一文一事；报告的内容可一文一事也可一文多事。

三是侧重不同。请示属于请示性公文，侧重于提出问题和请求指示、批准；报告属于陈述性公文，侧重于汇报工作，陈述意见或者建议。

四是目的不同。请示的目的是请求上级机关批准某项工作或者解决某个问题；报告的目的是让上级机关了解下情，掌握情况，便于及时指导。

五是时间不同。请示必须事前行文；报告可以在事后或者事情发展过程中行文。

六是要求不同。请示一般只写一个主送机关，受双重领导的单位报其上级机关的请示，应根据请示的内容注明主报机关和抄报机关，主报机关负责答复请示事项；报告可以报送一个或多个上级机关。

七是篇幅不同。请示一般都比较简短；报告的内容涉及面较为广泛，篇幅一般较长。

八是标题不同。一般来讲，请示的标题中不写“报告”二字，即××关于××的请示；报告的标题中不写“请示”二字，即××关于××的报告。

九是结束不同。请示的结尾一般用“妥否，请批示”或“特此请示，请予批准”等形式，请示的结束用语必须明确表明需要上级机关回复的迫切要求；报告的结尾多用“特此报告”等形式，一般不写需要上级必须予以答复的词语。

十是结果不同。请示属于“办件”，指上级机关应对请示类公文及时予以批复；报告属于“阅件”，对报告类公文上级机关一般以批转形式予以答复，但也没必要件件予以答复。

资料来源：百度文库。

第五节　函和会议纪要

一、函

案例精选

关于配合做好迎接“平安先行学校”创建
和高校安全标准化建设考评工作的函

有关运动管理中心：

2012年12月3日(星期一)下午，省委教工委将组织检查组对我院开展“平安先行学校”创建和高校安全标准化建设工作开展考评。此次评估直接关系到学院近年来安全维稳工作是否达标，对于维护大院内安定团结、平安先行的良好局面意义重大。学院由衷感谢各运动管理中心近年来对学院各项创建工作的大力支持与积极参与，热情期盼各有关运动管理中心在本次评估关键时刻继续积极配合，在考察期间加强人员文明素质及行为规范教育，并认真做好辖区环境保洁和运动员宿舍卫生，以积极向上的精神风貌迎接省教工委的考察评估。

再次致以衷心的感谢，特此致函。

××体育职业技术学院
2012年11月29日

资料来源：福建体育职业技术学院网。

这是一份商洽配合开展评估事宜的去函。标题中已有鲜明的主旨，正文先交代去函缘由，然后提出具体要求。文章用语准确、态度恳切，容易取得对方的支持。

(一) 概念

函适用于不相隶属机关之间相互商洽工作、询问和答复问题，向有关主管部门请求批准等。函的使用范围广泛，行机关或不相隶属机关间联系工作时可以使用函，上下级机关之间联系、询问、答复工作时，也可以使用函。

(二) 分类

(1) 按性质分，函可以分为公函和便函两种。公函用于机关单位正式的公务活动往来；便函则用于日常事务性工作的处理。便函不属于正式公文，没有公文格式要求，甚至可以不要标题，不用发文字号，只需要在尾部署上机关单位名称、成文时间并加盖公章即可。

(2) 按发文目的分，函可以分为发函和复函两种。发函即主动提出了公事所发出的函。复函则是为回复对方所发出的函。

(3) 按内容和用途分，函可以分为商洽事宜函、通知事宜函、催办事宜函、邀请函、请示答复事宜函、转办函、催办函、报送材料函等等。

(三) 基本写法

函包括标题、主送机关、正文、发文机关、日期等。

(1) 标题。一般由发文机关、事由、文种或事由、文种组成。一般发函为《关于××(事由)的函》；复函为《关于××(答复事项)的复函》。

(2) 正文。一般包括三层：简要介绍背景情况；商洽、询问、答复的事项和问题；希望和要求，如“务希研究承复”“敬请大力支持为盼”等。

(3) 结尾。去函的结束语可用“专此函达”(告知函)、“特呈函，盼予函复”(询问函)、“可否，请函复”(商洽函)、“特呈函，请予批准函复”(请求批准函)等等；复函的结束语可用“此复”“特此函复”“专此函复”等等。总之，结束语可以不拘一格，但要得体。对下级机关的请示，属于一般性业务问题的，有时不用批复而用函复，但不是由领导机关而是授权主办部门(办公厅、室)答复。

(四) 注意事项

(1) 要一函一事，切忌一函多事。

(2) 要体现平等坦诚精神，文字恳切得体、简洁朴实，用语谦和有礼切不可盛气凌人。

请你评判

试指出下文中的错误，并做出修改。

关于请××商厦准备经保工作经验材料的函

××市商业局:

你局××商厦狠抓安全保卫工作，成绩突出。经市综合治理办公室同意，我局准备于12月中旬召开全市经保工作经验交流会，请××商厦在会上介绍加强内部防范工作的经验。请速通知该单位,于12月中旬将此材料报送我局×处秘书科(写作要求附后)。

此致

敬礼!

××市公安局

20××年11月20日

技能实训

请根据下列材料，为××地区行政公署写一份函。然后，针对去函，代××省科委撰写一份同意办理有关手续并具体安排有关人员到相应科研机构进修的复函。

××省人民政府于2007年3月召开了全省科技工作会议，会议决议之一是加强科技研究工作，加强现有科技人员的业务进修学习。××地区行政公署为了贯彻落实省科技工作会议精神，提高科研人员的业务水平，拟于当年5月下旬选派农业、粮油、化工、机械、电子等5个方面的科技人员5名到省级有关科研机构进修一年，特函请××省科委支持帮助，联系确定可供上述5个方面科技人员进修的单位。要求5月5日前回复。

课外拓展

信、简、牍、笺、素、函、札、缄
——与“书信”有关的一组词语解说

书信属于应用文的范畴。书信文化历史悠久，具有特殊的魅力。在古代，“书”“信”二词有别，“书”指函札，就是信件；“信”指使人，就是送信的使者。换句话说，现代所说的“书信”，古时称为“书”，如司马迁《报任安书》、王安石《答司马谏议书》等。现代汉语中，“书”仍保留了“书信”的意思。例如“情书”“家书”等。

信——“信”字从人从言，是个会意字，即所谓“人言为信”。本义是言语真实，诚实。《说文》：“信，诚也。”“信”字的本义是信实、信用。《老子》：“信言不美，美言不信。”这是古义。“信”的今义为书信。乍看起来，“诚实”和“书信”这两个意义之间似乎没有什么联系，实际上并非如此。“信”由“诚实”引申为相信，又引申为信使，因为只有相信的人才能作为信使。遇有紧要的话，必须派可靠的人带去，就称这人为“信”。“信”又引申为音讯。杜甫《喜达行在所三首》之一：“西忆岐阳信，无人遂欲回。”又由“音讯”引申为书信。《南齐书·张敬儿传》：“得家信云，足下有废立之事。”这样看来，“信”的现代意义书信是由“信”的本义“诚实”演变来的，只不过由形容词变成了名词。

现将古代书信的各种名称介绍如下：

1. 简——古代在纸张发明之前，用削成狭长的竹片作为书写材料。这种竹片称为“简”。用于写信的称为“书简”，指信件。在造纸术发明之前，我们的老祖宗拿竹子当纸往上面写字，称之为“竹简”。在书写之前，要挑选青竹筒在微火上烤炙使之脱水，就是把竹筒的水分蒸发出来。经烤灼，竹筒表皮渗出水滴，犹如人体“出汗”。经烘干的竹筒易于书写，且不易为虫蛀。故称经烘烤处理过的竹筒为“汗青”，引申为书册、史籍。

2. 牍——古时书写用的薄而小的木片叫作“牍”。汉代对“简”和“牍”串起来写文章，有明确规定：政府写诏书律令不得宽于三尺，民间写书信不得宽过一尺，故书信又名“尺牍”。

3. 柬——与“简”通用。是书信、名片、帖子之类的通称。如“请柬”“贺柬”“书柬”等。

4. 素——古代称白绢为“素”。用一尺见方的白绢(或白绸)写成的书信，称为“尺素”，后为书信代称。

5. 笺——原指供题诗作画用的精美小竹片。一般信纸也称为“笺”。后引申为书信的代称，也指写信或题词用的纸，如“便笺”“信笺”等。

6. 函——原指封套。古代寄信用鱼形木匣递送，这种木匣称为“函”。后称信件为“函”，如“函件”“信函”“来函”“公函”等。

7. 札——原指古代书写用的小而薄的木片，后指书信，如“信札”“书札”“手札”等。

信封的落款处习惯写“某某缄”。《说文》：“缄，束箧也。”可见“缄”的本义，是捆箱子的绳子。《汉书》载：“解箧缄”，就是解开捆箱子的绳子。《孔子家语·观周》载：孔子在周庙里看到一个铜人，“三缄其口而铭其背”。“三缄其口”是说用绳子把铜人的嘴绑了好几道。现在形容闭嘴不说话，如“缄口”“缄默”等。“缄”的本义是封闭，又引申为“封”，指把公文或书信封盖上，勿使旁人看到。

资料来源：http://blog.sina.com.cn/s/blog_4b6668a10100cpju.html。

二、会议纪要

案例精选

浙江省人民政府　专题会议纪要

〔2003〕16 号

6 月 3 日，吕××、盛××副省长主持召开会议，专题研究老年人体育协会(以下简称老年体协)有关工作。蒋××、杜××和老同志翟××、罗××、李××以及叶××等参加了会议。

会议认为，老年体育工作是老龄工作的重要内容，也是体育工作的重要组成部分。开展老年人体育活动，提高老年人身体素质，对推动两个文明建设，具有十分重要的现实意义。会议要求，各级政府和有关部门要高度重视老年体协工作，纳入工作范围，给予积极支持。会议议定:

一、理顺老年体协工作体制。各级老年体协工作纳入政府工作范围，由各级体育行政管理部门管理，分管领导具体负责，并落实专兼职管理人员和办公地点。同时，根据实际情况可以聘请老同志担任老年体协的名誉职务，充分发挥广大老同志的作用。老年体协所需经费，由各级体育行政管理部门根据工作需要编制预算，报同级财政部门核定。

二、重视老年体育活动项目设施建设。老年体育活动的重点，城市在社区，农村在乡镇。各地建设的体育设施要根据实际，统筹规划，安排老年体育活动项目的设施。特别是社区体育设施建设，更要重视老年体育活动项目设施的设置，以满足老年人就地、就近参加体育活动的需要。原则同意在省黄龙体育中心范围内，相对集中安排部分适合老年人体育活动项目的设施。具体规划调整和建设方案，由省体育局商省老年体协提出，按基本建设程序报批后实施。所需建设经费，由省财政适当安排。所建老年体育活动项目设施，对外可同挂省老年体育活动中心牌子，由黄龙体育中心统一管理。

三、认真办好省第四届老年运动会。今年 9 月举办的浙江省第四届老年运动会，将展示近年老年体育工作的成果，推进老年体育活动的开展。各级政府和有关部门、单位，要在经费补助、场地使用等方面给予支持，确保本届老年运动会圆满成功。

四、积极筹备 2003 年全国老年体育工作会议。在省体育局、老龄委、老干部局指导下，2003 年全国老年体育工作会议的准备工作，由省老年体协负责。会议经费，根据实际需要，由省财政给予适当补助。

浙江省人民政府办公厅

二〇〇二年六月十一日

资料来源：浙江省人民政府网。

这篇会议纪要开头先简要介绍会议概况，包括会议召开的时间、地点、主持人；随后以提示性词语“会议认为”写出了会议达成的一致意见，接着分条写明会议议定的事项，这是纪要的核心内容。文章结构完整、重点突出、主次分明、有详有略、语言概括性强，体现了会议纪要的写法。

(一) 概念

会议纪要适用于记载、传达会议情况和议定事项。其主要作用是沟通情况、交流经验、统一认识、指导工作。

会议纪要与会议记录是两个不同的概念，两者的区别十分明显。从应用写作和文字处理的角度来探析，两者截然不同。会议纪要是一种法定的公务文书，其撰写与制作属于应用写作和公文处理的范畴，必须遵循应用文写作的一般规律，严格按照公文制发处理程序办事。而会议记录则只是办公部门的一项业务工作，属于管理服务的范畴，它只需忠实地记载会议实况，保证记录的原始性、完整性和准确性，其记录活动同严格意义上的公文写作完全是两码事。两者在载体样式、称谓用语、适用对象、分类方法、内容重点等诸多方面都有明显区别。

(二) 特点

(1) 纪实性。会议纪要须如实反映会议的内容和情况，不能把没有经过会议讨论的问题写进会议纪要。

(2) 提要性。会议纪要是会议的要点，不是会议记录。必须对会议繁杂的情况和内容进行综合、概括性整理，概括出会议的主要精神，归纳出主要事项，体现出中心思想。

(3) 约束性。会议纪要一经发下，便要求与会单位和有关人员遵守，有的还须执行，具有一定的约束性。

(三) 分类

(1) 办公会议纪要。主要用来传达由机关、单位召开的办公会议所研究的工作、议定的事项和布置的任务，要求与单位和有关方面遵照执行。

(2) 其他会议纪要。各种专门工作会议、专题讨论会、座谈会、学术研讨会等会议形成的纪要。这些会议纪要或通报会议情况，或传达会议精神并对有关工作予以指导。如《全国农业技术推广服务中心 2003 年工作会议纪要》。

(四) 写法

1. 标题

会议纪要的标题有两种写法：一是由单位名称、年份、会次、文种四部分组成，如《广天公司 2004 年第六次办公会议纪要》。二是由会议名称和文种组成，如《龙乡科技有限公司市场拓展工作座谈会议纪要》。会议纪要的标题常常省略“关于”两字。

2. 正文

会议纪要的正文由会议概况、会议内容构成。

(1) 会议概况部分。一般要简要地交代会议的时间、地点、主持人、参加人员、会议议题、会议情况、结果以及对会议的评价。但也并非所有会议纪要都必须将上述项目一一写出，可根据具体情况，省略某些内容。如有些内容广泛、复杂的大型会议纪要，要交代背景；而有些内容简单的例行性会议纪要，往往不写情况介绍和会议评价。

(2) 会议内容部分。这是会议纪要的重点、主体。主要写会议研究、讨论的问题及事项；会议主要报告的内容要点；会议各项议程的进行情况及结果；会议的决定及贯彻会议精神所应采取的办法、措施、计划等。一些简单的、小型的会议纪要，可不写讨论情况，直接写出决议事项。大型的会议纪要，一般均不应省去会议讨论情况。

3. 结尾

结尾应根据实际情况确定有无。若正文部分文意已尽，可不另写结尾。有的结尾常列出尚未解决的问题，或指出今后工作的努力方向，或向有关单位和人员表示谢意等。

技能实训

根据下面的材料写一份会议纪要。

2010 年 3 月 15 日上午，××体育职业技术学院院长李××组织召开了院学术委员会扩大会议，与会人员有学院领导和学术委员会全体成员。会议中心议题是关于制定该校 2010—2015 年中长期发展规划的问题。会上李院长说：“我们学院发展到今天是历任院长、专家与教师共同努力的结果……他们的努力为学院的进一步发展奠定了良好的基础……”李院长在分析了学院当前形式之后指出：“我们未来的发展目标是加快内涵发展，提高自身的竞争力，争创示范性高职院校。为此，我们需要为学院的未来做出前瞻性的发展规划，我们要加强内涵建设，提高办学的软实力；加快新校址的建设；强化办学特色，提高办学质量……学院中长期发展规划包括三方面内容：科技教育发展规划、学校新校址的建设规划及制度建设。”会上，学术委员会成员结合各自的工作畅谈了对学院、科室发展的设想和建议，副院长杨××、徐××、张××，纪检书记管××也分别对学校的发展规划提出了自己的见解。与会人员激情满满，为学院的发展建设献计献策，高度体现了主人翁的责任感，并对学院的未来充满信心。

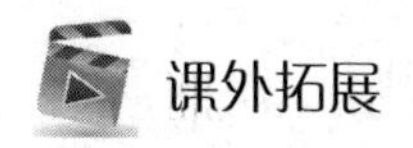

课外拓展

“会议纪要”和“简报”的区别

会议纪要和简报的第一个区别是，承担的任务不同。简报只是报告和交流情况，以供参考，对阅读对象没有硬性要求，一般也没有什么约束力。会议纪要则有一定的权威性。它的结论可以指导有关方面统一认识，它列入的议定事项，要求有关方面共同遵守执行，它对特定的阅读对象有一定的指导和制约作用。

第二个区别是，简报的编写者在简报中可以对他所写的事件发议论，谈看法，既可肯定，也可否定；会议纪要则必须忠实于会议情况，客观扼要地叙述会议的内容，不允许编写者在纪要中对其内容进行评论。

第三个区别是，简报要求文字简短，一般在千字左右，最好不超过两千字；会议纪要则不受篇幅长短的限制，该短则短，该长则长。有些内容丰富、问题重大的座谈会纪要，洋洋万言也是常见的。

第四个区别是，会议纪要可以作为一种情况反映，缩写成简报；简报则起不到纪要的作用。

资料来源：百度百科。

本章小结

公文既姓“公”，便具有政治权威性和程式规定性。从它的种类、格式到审核签发都必须遵照国务院《国家行政机关公文处理办法》的规定和要求来制作和处理。公文既名“文”，便具有所有文章的共性，如主题与材料统一，结构与语言得体等。另一方面，作为应用文，公文又具有自己的个性，即内容上的实用性和形式上的规范性。在写法上要求做到简练、明确、严谨、周密。学习行政机关的公文，要结合行政事务的特点，明确办文目的，把话说明白，把事情交代清楚。各种公文还有各自的具体要求，我们应根据具体的格式和程序把它们写好。

实训练习

一、名词解释

1. 公文；
2. 事由；

3. 主题词。

二、填空题

1. 公文附件的位置一般在________的后面，________的前面。
2. 以上意见________，请批转各地、市人民政府执行。
3. 报告可____文____事，也可____文____事。

三、判断题

1. 公文标题中除法规、规章名称加书名号外，一般不用标点符号。
2. 报告可以夹带请示事项。
3. 所有行政公文都要列出主送单位。

四、简答题

1. 最新颁布实施的《公文处理办法》中规定的公文有多少种？
2. 公文的特点有哪些？
3. 上行文与下行文有何区别？

五、读写训练

1. 阅读下面这篇报道，回答文后的问题。

声称工作没违规要求赔偿百万元 下岗行长状告央行

原华夏银行广州分行珠江支行行长唐××，因被中国人民银行(以下简称央行)通告违规并撤职，状告央行。4月9日，北京市第一中级人民法院正式受理该案。

央行撤了唐“行长”

2001年12月12日，央行向全国各金融机构发文《中国人民银行关于对部分商业银行分支行违规办理业务有关责任人员处罚情况的通报》，其中公布“取消原华夏银行广州分行珠江支行行长唐××金融机构高级管理人员任职资格5年”。

此通报立即引来连锁反应。已受聘于招商银行广州分行工作的唐××，很快就收到要求办理离职手续的通知书。曾任职金融机构高级管理人员多年的唐××下了岗，且在5年内无法再上岗。

提起复议被驳回

唐××称，在1999年8月至2001年8月任职华夏银行广州分行企业金融部负责人、筹资二部总经理、华夏银行广州分行珠江支行行长期间所做业务，从无任何违规行为。亚行的处罚决定实质是让其代华夏银行广州分行的违规行为受过，故向人行提起行政复议。

今年3月5日，央行做出维持原决定的行政复议，称：央行在2001年下半年的专项检查中发现，唐××在广州分行任职期间及在珠江支行任行长期间，存在违规办理商业汇票承兑、违规办理不具有真实贸易背景的银行承兑汇票贴现等违法违规行为。

向央行索赔 100 万元

唐××遂向法院提起行政诉讼。要求法院撤销央行的行政处罚，并向央行索赔约共人民币 100 万元。其中包括唐××未来 5 年高达 95 万余元的工资收入损失。

唐××诉称，央行政复议认定其违规事实有误。一、按华夏银行广州分行贷款规定，自己无权参加贷款的初审、复审、终审等三级审查，故不应承担责任。二、自己办理的承兑汇票贴现贷款，手续齐全、符合核定标准，无违规操作。依照《行政复议法》《金融违法行为处罚办法》等有关规定，“取消任职资格”属行政处罚。而央行对其做出的行政处罚，在程序上严重违反《行政处罚法》的有关规定。其一、从未听取当事人的陈述和申辩；其二、从未告知当事人做出行政处罚的依据；其三、不向当事人送达行政处罚决定书。

对此，央行称：取消金融机构高级管理人员任职资格仅是一项金融监管措施，《行政处罚法》及相关法律法规均未将其列为一种行政处罚种类。因此，其实施并不适用行政处罚的程序规定。《通报》标题中使用“处罚”一词，应属用词不当。

4 月 9 日，唐××把所有诉讼材料递交给北京市第一中级人民法院后，法院当场受理。

资料来源：《京华时报》，2002 年 4 月 11 日第 A12 版。

上文所述，央行承认在《通报》标题中使用“处罚”一词“应属用词不当”，请你谈谈公文中用词不当会引起什么后果？应如何修改《通告》才算用词得当？

2. 营业室狭窄，不便开展业务，拟申请扩建。请代该行拟写一份请示(数字自拟)。再请代其上级机关拟写一份同意扩建的批复。

3. 按照下述内容拟写一份通知，并设计回执附后。

××部决定于 2014 年 2 月 15 日至 20 日在北京市××招待所召开全国××厅(局)长会议。要求省、自治区、直辖市××厅(局)长一人(可带一名助手)和××企业、事业单位的厂长(经理)参加。会议的内容是贯彻党的 18 届三中全会精神，研究 2014 年××战线的工作任务和改革目标及各项措施；讨论××部门职能转变和加强行业管理，深化企业改革等重大方针、政策。

第五章

事务文书

第一节　计划和总结

一、计划

案例精选

学校年度工作计划

一、指导思想

以邓小平理论和“三个代表”重要思想为指导，全面贯彻执行党和国家的教育方针；以提高学生整体素质为目的，落实学校常规管理规定，继续深化教育改革，全面推进素质教育；以“塑造名师，打造名校，锻造名生”为目标，努力创建一流的学校。

二、目标任务

加强政治学习和思想教育，使教师的职业道德和学生的思想品德有质的提高，形成良好的教风和学风；加强教研、教改和教学管理，促进教学质量的提高，力争进入全区上游水平；加大校园建设资金投入，全面优化育人环境；积极开展丰富多彩的文体活动和心理教育活动，促进学生的全面发展；加强治安管理和安全教育，确保学校和师生的安全。

三、具体工作

1. 师德建设方面。通过加强教职工政治学习，倡导爱岗敬业，促进教师的职业道德有质的提高，主要工作有：

……

2. 德育工作方面。进一步加强和改进学生德育工作，主要工作有：

……

3. 学校管理工作。补充和完善学校各项管理规章制度化、科学化，减少个人主观意志；引进激励机制和竞争机制，积极推进人事制度改革。主要工作是：

……

4. 教学工作方面。加强教研、教改和教学管理，促使教学质量有较大提高，力争进入全区上游水平。主要工作是：

……

5. 校园建设方面。加大校园建设投入，努力改善办学条件，优化育人环境，为师生学习和生活提供最良好的环境。主要工作是：

……

6. 文体活动方面。积极开展丰富多彩的文体活动和心理教育活动，促进学生的全面发展。主要工作有：

……

7. 卫生安全工作。加强学校卫生安全工作，明确目标，落实责任，确保学校安全，为提高教学质量提供有力的保障。主要工作有：

……

8. 社会活动。组织师生参加社会实践活动，促进学生全面发展，展示二中师生的精神好风貌；协调学校与社会的各种关系，积极完成上级和当地政府布置的工作任务。

××区第二中学

××年×月×日

这则计划的“指导思想”清晰明了，“具体工作”切实可行。从标题的构成看，标题省略了单位名称；从全文的结构上看，行文层次分明，条厘清晰；从内容上看，表达清楚，目标明确。总之，本计划制订全面、详细，便于执行、便于检查。

(一) 概念

古人云：“凡事预则立，不预则废。”其意思是说，无论做什么事情，事先有计划才能成功，没有计划，就可能导致失败。计划是机关团体为达到某一目标或完成某一任务，对目标达到、任务完成前特定阶段工作的设计和安排。计划有时也称作规划、纲要、安排、打算、设想、方案、意见、要点等。

(二) 特点

(1) 预见性。这是计划最显著的特点之一。计划不是对已经形成的事实和状况的描述，而是在工作开展之前对工作的目标、工作的步骤、工作的方法予以明确，做出安排。这种安排虽然是根据上级机关的要求、以往的经验和目前的客观形势做出的，但是毕竟是在事前做出，这就决定了计划具有预见性的特点。可以说，预见是否科学、准确，是计划能否起到指导工作作用的关键。

(2) 约束性。约束性是决策的具体体现，是经营管理的目标，是监督考核的依据。它一般是根据上级机关下达的工作任务制定的，制定后，一般也要经过上级机关批准。所以计划一经通过、下达，在其所计划的范围内，对工作就有了指导作用，对员工就有了约束力，各有关方面和人员必须认真遵照执行。如果需要调整和修改，一般都要履行一定的审批手续。

(3) 具体性。计划是为了完成工作任务而做的事先筹划，所以它在写作时，都要根据不同情况的需要，尽可能地做出详尽的安排。如总目标的确定和科学的分解，人力、物力、财力等资源如何配置，工作阶段如何划分与过渡，都要予以谋划，以使工作计划具有可操作性。

(三) 分类

计划因其与工作和学习密切相关，所以种类繁多，按照不同的标准可以分成不同的种类。

按照时间长短划分，可以分为长期计划、短期计划。长期计划一般指一年以上的计划；短期计划指年度计划、季度计划、月份计划等。

按照功用划分，可以分为生产计划、工作计划、学习计划等。

按照表达方式划分，可以分为文字计划、图表计划以及文字图表并用的计划。

按照内容划分，可以分为综合计划、专题计划等。

按照作用划分，可以分为指令性计划、指导性计划等。指令性计划是国家或者上级机关直接明确下达的，并且提供必要的保证，要求必须完成的；指导性计划是通过有关政策法令、利用经济杠杆和各种措施，提供必要的信息和咨询服务，给予必要的指导，将指标纳入国家或上级的计划之内，但是不是强制执行的。

计划的分类方式还有很多，这里不一一列举了。

(四) 写法

计划的结构一般包括标题、主体、尾部 3 个部分。

标题内容包括制文单位、计划适用时间、事由和计划名称 4 个内容。

正文包括引言和主体。引言也称导语或开头，简要写明制订计划的依据、指导思想及基本情况分析。主体具体写明工作的目的、任务、要求、步骤、措施、方法等，着重体现“做什么”和“怎么做”的问题。该部分一般采用条列式，分条列项来安排内容。

尾部在文末右下方注明制文单位及日期。

(五) 注意事项

(1) 与国家的政策和法律、法规保持一致。工作计划的内容必须符合国家的方针、政策，确立的目标必须服从国家的全局的需要，采取的措施必须符合国家法律、法规。

(2) 了解全局形势，掌握本单位的具体情况。计划的制订者和写作者，必须全面了解和掌握本单位的实际情况，这个情况不仅包括单位的现状(人员素质、资金、设备、技术、市场、信息等)，而且还包括单位的历史(最起码是近几年取得成绩和存在的问题)和未来发展趋势。

(3) 要增强预见性。预见性体现在两个方面：一是要合理地确定目标和指标。二是在制订计划时，要尽可能地预测工作的进程和在工作中可能遇到的问题，以及处理这些突发问题的应对方案。只有在制订和编写计划时，对工作中可能产生的问题，可能遇到的困难多一些设想，多提出一些应对措施，这样的计划才是一份完善的计划。

请你评判

试指出下文中的错误，并做出修改。

上海××公司销售部2006年工作计划

2006年，我们要抓住上海市加快基础建设这个机遇，在经营销售的同时，强化公司管理，提高职工队伍素质，保证本公司在年底前完成××万元的指标。

一、2006年公司的主要经济指标

1. 销售部：销售数××台，销售额××万元，利润××万元。
2. 安装部：安装费××万元，利润××万元。
3. 保养部：保养××台，利润××万元。

二、完成指标的主要措施

1. 本公司主要以销售为主，在销售的同时，各部门之间要积极配合，销售的同时不要忘记安装和保养，希望在签订销售合同时签下安装合同。
2. 销售部要注重新产品的推销，因为新产品针对的是我国广大的住宅市场，品位高，价格低，有很大利润。
3. 安装部在施工同时要注意安全，搞好同甲方单位的关系。
4. 保养总要按时到保养单位征询客户意见。
5. 技术部要配合其他各部的工作。

2006年1月

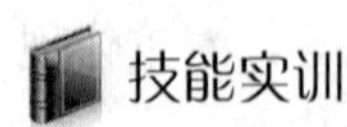

技能实训

××厂为了调动职工的积极性，保证完成和超额完成生产任务，决定在全厂内推行××岗位责任制先进经验：要求开好三个会(动员会、经验交流会、总结表彰会)，搞好试点工作，组织职工讨论，充分发扬民主，各方面配合，从7月上旬开始，利用一个半月至两个月，完成这项任务。请根据以上情况，为××厂制定一份工作方案。

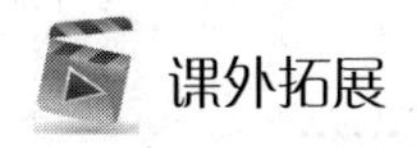

课外拓展

职业生涯规划及其意义

一个人要想有所作为，就必须有周密的计划。孙子曰：多算胜，少算不胜，而况于无算乎！

在职场上，职业生涯规划对于一个人的成功非常重要。

职业生涯规划(career planning)简称生涯规划，又叫职业生涯设计，是指个人与组织相结合，在对一个人职业生涯的主客观条件进行测定、分析、总结的基础上，对自己的兴趣、爱好、能力、特点进行综合分析与权衡，结合时代特点，根据自己的职业倾向，确定其最佳的职业奋斗目标，并为实现这一目标做出行之有效的安排。生涯设计的目的绝不仅是帮助个人按照自己的资历条件找到一份合适的工作，达到与实现个人目标，更重要的是帮助个人真正了解自己，为自己定下事业大计，筹划未来，拟定一生的发展方向，根据主客观条件设计出合理且可行的职业生涯发展方向。

国外的孩子从幼儿园就开始接受职业生涯规划理念的教育，而国内的职场人士只有在碰壁的时候，才对自己的职业发展产生了疑问。因此，作为大学生，要认识到生涯规划的重要意义，职业生涯活动将伴随我们的大半生，拥有成功的职业生涯才能实现完美人生。

资料来源：中国教育在线。

二、总结

案例精选

××体育职业学院2012年工作总结

2012年度，学院在省体育局的领导下，全面贯彻党的体育、教育方针，坚持“以人才培养为中心，以后勤服务为基础，以技术应用为先导，以科学管理为主线，以党的建设为根本”的办学思路，大力实施质量立校、人才兴校、特色强校战略，在培养适应生产、建设、管理、服务一线需要的高端技能型体育人才，建设体育强省进程中发挥了重要作用。现将一年来的工作总结如下：

一、倡导文明、共建和谐，精神文明建设取得显著成效……

(一) 加强领导、务求实效，共建共创文明城市……

(二) 部门联动、全员参与，争创“四优文明处室”……

(三) 多管齐下、形成合力，荣获省机关文明单位称号……

二、转变理念、创新发展，全面提升办学水平与办学效益……

(一) 开展专业评价工作，初步形成独具特色的技能型人才培养体系……

(二) 加强实践教学，力争建立工学结合、校企合作的新型办学模式……

(三) 实施项目带动战略，促进学院教科研跨越式发展……

(四) 加强师资队伍建设，提高人力资源管理水平……

(五) 贯彻落实23号文件精神，进一步加强运动员文化教育……

三、夯实基础、加强保障，全力服务竞技体育和教育教学需要……

四、落实责任、平安先行，切实维护学院的安全稳定局面……

(一) 建立安全维稳工作机制，层层落实安全责任……

(二) 加强信息公开和办事标准化建设，严防邪教、敌对组织渗透……

(三) 认真做好“平安先行学校”创建和高校安全标准化建设考评工作……

五、立足体育、彰显特色，推动文化传承、文化育人与文化创新……

(一) 弘扬福建精神、传承金牌文化，彰显校园体育文化特色……

(二) 开展志愿活动和社会实践，营造服务社会的文化氛围……

(三) 开展学风、师风、校风建设，展现福建体育文化风貌……

六、服务社会、促进发展，开展各类鉴定培训和赛事组织活动……

(一) 创新机制、搭建平台，面向社会开展职业技能鉴定……

(二) 循序渐进，逐步铺开，做好体育培训和函授教育工作……

(三) 借助优势、面向行业，开展大型赛事和会议承办工作……

七、统一思想、务实求真，全面加强党的建设和思想政治工作……

(一) 制定学院章程，建立现代大学制度……

(二) 开展“创先争优、两访两创”主题活动，加强党的建设……

(三) 加强党风廉政建设，做好学生思想政治工作……

八、存在问题及努力方向……

2012年12月

这是一份单位工作总结。本文写作目的明确，文章结构完整，层次分明，思路清晰，注重用事实说话，写得简明扼要，是一篇较为全面的总结。

(一) 概念

总结是对过去工作进行全面回顾、系统分析，并从中得出对工作规律性的认识的事务性文书。通过总结，人们可以把零散的、表象的感性认识，经过去粗取精，去伪存真地概括和提炼，上升为系统的、深刻的理性认识，从而得出科学的规律性的结论，成为今后工作的指南。

(二) 特点

(1) 回顾性和客观性。总结具有回顾性，这种回顾和反思是客观的，因为它以自身的社会实践活动为内容，所依据的事例和数据必须是真实可靠、确凿无误的。任何夸大、缩小、随意杜撰和歪曲事实的做法，都会使总结失去应有的价值。

(2) 经验性和理论性。写总结的目的就是要找出自身在社会实践活动中，正反两方面的经验，以便对今后的工作起指导和借鉴作用。然而，这种对经验的总结，又要通过对经验的归纳、抽象、概括，从中找出对客观事物的本质、对工作规律性的认识，将其上升为理论的高度，使之成为今后工作的向导和准绳。

(3) 自述性和群众性。总结中的做法、成绩、问题、经验和教训都有自述性。总结是对工作的总结，而群众是工作的参与者，是工作业绩的创造者，总结所反映的内容，自然是群众的工作实践，是群众在工作中创造的经验。

(三) 分类

(1) 按照内容对象分，可以分为工作总结、学习总结、思想总结、生产总结、战斗总结、会议总结、劳动总结、活动总结、会议总结等。

(2) 按照内容范围分，可分为集体总结和个人总结。集体总结又可分为全国性总结、地区性总结、部门总结、班组总结等。

(3) 按照总结时限分，可分为年度总结，阶段总结，季度总结，月、旬总结等。

(4) 按照内容性质分，可分为全面性总结、专题总结、个人总结等。

(四) 写法

1. 标题

全面性总结标题可标明总结的单位、时期和种类。专题性总结的标题可灵活拟定，或概括内容，或突出中心，视具体情况来加以选择。

2. 正文

(1) 引言。概述基本情况。通常用简明扼要的文字，介绍总结的时间、范围、工作的指导思想和背景，并对总结的主要精神和内容做简要的概括。

(2) 主体。总结的主体包括工作情况和经验教训两部分。工作情况，要具体写明所做的主要工作及其依据、方法、步骤、成绩、效果等。经验教训，分析成功的原因和条件，总结出经验和体会，同时把存在的问题及做得不够的地方找出来。

3. 结尾

写明存在的问题和今后的努力方向；署名及日期在文末右下方(如标题中已标注，则可以省略不写)。

(五) 注意事项

(1) 实事求是，一分为二。写总结首要的就是必须端正思想路线，坚持实事求是的原则，如实地反映工作的实际情况，恰当地评价工作。成绩是主流，问题也应该说透。

(2) 找出规律，突出重点。写总结的关键是对材料进行由此及彼，由表及里的分析，挖掘材料本身所具有的而不是人为地主观强加给它的意义，并且深刻认识事物之间的有机联系，得出正确的结论。

(3) 熟悉情况，占有资料。总结的写作者应该是工作的直接参与者，最好是直接指挥工作的领导者。因此，在写总结之前，专门、有意识地征求各方面干部群众的意见，全方位地收集、充分地占有必要的资料则是非常必要的。

技能实训

下面是一篇题为《我校 2010 年美育工作总结》的主体部分，将其各层次的小标题概括出来，填在横线上。

(1)____

思想是指导工作的根本源头。我校领导非常重视学校的美育工作，开学初我们就安排策划好了本学期的美育工作，制订好了工作计划。由于美育工作涉及范围广，所以我们在制订计划时把各项工作安排得非常细致明确。这为本学期美育工作顺利开展奠定了良好的基础。

(2)____

为了确实能提高学生的审美水平，利用美育工作多面性的特点，我们把美育工作渗透到各学科的教学工作中去。在课堂教学中，强调教师通过多媒体的教学手段来完成课堂教学，学生在听录音、看投影、录像等多位一体的教学手段中学习，就能提高美的意识，树立美的思想。特别是音、体、美等课程，我校领导要求要认真上好每一堂课，绝不允许出现“放羊式”的课堂教学。

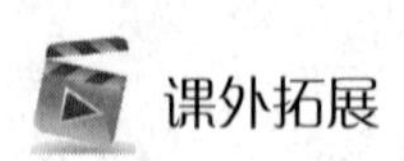

课外拓展

“工作总结”忌“三多”

年终将近，各单位、部门都忙于对一年来各项工作进行总结概括。工作总结，顾名思义，就是对所做工作进行总体归纳和全面概括。它不仅是对各项工作具体做法、进展情况、取得经验进行总结，更是对工作中存在问题、不足及下一年工作安排的概括。因此，工作总结特别是年终总结应具有客观性、全面性和概括性。

可如今，一些单位工作总结则变“调”，串“味”。例如有单位在写工作进展情况时，总把“基本完成、将要完成、预计达到”等字眼当头；在写到存在问题时，则用“依然、还、比较”等字词绕人眼；当写到取得成绩时，就开始“添油加醋、浓墨重彩”一番，把工作总结写成“业绩汇报”“工作汇报”，这样，总结就变成“工作业绩多、虚话套话多、模糊字眼多”的“三多”总结。其实，工作总结只需要把所做的工作实实在在、有始有终地进行全面客观的评价。对所做的工作，既要看到取得的成绩，又要看到不足的地方。对于存在的问题，既要实事求是，又要全面客观。所以，只有在心系群众的基础上，真正干工作，才能用“实绩”写出群众满意的“总结”来。

资料来源：百度百科。

第二节 调查报告

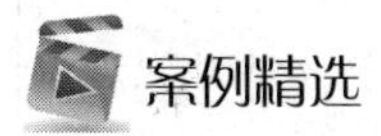

案例精选

高职体育实训教学问卷调查报告

调查显示，体育职业技术学院学生实训观正呈现多元化的趋势，虽然有七成被调查学生同意现在高职学校实训面临的主要困难来自基础知识不足和经验缺乏，但学生们的自我评价很乐观，八成多学生实训目标明确，七成多学生对前途充满信心，他们希望多些实践实习的机会，也更渴望能与老师多沟通。

一、自我评价乐观，六成学生将实现人生目标列于首位

调查显示，大部分高职学生(58%)具有明确的实训目标，认为实训对他们很有帮助。选择实训目标——“增强实际动手能力”的学生最多，占58%，将实训目标定为“强化对专业的理解与共识”的占35%，将实训目标定为“能学到一定的知识”的占32%，而实训目标是为未来就业打下基础的占19%。大部分高职学生对自己毕业以后的定位比较准确，65.2%的学生认为就业的主要目的是为实现人生目标，45.6%的学生认为就业的主要目的是为建设家庭奠定基础，36.9%的学生认为就业的主要目的是为生计，23.9%的学生认为就业的主要目的是为结交更多好朋友。学生的自我评价相对比较乐观：43.5%的学生对自己未来的月薪期望标准是2000元以上，39.1%的学生对自己未来的月薪期望标准是1200～2000元以上，仅8.7%的学生对自己未来的月薪期望标准是800～1200元。

这次问卷也显示，高职学校人才培养以就业为导向比较明确，但存在着如何处理“学习”和“就业”矛盾的问题。63%的学生对自己的就业前景“感到迷茫，没有信心”；21.7%的学生对自己的就业前景“比较乐观，有信心”；6.5%的学生对自己的就业前景“乐观，很有信心”。

二、认同实训环节教学，希望有更多实践、实习的机会

调查显示，实践教学环节仍然是高职教学的薄弱环节。在“通过实训，你认为就业困难的主要因素有哪些”一项中，73.9%的受调查学生认为在于自己的知识能力储备不够，希望加强基础知识学习、加大实训力度成为广大同学的共识。学生的要求集中于：希望开设更多的实训专业让学生选择；希望增加更多的专业技能培训；希望开设更多的适应将来就业需求的课程；希望学校提供更多的课程资源，加强文化基础课程等。大多数学生认为在实训过程中会遇到各种困难与挑战(67.4%)，只有30.4%的学生认为在实训过程中不会遇到困难；他们认为这些困难主要与基础知识不足(30.4%)和经验缺乏(45.7%)有关。学生们表示如果在实训过程中遇到困难，会首先向学校的老师(43.5%)和学校的实训指导部门(32.6%)求助。要求加强实习实训环节是学生这次问卷调查中的呼声。“多给我们实践实习的机会，总是在课堂上学习，内容太死了。”“多一些实践，能够边学边用。”“给我们多一点动手做的时间。”学生们纷纷在调查中提出这样的建议。

注重实践，也使得学生对提高实际问题的处理能力持较高的认同态度。对“你在实训过程中存在哪些困惑”问卷中，41.3%的学生表示实际问题的处理是面临的主要困惑，另外34.8%的学生表示困惑在于他们“知识结构的不平衡”。在公共基础课(政治、语文、英语)对你未来就业的帮助问卷中，71.7%的学生认为基础课教学对于形成正确的价值观，提高应用文写作水平，增强口语交际能力具有重大的意义。调查显示，提高学生实践能力，进一步加强学院实训基地建设，改善学生的知识结构，应该成为学院教学科研发展的主攻方向。

三、八成高职生认为行行出状元

调查显示，有80.4%的学生认为自己会围绕自己的专业选择职业，仅有2.2%的学生表示不会以专业为择业标准。学生们表示不是因为自己成绩比较差，读普通高中升大学无望，才选择读高职学校。

大部分学生面对以后的就业挑战心态较明朗，在回答“你认为下列因素对就业的影响程度”这一问题时，认为“个人能力非常重要”的学生高达96%，没有一位受调查学生认为凭自己的知识、能力在社会上进行择业竞争是不太重要或不重要的。调查中发现，虽然现在就业形势比较严峻，但是大多数学生依然认为行行出状元。

四、渴望与老师更多沟通

渴望与老师多沟通，成为学生对教师希望的新关注点。在学生问卷的开放式问题回答显示，“希望老师多与学生沟通，了解学生的想法。教学要严谨，多与学生交流”名列前茅。其他希望改进方面还集中在：希望老师要公平公正；希望师生关系更融洽；希望更有趣的教学方法，改变填鸭式教学等。

分析认为，学生“希望”中反映的这些问题，虽然不具有普遍性，但体现了当前高职学校师资队伍中还存在参差不齐的情况，优秀的双师型专业教师还不够多，部分教师教育理念和教学方法陈旧，高职教育要提高教育质量，急需加强师资培训及师德教育工作。

五、高职学生照样能够成才

对于社会上存在高职生是差生的说法，同学们普遍认为这种说法不可取，所谓“差生”，只是目前“选拔性升学制度下”形成的一个“客观事实”，我国传统的选拔性知识考试，以语言能力和抽象逻辑思维能力为标准。用这样的考试为依据，来判断“好生”或“差生”，显然以偏概全。另外，人才市场供求规律的作用，政府对高技能人才的积极评价导向，必将逐渐改变轻视技能型工作的传统观念，高职培养的技能型人才在收入报酬和社会地位上也在向上提升。总之，只要改变培养理念，顺应需求，高职学生一样能够成为国家建设的栋梁之材。

2012年2月

资料来源：福建体育职业技术学院网。

这是一份学生调查报告，也是一份问题调查报告。主体根据“体育高职学生实训教学分析、对策与建议”的思路行文，这正是情况调查和问题调查“发现问题—分析问题—解决问题”的通常行文思路。这种构思模式通常被称作“三段式”。这份调查报告在写作上有典范性，可供学习借鉴。

(一) 概念

调查报告是对某种客观事物经过调查研究后写出的系统反映事物成因的文书。调查报告是一种在党政机关、人民团体、企事业单位和新闻领域广泛应用的一种事务性文书。党政机关、人民团体、企事业单位利用它来了解情况(包括利用新闻媒介中发表的调查报告)，新闻媒介利用它来发布新闻，推广经验，揭露时弊。

(二) 特点

(1) 针对性。调查报告具有较强的针对性。它要展开调查并将其用报告的形式发表出来，必定要针对具体的问题，而这一问题还一定是对社会、对工作具有一定影响的社会现象或事件，即人们和社会普遍关注的社会热点和焦点问题。

(2) 典型性。写作调查报告正确的方法是要在林林总总的事件中，选择那些带有倾向性，具有代表意义，能够反映同类事物本质特征的典型事件加以调查，加以报告，才能以点带面，才能收到事半功倍的效果。

(3) 研究性。调查报告的整个写作过程，无论是调查阶段，还是写作阶段，实际上一直都伴随着一个人们不太注意的行为，那就是“研究”。可以说，没有研究，就没有调查报告。

(4) 说理性。调查报告仅仅把情况交代清楚还是不够的，它还必须通过对客观事物分析、议论来揭示事实真相和事物的本质，来阐明事物的内在联系，进而得出符合客观事物发展规律的认识。这个分析议论的过程，就是说理的过程。

(三) 分类

1. 按照调查的范围和方式分

调查报告可以分为综合调查报告和专题调查报告。

2. 按照调查报告的内容性质分

调查报告可以分为反映基本情况的调查报告、总结典型经验的调查报告、揭露问题的调查报告。

(1) 反映基本情况的调查报告。这类报告是针对社会上出现的或作者感受到的某种社会现象，经过调查、分析而写成的报告。它的作用主要是为领导机关了解情况，制定正确的方针政策提供参考和依据。各种新闻媒体经常进行这样的调查和发表这样的报告。

(2) 总结典型经验的调查报告。这类调查报告主要是对某一地区、某一行业、某一部门或某一单位，在某一方面取得的成绩进行总结而写成的。通过调查研究，总结做法，概括经验，从中找出规律性的东西，加以宣传推广，为其他地区和单位提供工作借鉴。

(3) 揭露问题的调查报告。这类报告主要针对在工作或社会生活中暴露出的问题，进行深入细致地调查研究，弄清问题产生的原因，分析问题的危害而写成的。它的作用是引起人们对问题的关注，认清危害，提出解决问题的办法及今后如何避免问题的发生。

(四) 写法

调查报告一般由标题、正文、尾部三部分组成。

(1) 标题。调查报告的标题可以采用公文式标题，也可以根据内容灵活拟定。

(2) 正文。前言，用简明扼要的文字“揭示”全文，主要交代调查的目的、内容、时间、地点、对象、范围、手段、经过等。主体，这是调查报告的核心部分，包括两项内容：一是所调查事物的基本情况及主要事实，二是对所得到的情况、现象进行分析论证，最后得出结论。

(3) 尾部。署名和成文时间。

(五) 注意事项

(1) 认真做好调查工作。调查是调查报告写作的前提和基础，没有调查就没有报告。做好调查工作首先要有正确的指导思想，具备科学的认识观。其次要有实事求是的态度，能真实地反映调查对象的本来面目。另外，还要掌握科学的调查方法。在调查中要尽量采用直接调查的方法，如个别访问、开座谈会、现场察访、深入实际蹲点调查等方式，获取第一手资料。

(2) 善于提炼，得出正确的结论。要准确地把握事物的本质，认识事物的发展规律，还必须经过去粗取精，去伪存真，由此及彼，由表及里的过程，将认识上升到理性的高度，提炼出事物本身所蕴含的意义，找出最能说明问题的鲜明主题。

(3) 精心组织材料，让事实说话。调查报告不能是观点的抽象概括，不能是认识的简单议论，它要用事实说话，要用确凿的事例来证明自己的认识和观点。这样的调查报告才能有说服力。所以写作调查报告需要进行广泛深入的调查，要获取大量的事实、数据，并选取那些最具典型意义，最能反映一般情况，最能表现和说明主题的材料写进报告。

技能实训

根据下述材料，撰写一篇市场调查报告。

(1) 来自湖南省怀化市洪江区的小廖，2003 年初中毕业后，南下开始了打工岁月。在工厂做过普工，做过商场售货员，辗转做了多份工以后，她决定参加技能培训，学习一技之长。2007 年前后，小廖参加职业培训，考取了服务业内的一个从业资格证书。2009 年通过深圳市“招调工”考试，终于结束了自己“深圳外来工”的身份，拥有了深圳市的户籍。由于自己的勤奋和努力，2008 年她开始成为“可颂坊”连锁店的店长。目前，她又报考了自考大专学历，要学的是行政管理专业。

(2) 24 岁湖南益阳的钟艳，身材高挑，面容姣好，打扮时尚，在外打工多年，辗转于深圳、长沙、上海，最初的村姑成为时髦的新生代农民工——“一朵开放在大都市的山菊花”。她如今在上海一家酒店当收银员，工作虽然不如之前在长沙轻松，但见识长了不少。

(3) “原先工人找工作就是看工资高低，现在不但要问宿舍、食堂的环境，还要问工厂里有没有娱乐设施。”赐昱鞋业(深圳)有限公司工会负责人杨××说。

(4) “K 歌、泡吧、上网、听歌、聊 QQ”，这是河南的一位 90 后对理想的打工生活的解读。“已经慢慢习惯了很多城里人的消费方式。”19 岁的何 JL 说。她现在在广东虎门一家服装厂工作，手机下载的是最流行的歌曲，她经常K歌、出游，和朋友一起消费时实行 AA 制。

(5) 廖婉怡说：“以前在乡下没有什么娱乐，现在最喜欢和朋友一起去K歌、逛街、买衣服。”她和何 JL 对工作环境的要求“物质”少、“精神”多：“老板和善，工友好相处”“环境宽松友好”“工作紧张但不要太累，业余时间有文娱活动”等，这些他们更在意的，似乎是环境带来的心理感受。

(6) 三年前来到深圳龙岗打工的小孙，至今已经换了10多家企业，在现在的手袋厂工作不到半年时间，又准备跳槽。记者发现，像小孙那样频繁跳槽的新生代农民工并非少数，对于跳槽的原因，他们给出一个类似的答案：要“饭碗”更要有发展。23 岁的广东湛江小伙何 YS(何 JL 的哥哥)，现在在东莞一家工厂做仓管，基本工资 1000 多元。一到休息日，他就到职业介绍所，有时也上网浏览人才网站。他对工资的要求并不高：“和现在薪水一样就行。就是想多尝试一些工作、多长点见识。”

(7) 来自广西玉林的廖××，在东莞打工，每个月薪水1500多元。她平时不往家寄钱，因为父母不需要。她把大部分工资攒下，设想过几年回到玉林开间服装店。“我出来就是想长点见识，可不想一辈子打工。”廖××每次逛街都会留意街上的小店，看看有什么新鲜花样。她说：“这里比我家乡时尚得多，回家开店时好多东西可以直接照搬。”

(8) “请问企业给交保险吗？用不用加班啊？”这经常是新生代农民工应聘时问的第一句话。24 岁的周×初中毕业后就外出打工，在广东工作已经 5 年了，先后干过销售、保安以及电子加工等。最近的一次工作经历是电子加工。因为经常要加班至半夜，他觉得自己的权益无法保障，于是“炒”了老板。“我对工资要求不高，月薪 1000 多元就行了，但不能总加班，能交各类保险的稳定工作最好。”

(9) 去年受国际金融危机的影响，湖南桃源县的童××所在的工厂好久未能发工资，他便向老板讨薪。父亲知道后大为紧张，不停打电话来劝他：“算了吧，别惹事，别惹事！”“我不会像父辈那样逆来顺受，我会主动维护自己的合法权益。”童××说。

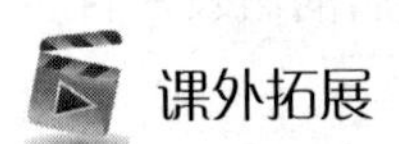
课外拓展

调查问卷设计原则

调查问卷设计的根本目的是设计出符合调研与预测需要及能获取足够、适用和准确信息资料的调查问卷。为实现这一目的，调查问卷设计必须遵循以下原则：

一、目的性原则

问卷的主要目的都是提供管理决策所需的信息，以满足决策者的信息需要。问卷设计人员必须透彻了解调研项目的主题，能拟出可从被调查者那里得到最多资料的问题，做到既不遗漏一个问题以致需要的信息资料残缺不全，也不浪费一个问题去取得不需要的信息资料。因此，从实际出发拟题，问题、目的明确，重点突出，没有可有可无的问题。

二、逻辑性原则

一份设计成功的问卷，问题的排列应有一定的逻辑顺序，符合应答者的思维程序。一般是先易后难、先简后繁、先具体后抽象。这样，能够使调查人员顺利发问、方便记录，并确保所取得的信息资料正确无误。

三、通俗性原则

如果受访者对调查题目不感兴趣，一般不会参与调研。问卷设计最重要的任务之一就是要使问题适合潜在的应答者，要使被调查者能够充分理解问句，乐于回答、正确回答。所以，设计问卷的研究人员不仅要考虑主题和受访者的类型，还要考虑访谈的环境和问卷的长度。问卷必须避免使用专业术语，一般应使用简单用语表述问题。

四、便于处理性原则

便于处理是指要使被调查者的回答便于进行检查、数据处理和分析。设计好的问卷在调查完成后，能够方便地对所采集的信息资料进行检查核对，以判别其正确性和实用性，也便于对调查结果进行整理和统计分析。如果不注意这一点，很可能出现调查结束，信息资料获得很多，但是统计处理却无从下手的难堪局面。

五、合理的问卷长度原则

调查内容过多，使得参与者没有耐心完成全部调查问卷。这是调查最常见的误区之一，应引起高度重视。如果一份问卷调查在20分钟之内还无法完成，一般的被调查者都难以忍受，除非这个调查对他非常重要，或者是为了获得的奖品才参与调查，即使完成了调查，也隐含一定的调查风险，比如被调查者没有充分理解调查问题的含义，或者没有认真选择问题选项，最终会降低调查结果的可信度。

资料来源：《秘书》，2010年06期。

第三节 简报

案例精选

奥运火炬传递工作简报
第二期

福建省组委会秘书部编发　　　　　　　　　　　　　　2008年4月18日

福建火炬传递可能恰逢珠峰登顶

3月19日，北京奥组委副主席蒋效愚在接受中外记者集体采访时表示：北京奥组委将会为珠峰的火炬传递留出一个火种，登顶珠峰将会在5月期间任何一天具备登顶天气条件下实施。

蒋效愚说，由于珠峰天气条件的特殊性，圣火抵达珠峰的工作时间跨度较长，前后历时将近三个月时间。在准备和等待期间，各地的圣火传递活动照常进行，但是在圣火登顶活动的当天，相关传递省份的活动将暂停，等待登顶活动结束以后再继续进行，这也是国际奥委会的规定，避免同时出现两个和圣火直接相关的活动。

此前按照北京奥组委统一部署，奥运圣火抵达珠峰的日期预计为5月10日，而我省境内火炬传递活动日期为5月11日至13日。时间相当接近，如果圣火珠峰登顶的时间有变动，根据蒋效愚的话来看，广东、福建甚至江西火炬传递都会做相应变动。对此，省体育局相关负责人表示已经做好了充分的准备，在他们看来这不是一个难题，而是一个好的契机。“圣火珠峰登顶对于我省是个很好的契机。”“因为举世瞩目的圣火登顶珠峰之后，传递到哪个省份，传递到哪个城市，这也是世界关注的焦点。比如说传递到福州，对于福建和福州都是一个很好的宣传机会和报道的亮点。”

编校：张涛　　　　核签：范永胜

报：北京奥运会火炬接力境内传递(福建站)有关领导

发：北京奥运会火炬接力境内传递(福建站)有关单位

知识导航

这是一份福建省奥运火炬传递简报。这种简报文章，重在对涉及本专题的有新闻价值的事件进行及时报道并加以评论。简报以报道事件(或事情)的事实为主，要求实事求是、客观公正。

(一) 概念

简报是工作情况简要报告的简称，是党政机关、社会团体、企事业单位用来汇报工作，反映情况，交流经验，沟通信息的一种应用文体。

(二) 特点

(1) 简。简报的名称已说明它的形式要求简短、明了，所以有人称简报为“千字文”或机关工作的“轻骑兵”，阅读时间一般以 10 分钟内为宜。文字要平实无华，不搞艺术描写、理论阐述、感情抒发，只将“怎么回事”写清楚即可。

(2) 新。应写新情况，新问题，新经验，新动向。如果简报只是反映人们早已知道的东西，就失去了简报的作用和意义。

(3) 准。即准确无误地反映情况。一是要抓准问题，选择确有价值的、值得重视的情况进行反映；二是材料准确、可靠，防止主观臆断或断章取义，失去真实性；三是语言文字要准确，不能似是而非，产生歧义。

(4) 快。撰稿要快，传递迅速，不能拖拉。如果时过境迁，就可能失去意义，有的还会误时误事。工作阶段如何划分与过渡，都要予以谋划，以使工作计划具有可操作性。

(三) 分类

(1) 按日期分，有定期和不定期简报。按期向上级机关和有关单位发送常规工作的简报，属于定期简报。为配合某一中心工作、重要活动或发生重大事项、突发性事件而写成的没有固定时间的简报，属于不定期简报。

(2) 按内容分，有综合性和专题性简报。综合性简报，如“财贸信息”，定期综合报告商店、市场、消费、价格等方面的情况和信息。专题性简报，即报告某一项工作或专门事项的简报，如重要活动、事件或专门工作等。

(3) 按保密程度分，有密级简报和无密级简报。密级简报阅读范围小。密级越高，阅读范围越小，如内参性简报。必须高度重视简报的安全管理。无密级简报阅读范围大。这类简报虽然无密级，但不等于无密可保，也只能在一定的范围内阅读。

(4) 会议简报。召开重要会议，一般都要出简报，由大会秘书处或会务组组织编发。

(四) 格式

(1) 报头。主要由四部分组成：一是简报名称，置于首页上端正中，字体及大小根据需要自定，习惯套红。二是期数，一般以年度为单位编制的简报顺序号，如第×期，置于简报名称正下方；特殊的可列为增刊，单独编号。三是编印单位，排列在红色反线上方左空一字，如××市××局办公室编印。四是印发日期，排列在红色反线上方右空一字，如 2005 年×月×日。如属密级简报，要在报头的左上角用 3 号黑体字标注秘密等级，同时在报头右上角编制份号。

(2) 主体。由简报的标题和正文两部分组成，是简报最主要的部分。如属转发性简报，要在标题上方加“按语”。按语要文笔简洁，切中主题，不可泛泛而论。

(3) 报尾。标识发送机关名称。如“送：×××、×××”。发送机关名称上下各置一条反线。下反线右端下方使用圆括号注明该简报的份数。

(五) 注意事项

(1) 简明扼要。简报一定要简明扼要，尽可能一事一报。实在需要综合报告时，也只能在同类而又相似的时间性前提下，将若干事项综合编发，切不可将“告知对象”不同的事情和问题编在一起。能分期的，宁可分期编发，也不要求全综合。

(2) 一斑见豹。在确定简报主题后，要本着“多事写少，大事写小，小事写好”的原则，认真选取和组织材料进行撰写。因此，在写作技巧上可借鉴清代戏剧家李渔对编剧的一句名言：“汰冗枝，一事体，凤头、猪肚、豹尾。”这里所说的“猪肚”，是指简报的内容要充实，不能因简而不明。

(3) 做到“五要”“五忌”。简报正文的写作，类似新闻中的消息。“五要”是要真、短、快、活(文笔生动)、强(思想性、政策性强)；“五忌”是忌假、大、空、套、长。

(4) 简报虽非公文，但可直接发送。根据需要，可上报、平送、下发。

(5) 简报一般以第三人称手法撰写。

请你评判

试指出下文中的错误，并做出修改。

对幼儿园学生实行接送制度好

县城镇各幼儿园实行比过去较为严格的孩子接送制度。家长送孩子到园时，园方发给一个接送卡，接孩子时家长再把接送卡交回园方。这个制度好，可以使学生准时、安全到园，避免上学、放学途中玩耍，不出现不安全现象，甚至被冒领、劫持勒索等。对学前班、小学低年级学生也可以借鉴这种接送制度，使学校老师、家长都放心。

技能实训

位于长江中游的某某市防汛指挥部召开了一次防汛会议，根据下面一组无序的材料，写一篇简报，要求格式完整。

会议地点：市政府一楼会议室。

会议时间：2002 年 7 月 20 日。

会议内容：重庆、四川盆地连日来大雨不断，浙、苏、泸地区雨水大大高于常年平均水位，鄱阳湖、洞庭湖流域入江江流剧增，截至昨晚 8 时，水位已达 28.58 米，超过危险水位，市政府发布了“全民一切服从防汛大局，抗击洪水，严防死守，确保安全度汛”的总动员令。

课外拓展

简报与消息的联系与区别

(1) 简报和消息都要求反映真实的情况。但消息仅仅局限于客观的报道，而简报则允许对客观的事实加以评论。

(2) 简报和消息在编发时都要求快速及时。但消息在编发的速度上要求更高，追求的是快速反应；而简报在编发的时间上有一定的弹性，允许一定程度的滞后性。

(3) 简报和消息的内容都要求新。但消息侧重于新闻性，而简报则侧重于经验性，两者的侧重点是有所区别的。

(4) 简报和消息在篇幅上都要求短。由于消息仅须报道事件的本身即可，而简报还须对事件所反映出的问题加以评论和分析，所以简报的篇幅相对来说要长于消息。

(5) 简报在一定程度上具有保密性，而消息则具有公开性。

资料来源：百度百科。

第四节 述职报告

案例精选

2013年小学体育教师述职报告

一、首先从思想上严格要求自我，自觉学习马列主义、毛泽东思想，学习邓小平同志建设中国特色的社会主义理论，认真贯彻党的教育方针政策。牢记“八荣八耻”，以人为本，为全面实施素质教育而不懈努力。认真学习新课程标准，领会其精神，努力实施新课标，高标准培养新人才。作为一名体育教师，我们肩负着“科教兴国”的重任，我们热爱教育事业，有终生不渝献身教育的精神，为我国的教育事业，宁愿默默地在教育岗位上奉献自我。在工作中尊敬领导，团结老师，关心学生，为人师表，言传身教，教书育人，把爱全部倾注于学生身上。教师对学生的爱，渗透于学校的每一个环节，贯穿于教书育人的全过程。作为一名教师特别是体育教师，言行举止、仪表直接是学生仿效的对象，所以作为体育教师的我无论外表还是内在，都尽自己最大能力为学生树立楷模，树立效法的榜样，加强“身教”意识，以培养全面发展人才为己任。

二、严谨治学，精心施教。作为教师更应使自己成为合格人才，除要有良好的思想品德外，还要有渊博的科学文化知识，要有较高的教育教学能力，才能担起教书育人的重任。所以自工作以来，本人严格要求自己，按照学校的各项规章制度，依时坐班，学习业务知识，不断提高教学能力，并通过所学到的理论知识指导教育教学实践，课前认真钻研教材和教法，制订一系列切实可行的课时计划。课堂认真组织好学生，注重学生的练习过程，注重学生的个性发展，培养体育骨干。在枯燥无味的素质课上进行改革探新，通过激发学生的体育活动动机，培养学生的体育兴趣，提高练习的积极性，使得练习质量明显提高，最终取得了很好的教学效果。

三、任重道远，在困难中锤炼自己，为适应新时代教育的需要，先后多次参加××级××培训班。连续多年担任××运动会和各类球赛裁判工作。××年××月获得××荣誉称号。积极参与教研教改活动，本人所写论文《××××××》××年××月获得××级××等奖。在担任班主任工作期间，我坚持严谨、细致、民主、求实、活泼的工作作风，关心学生，尊重学生，因材施教。

综上所述，在××年的教育教学工作中取得了显著的成绩，积累了较丰富的教育教学经验。在信息化高度发展和教育教学不断改革的今天，我们只有不断提高自我，完善自我，充实自我，紧跟时代的步伐，以科学的手段来武装自己，才能适应新时代教育教学工作的需要，为我国的教育事业尽一份光和热。

这是一份写得较好的述职报告，格式规范，内容详细、具体，结构严谨，处处注意用事实说话，说服力强。

(一) 概念

述职报告是指党政机关、社会团体、企事业单位的领导者或工作人员，向所在的工作单位的人事部门、主管领导以及上级机关陈述自己在一定时间内履行岗位工作的成绩、问题的自我评述性的文书。

(二) 特点

(1) 述职的自我性。述职的自我性即自我评述，这是述职报告不同于一般的工作总结、工作报告的显著特点。述职就是要述说自己在任职的一定期限内履行职责的情况，要用单数第一人称。

(2) 论述的确定性。写述职报告是对自己在任职一定时期内所做工作的评述。写述职报告要依据这个标准去评价自己的工作，而一般的工作总结的评价标准是不固定的，往往是以上级部门的工作部署和基本要求为依据。

(3) 内容的规定性。述职报告要根据当前组织人事部门考核领导干部的有关规定，要求对任职期间的德、勤、能、绩4个方面来述职，其中绩是评价干部好坏的主要标志。

(三) 分类

述职报告的主要种类有晋职述职报告和例行述职报告。

(1) 晋职述职报告。即有关领导者或工作人员晋升更高一级职务时，必须向主管部门和领导报告履行岗位工作的情况。

(2) 例行述职报告。即担任一定工作岗位职务的人员，定期向有关组织和群众汇报工作情况，接受组织考核与监督。

(四) 写法

(1) 标题。①直接用文种名称做标题，即“述职报告”。②全称标题或者省略某些要素。如《××财政厅×××任职期间的述职报告》，或者《20××年述职报告》《××公司×××述职报告》。

(2) 称谓。即听取述职报告的对象，或是某个部门，或是负责人。

(3) 正文。正文由前言(开头)、主体、结尾三部分组成。①前言。陈述述职人的基本情况。包括学历、任职时间、工作实绩等。②主体。主要陈述自己的工作实绩，如介绍政治学习、政治表现、职业道德等情况，更注重介绍工作主要成绩、工作量等情况。③结尾。自我批评及努力方向、自我评介自己在工作中的失误和不足，表示自己将更加尽职尽责，做好本职工作。

(五) 注意事项

(1) 陈述工作实绩要“一分为二”。不要把述职报告写成经验总结，或者以偏概全，要真实客观地反映工作情况。肯定成绩，指出不足。

(2) 要把集体的成绩与个人贡献区分清楚。不要把个人的述职报告写成组织的工作报告。应注意的是，述职人只是领导班子或工作集体的一员，述职时只需讲清个人的实际作用，而不应将集体功绩占为己有。

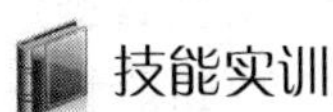

技能实训

设想你是一名体育健身俱乐部营销部经理，年底总经理要求各部门述职，请据此写一篇述职报告总结一年的工作成绩、不足及努力方向。

课外拓展

述职报告与工作总结的区别

一是概念不同。述职报告和个人工作总结在概念和本质上有所不同，应把二者区分开来。述职报告是各类公职人员向所在单位的组织、人事部门、上级机关和职工群众，如实陈述本人在一定时期内履行岗位职责情况的一种事务文书。《孟子·梁惠王上》说：“诸侯朝天子曰述职，述职者，述所职也。无非事者。”可见，所谓述职是陈述职守，报告职责范围内的工作，而不涉及与本职无关的事。而个人总结则是个人对做过的某一阶段的工作进行系统的回顾、分析，从中找出收获、经验教训及带有规律性认识的一种事务文书。

二是目的不同。述职报告和个人工作总结行文的目的和作用是不一样的。述职报告是群众评议组织，人事部门考核述职干部的重要文字依据，不仅有利于述职者进一步明确职责、总结经验、吸取教训、提高素质、改进工作，还有利于增强民主监督的良好风气。而个人工作总结则是总结出带有规律性的理性认识，借以指导今后的工作，同时也有利于有针对性地克服工作中存在的问题，不断提高自身的工作能力。

三是回答的问题不同。二者在具体写作中，文中具体要回答的问题也有所不同。述职报告要回答的是有什么职责，履行职责如何，是如何履行职责的，称职与否等问题。既要表述履行职责的结果，展示履行职责的过程，又要介绍履行职责的出发点和思路，还要申述处理问题的依据和理由。而个人工作总结是对一项或一段时间里工作给予的归纳，主要回答的是做了哪些工作，有哪些成绩，取得了哪些经验，存在哪些不足，要吸取什么教训，今后有哪些打算等问题。

除上文涉及的三点理论方面区别以外，在实际写作的操作过程中，还有以下三方面的不同，即二者写作的侧重点不同、结束语不同以及表达方式的不同。

一是写作的侧重点不同。应用文在写作时，并不是对每个部分平均分配笔墨，把所有的材料罗列开来，而是有所侧重，详略得当。在这点上，述职报告与个人工作总结在写作的侧重点，即主要着笔的地方也有所不同。述职报告则必须以报告履行职责情况、报告业绩为主。重点在于展示履行职责的思路、过程和能力，重点和范围有确定性，仅限于职责范围之内，围绕职责这个基点精选材料。职责范围外的概不涉及。而个人工作总结一般以归纳工作事实、汇总工作成果为主。重点在于阐述主要工作、取得的成绩都可以归纳在总结之中。

二是结束语不同。应用文的结构一般有固定模式，它崇尚程式化的结构，循规蹈矩而不别出心裁。述职报告与个人工作总结在结构上大致相同，只就是在结尾部分有所区别。述职报告结束时一般在指出存在的问题后，阐述自己的态度，欢迎大家对自己的述职报告进行评议。常用“以上报告请批评指正”“述职至此，谢谢大家”“专此报告，请审阅”等字样。而个人工作总结结束时即在指出存在的问题后，还要写上下一步的工作打算、努力方向及解决问题的措施。

三是表达方式不同。文章是内容与形式的统一体。好的内容，必须通过恰当的形式才能得以充分的表现。应用文写作也是如此。由于写作目的、内容的不同，所使用的表达方式也不尽相同。述职报告采用夹叙夹议的方式，运用叙述和议论，还辅助适当的说明。回顾工作情况，主要用叙述；分析问题、评价成绩时用议论；需要交代某些情况时，用说明。把握它们之间的区别与联系，才能更好地充分发挥这两种应用文体的作用。而个人总结一般采用叙述的方式，运用叙述语言、语句概括，不展示工作过程，只需归纳结果。

资料来源：道客巴巴。

第五节 会议记录和规章制度

一、会议记录

案例精选

××体育职业学院爱国卫生运动委员会第十次会议记录

时间：2013 年 3 月 20 日上午

地点：院会议室

出席：李××、张××、赖××、汤××、陈××、魏××、

缺席：曾××(出差未回来)、林××(因病请假)

列席：各处、室卫生员

主席：李××

记录：邱××

内容：1.李××传达省爱卫会会议精神。2.讨论我院开展爱国卫生活动的做法和安排。

决议：为了响应国务院和全国爱卫会的号召，根据省市爱卫会的部署，结合我院实际情况，积极地开展全国爱国卫生月活动，要求我院人员做好如下工作：

一、积极宣传全国爱国卫生会议精神，发动群众搞好院容卫生

1．结合我院“爱国卫生月”活动重点，张挂五幅大型宣传标语。

2．决定4月1日、15日、29日三个星期六下午为全院大扫除时间，要求全体动手，搞好院内的环境卫生。

3．整顿校容，清理死角。发动处室讨论大院园林化计划。

二、加强食品卫生管理，严防食物中毒

1．食堂工作人员要认真学习《食品卫生法》，决定于4月25日对全体食堂工作人员进行《食品卫生法》考试。

2．按照《食品卫生法》的要求，抓好食品采购、保管、制作、出售和公用餐具消毒及食堂工作人员的个人卫生工作。

3．加强食品卫生监督，由院爱卫会组织人员，每周检查1次。

三、开展健康教育，普及卫生知识，提高学员、工作人员自我保健能力

1．开展“世界无烟日”活动，在学员、工作人员中，提倡不吸烟，少饮酒，多锻炼的新风尚。

2．开展健康教育，普及卫生知识，树立讲卫生爱清洁的新风尚。

散会。

主席：(签名)

记录：(签名)

资料来源：http://3y.uu456.com/bp-bebe1088a0116c175f0e486c-21.html。

这是一份要素齐全、格式规范的会议记录，如实记录了会议的进展情况，记录层次分明。

(一) 概念

会议记录是在开会时，把会议的基本情况、会议报告、与会者发言、讨论的问题以及形成的决议等内容如实记录的事务性文书。它反映了某个机关、某个单位、某个组织、某个企业的发展历程。可以说，会议记录是一个机关或单位的历史活动的缩影。

(二) 特点

(1) 临场性。会议记录是现场记录。会议记录的执笔者亲自参加会议，如实记录下来会议议程所规定内容的各方面情况。会议的主持者和记录者都要在文后签字，以示负责。

(2) 纪实性。会议记录必须真实地记载会议的原始实际情况，不能凭主观臆断，或图省事，随意删改。特别是对讨论重大问题，或对决议进行表决发言的记录，更要真实、完整。

(三) 分类

会议记录的分类很好掌握，即有什么类型的会议，就有什么类型的会议记录。例如：按照会议的规模分，可以分为大型会议记录、中型会议记录、小型会议记录；按照会议的性质分，可以分为工作会议记录、代表大会记录、学术会议记录、座谈会记录；按照会议重要程度分，可以分为一般会议记录、重要会议记录；按照记录工具分，可以分为手工笔录会议记录、录音会议记录、录像会议记录；等等。

(四) 写法

(1) 标题。即会议的名称。一般由单位名称、会议名称和文种三部分组成。如：《中国工商银行东北三省信贷工作座谈会记录》《××分行行长办公会记录》。

(2) 基本情况。包括：①会议的召集部门，要写全称。②会议时间，要写清楚年、月、日，以及会议开始的时间。③会议地点，要写清楚召开会议的具体地点、场所(如几号楼第几会议室)。④主持人或召集人，要写清楚姓名、职务。⑤出席人，指按规定或按领导要求必须出席的人员。⑥列席人，即不是出席本次会议的法定人员，但是因为工作需要，会议召集部门指定其参加的人员。也要写清楚姓名、单位、职务。⑦缺席人，要写清楚缺席人的姓名、单位、职务和缺席的原因。⑧记录人，要写清楚记录人的姓名。⑨会议议题，用一句话概括会议的中心内容。

(3) 会议内容。这是会议记录的核心部分。其中包括领导报告或讲话、与会人员发言、决议事项、遗留问题或保留意见、主持人总结发言等内容。

(4) 决议事项。决议的事项包括所通过的决议、决定和选举的结果等内容。决议、决定的事项，要写清楚表决的方式、同意票数、反对票数、弃权票数。选举结果出来后，除了要写清楚以上内容外，还要写明选举何人担任何职务。

(5) 遗留或保留意见。如果有会议没有形成一致意见的问题，要写明是什么议题，为什么没有通过，主持人对此问题如何处置。

(6) 主持人的总结。会议结束时，主持人一般要就会议的情况(讨论的问题、研究的工作、形成的意见等)和如何贯彻会议精神等进行总结。这一内容也要记录完整。

(7) 结尾。在会议内容后，要另起一行写“散会”两字。如果不在会议的基本情况中写上散会时间，可以在“散会”两字的后面标明散会时间。

(五) 注意事项

(1) 全神贯注，把握思路。记录者必须要专心致志地听与会者的发言，只有注意力集中，才能听得清楚，记得准确。另外，记录者还需对发言者的思路进行准确把握，做出快速的反应，能够厘清思路，抓住重点，准确记录。

(2) 讲求速度，字迹清楚。记录者应该具备快速的书写能力，记录速度慢就无法跟上会议进程和发言的速度。因此，平时要多练习快记，掌握快速的书写能力，把字写得又快又好。

(3) 真实全面，连贯完整。就是要把会议的实际情况全面、如实地记录下来。特别是对会议的发言，要尽量按照原话记录，不能使发言人的内容走样。

技能实训

根据下列材料，写一份会议记录。

××省人民政府于××年 12 月 9 日下午在省政府招待所 802 室举行第三十八次常务会议。出席会议的有省长××，副省长××、××、××，省政府秘书长××。省长××主持会议。会议听取了××关于××省深化城镇住房制度改革实施方案的汇报，经会议讨论，原则同意省房改领导小组提出的《××省深化城镇住房制度改革实施方案》。对六个具体问题，会议做出了决定。(具体问题，略)

缺席：××副省长(公出)

列席：××(省财政厅厅长)、××(省发改委主任)、××(省规划局局长)

会议由省政府办公厅秘书××记录。

课外拓展

会议记录与会议纪要的区别

第一，性质不同。会议记录是讨论发言的实录，属事务文书。会议纪要只记要点，是法定行政公文。

第二，功能不同。会议记录一般不公开，无须传达或传阅，只作为资料存档。会议纪要通常要在一定范围内传达或传阅，要求贯彻执行。

第三，载体样式不同。会议记录的载体是会议记录簿。会议纪要作为一种法定公文，其载体为文件，享有《中国共产党机关公文处理条例》《国家行政机关公文处理办法》所赋予的法定效力。

第四，称谓用语不同。会议记录中，发言者怎么说的就怎么记，会议怎么定的就怎么写，贵在“原汤原汁”，不走样。会议纪要通常采用第三人称的写法，以介绍和叙述情况为主。

第五，适用对象不同。作为历史资料的会议记录，不允许公开发布，只是有条件地供需要查阅者查阅利用。作为公文的会议纪要，具有传达告知功能，因而有明确的读者对象和适用范围。

第六，分类方法不同。会议记录通常只是按照会议名称来分类，往往以会议召开的时间顺序编号入档。会议纪要种类很多。按其内容，可分为决议性纪要、意见性纪要、情况性纪要、消息性纪要等；按会议的性质，可分为常委会议纪要，办公会议纪要，例会纪要，工作会议纪要，讨论会纪要等。对会议纪要的分类，有助于撰写者把握文体特点，突出内容重点，找准写作角度；对会议记录的分类则主要是档案管理的需要。

资料来源：http://wenku.baidu.com/link?url=DBTgtcFrKE778xdZahp2zSMFtzA4RAUrnLaquJMX32pwD_Re4JTKMCs8yO1KSgx0pjbP_KBV_k-TXf6WSTzRnNG7XiHJRPnuG_Tu_wjrlna。

二、规章制度

案例精选

深圳行政学院八八届同学会章程

（第五次会员大会通过）

第一章 总则

第一条 本会是由深圳行政学院八八届毕业学员组成的自我管理和自我服务的群众团体。

第二条 本会的宗旨：组织和团结八八届学员，积极开展各种有益的活动，加强学员之间的联系，增进友谊，互相帮助，携手前进，为深圳市的经济建设和精神文明建设多做贡献。

第三条 本会的任务：

（一）发动和组织全体会员开展各种有益的活动；

（二）关心会员，帮助会员解决工作、学习和生活等方面的实际问题；

（三）收集和印制会员的通信资料；

（四）加强同母校的联系，在母校与学员间起桥梁和纽带作用；

（五）激励会员为深圳特区建设多做贡献。

第二章 会员

第四条 凡是深圳行政学院八八届毕业的学员和深圳行政学院的教职员工，承认本会章程，参加本会组织的活动，均可成为本会会员。

第五条 会员的权利：

（一）有参加本会举办的各种活动的权利；

（二）有选举权、被选举权和表决权；

（三）有对本会的工作提出建议和批评的权利。

第六条 会员的义务：

（一）有遵守章程，承担工作任务，履行职责的义务；

（二）有学习、宣传和执行党纪国法的义务；

（三）有联系校友，团结校友和服务校友的义务；

（四）有捐助本会经费，帮助本会开展各项活动的义务。

第三章　组织

第七条　本会的组织原则是民主集中制。

第八条　会员大会每年七月八日召开一次，特殊情况可提前或延期召开。设立理事会，理事会由会员大会推选产生，每届任期三年，理事可连选连任。

第九条　理事会的权利和职责：

(一) 定期召开会员大会。

(二) 推选会长和秘书长。会长和秘书长负责处理本会活动事务。会长和秘书长可连选连任。

(三) 解释和修改本会章程，组织开展本会的各项活动，审查本会经费的收支情况。

第四章　经费

第十条　本会的经费，主要来自会员捐助，同时可考虑参与办一些实业，解决活动经费的来源。

第五章　附则

第十一条　本章程由深圳行政学院八八届同学会负责解释。

第十二条　本章程自一九九三年七月八日起生效。

资料来源：深圳行政学院网。

这是一篇章条式组织章程。虽然是一份“老文”，但颇具借鉴价值。全文共分5章12条。第一章(前三条)是总则，概述了该同学会的性质、宗旨和任务。第二章至第四章(第四条至第十条)是分则，分别阐述了该同学会的会员、组织和经费。第五章(第十一条、第十二条)是附则，说明了本章程的解释权和生效期。文章条款具体，清晰简洁。

(一) 概念

规章制度是国家机关、社会团体和企事业单位，为在一定范围内建立正常的工作、劳动、学习、生活秩序，规范人们的行为，依照国家的法律、法令、方针、政策和实际情况而制定的具有法规性、指导性、权威性和特定约束力的应用文书。规章制度是一个总的称呼，日常所见的各种制度、公约、章程、条例、规定、规则、细则、守则、办法、标准、须知等均属于规章制度。

(二) 分类

(1) 条例。条例是由国家最高权力机关、最高行政机关对某一法律、法规、政策做出较为全面的规定，或对某一工作事项制定出实施原则和方法等的法规性文书。如《中华人民共和国治安管理处罚条例》《中华人民共和国居民身份证条例》等。

(2) 章程。章程是对某一组织或社会团体的性质、宗旨、任务、组织结构、组织成员、权利、义务、纪律及活动规则等做出的规定。如《中国人民对外友好协会章程》《中国语言学会章程》等。

(3) 规定。规定是对特定范围内的工作和事务做出具体规范的文书，是人们从事某项工作或活动的行为准则。如《国家行政机关工作人员回避暂行规定》等。

(4) 办法。办法是各级机关主管部门根据国家的法律、法规和政策，针对某一方面的工作或某一事项而提出的具体的措施、办法和要求的文书。如《工商企业登记管理试行办法》等。

(5) 细则。细则是对某项法令、条例、规定或其中的部分条文进行解释、说明的文书。它是一种派生性的文件，是对有关法令、条例的辅助性规定和补充说明，使之具体化，更便于执行。如《中华人民共和国居民身份证条例实施细则》等。

(6) 规则。规则是在某一局部范围内对有关人员或某项事务活动做出的具体规定，要求大家共同遵守执行。如《档案室规则》《考场规则》等。

(7) 公约。公约是一定范围内的社会成员为保证有良好的生活、工作、学习和娱乐环境，在自愿协商的基础上制定的行为准则和道德规范，要求大家自觉遵守。如《首都人民文明公约》等。

(8) 须知。须知是告诉人们在公共场合进行某项工作或活动时必须遵守、注意的事项的一种应用文书。如《借阅须知》《游园须知》等。

(9) 制度。制度是国家机关、企事业单位为加强对某项工作的管理而制定的，要求有关人员共同遵守的行为准则。如国家制定的《关于进出国境的海关检查制度》等。

(10) 守则。守则是国家机关、社会团体、企事业单位制定的，其内部成员应共同遵守的道德行为准则。如《国务院工作人员守则》等。

除上所述，规章制度还有通则、标准、准则、规程等文体。

(三) 特点

(1) 法规性。规章制度的法规性是由制发单位的权威性和内容的严肃性决定的。我国《宪法》对制定规章制度的权限有明确的规定。各级机关依据立法程序及各自管辖的范围制定规章制度，其所有内容都必须符合国家宪法和有关政策、行政法规的规定，不得与之相抵触。

(2) 约束性。规章制度一经公布，就对单位或个人的言行举止、工作职责、纪律和秩序等有强制力和约束性，有关方面及有关人员必须贯彻执行，不得违反。

(3) 严密性。规章制度的法规性决定其行文的严密性、明确性，具有庄重、严肃的语言风格。凡规章制度涉及的有关方面，都要做相应的规定，不能有遗漏和疏忽。在措辞上要准确严谨，不能有歧义，不能含混不清、似是而非，或自相矛盾。

请你评判

请找出下文的错误并加以修改。

××市人民政府关于加强自行车交通管理的规定

为进一步贯彻《××市道路交通管理暂行规则》和《××市道路交通管理暂行处罚规则》，加强自行车交通管理，将重申并补充以下规定：

一、凡骑自行车者，必须遵守以下规定：

1. 沿路靠右行驶，禁止逆行。在画有车辆分道线的道路上，不准在机动车或便道上骑行。

2. 转弯要提前减速，照顾前后左右情况，并伸手示意。在画有上下四条以上机动车道的路段上左转弯时，必须推车从人行横道内通过。不准突然猛拐、争道抢行。

3. 在三环路以内，郊区城镇或公路上，不准骑车带人，不准与骑车同行者扶身并行；不准双手离把、持物或攀扶其他车辆；不准骑车拖带车辆；不准追逐竞驶或曲折竞驶。

4. 自行车在道路上停车、载物、停放等均应按《××市道路交通管理暂行规则》的规定执行。

二、对违反规定的，要批评教育，处罚款××元至×××元。

三、因骑车人违反规定，造成交通事故由骑车人承担全部责任。

四、本规定由市公安局负责实施。

××年××月××日

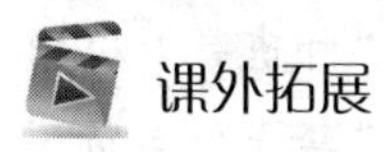
课外拓展

制度案例分析

郭某于2007年3月入职某公司，双方签订了一份为期3年的劳动合同，合同期限为2007年3月1日至2010年2月28日。2008年3月25日郭某无故旷工一次，后又在2008年4月22日无故旷工一次。2008年5月8日，某公司以“郭某经常旷工，严重违反规章制度”为由解除了与郭某的劳动合同。郭某提出异议：①从未看到过用人单位有此规定；②两次旷工不能算作经常旷工；③根据1982年4月10日国务院颁布的《企业职工奖惩条例》，连续旷工15天以上，才能解除劳动合同。郭某认为某公司不能以此为由与他解除劳动合同，交涉无果，郭某于2008年6月30日向劳动争议仲裁委员会提起申诉，要求裁令公司撤销解除行为，恢复双方的劳动关系，并支付他从解除合同之日至仲裁裁决生效之日的工资。公司辩称，公司《员工手册》及《考勤管理规定》上都明确规定“员工经常无故旷工，用人单位可以解除劳动合同”，郭某之前也是知晓此规定的，而郭某却无视公司规定，两次无故旷工，故公司根据规章制度解除劳动合同的决定是合法有效的。但某公司却无法举证规章制度公示的事实。

本案的争议焦点是：某公司的规章制度是否合法有效，能否作为解除郭某劳动合同的依据？对此，仲裁庭认为用人单位应当将直接涉及劳动者切身利益的规章制度和重大事项决定公示，或者告知劳动者，规章制度未公示的，不能作为劳动仲裁审理劳动争议案件的依据，本案中某公司不能举证证明规章制度已公示的事实，其依据规章制度的有关规定解除劳动合同不能得到支持，劳动争议仲裁委员会最终支持了郭某的仲裁请求。

《劳动法》第四条之规定，通过民主程序制定的规章制度，不违反国家法律，行政法规及政策规定，并已经向劳动者公示的，可以作为人民法院审理劳动争议案件的依据。《劳动法合同法》规定，用人单位应当依法建立和完善劳动规章制度，同时对规章制度予以大篇幅的规范，但是国家劳动法律、法规在总体上的概括性、抽象性强，实践中要真正使企业的规章制度发挥应有的作用，要注意以下几点。

1．注重程序

新法要求规章制度的制定要履行相应法定程序，即平等协商+公告(告知)程序。从法律角度看，企业规章制度的制定、修改流程应为：企业管理部门酝酿草案→在一定范围内征求意见并修改→提出方案和意见→职工代表大会或者全体职工讨论通过→公示告知。案例中，如果公司在制定旷工解除劳动合同的规章制度时，没有履行平等协商+公告(告知)的程序，则郭某提出的“从未看到过用人单位有此规定”异议理由成立，因规章制度的制定不符合法定程序而导致无效。

2．注重合法化的要求

法律规定了规章制度违法的法律责任，即违法违规的规章制度无效，劳动者不仅可以随时通知用人单位解除劳动合同，给劳动者造成损害的，用人单位还要承担赔偿责任。实践中，我们经常会看到这样的规章制度，如“劳动者自愿不缴纳社会保”“加班是对公司的一种奉献”“双职工，一方解除劳动合同，另一方必须同时终止合同”“禁止公司员工恋爱结婚，否则一方必须离开公司”，等等，这类规章制度由于和法律相抵触故无效。案例中，郭某所在的单位是城镇集体所有制企业，根据1982年4月10日国务院颁布的《企业职工奖惩条例》，连续旷工15天以上，才能解除劳动合同，郭某的异议理由3成立。

3．注重内容的量化、程式化、系统化

《劳动合同法》第三十九条做了原则规定：严重违反用人单位的规章制度的；严重失职，营私舞弊，给用人单位造成重大损害的劳动者，用人单位可以解除劳动合同。企业的规章制度就是对法律、法规和劳动合同的这一空白，进行补充和量化、细化。所以，规章制度的内容一定要具体，否则其就失去存在的价值，也易导致企业败诉的劳动争议的发生。如案例中，郭某提出的异议理由：两次旷工，不能算作“经常”，经常是指三次以上。由于《劳动法》是一部向劳动者倾斜保护的法律，用人单位应当尽量避免此类语言的歧义。如果某公司在规章制度中使用的不是含糊的“经常”，而是确定的文字表述，比如“两次旷工”，则解除郭某的劳动合同的依据就非常明确充分了。因此，用人单位在制定规章制度的时候要特别注意，尽可能地量化具体的要求或者适用的情形，对于一些无法量化的要求和适用情形，则可以选择程式化的方式。

最后，规章制度的系统化也是非常重要的。比如，规章制度规定“劳动者不符合工作要求，用人单位可以解除劳动合同”，而在具体的规章制度中又没有规定劳动者的工作要求或者岗位职责的内容，因此，这样的规定往往只是一纸空文。

4．注重证据意识

用人单位在制定和依据规章制度行使工作管理权时必须具备证据意识，以防发生纠纷时企业不能举证，在规章制度制定方面，需要保留已经履行好法定程序的证据，如会议记录、讨论的经过等等。在履行告知程序方面，需要保留已告知的证据，如上墙张贴公告、员工手册签收等等。在依据规章制度处理或者解除劳动合同方面，需要保留违规调查方面的证据。

综上，目前虽然很多用人单位已经意识到规章制度的重要性，并且着手完善和加强单位的制度建设，但由于规章制度的制定具有很强的法律专业性和技术性，建议用人单位应当借助法律专业人士的帮助和指引，结合产业行业特征和本公司的具体情况，使得规章制度行之有效，真正发挥作用。

资料来源：中华文本库。

本章小结

事务文书是机关、团体、企事业单位，在处理日常事务时用来沟通信息、安排工作、总结得失、研究问题的实用文体，是应用文写作的重要组成部分。它与狭义公文的区别在于：一是无统一规定的文本格式；二是不能单独作为文件发文，需要时只能作为公文的附件行文；三是必要时它可公开面向社会，或提供新闻线索(如简报)，或通过传媒宣传(如经验性总结、调查报告等)。

实训练习

一、简答题

1. 总结的正文包括哪些基本内容?

2. 规划、计划各有什么特点?

3. 写调查报告应注意哪些问题?

二、判断题

下列这些计划标题拟得是否恰当？为什么？

1. ××公司 10 年治理环境污染安排

2. 华厦公司一季度生产规划

3. 华丰电子厂直销活动的意见

4. ××银行××分行今年工作回顾及明年工作计划

5. ××市场未来发展方向的安排

6. ××市两个文明建设工作的目标

三、评析题

某边防部队政治部拟写的一份开展科学文化教育活动的总结，先后数易其稿，以下三个前言均因存在不足之处，没有被采用。试对这三例做简要评析。

例 1：我边防部队的科学文化教育是几年前就开始的。几年来，培养出不少合格人才，军营中的文教事业也方兴未艾，展现出一片欣欣向荣的景象。

例 2：像东海喷出的彩虹，像喜马拉雅山盛开的雪莲，像荒漠上悠然而出的绿洲，像草原上铺锦刺绣的格桑，在送走了多少次坎坷之后，我们终于迎来了部队文化教育的明媚春光。

例 3：在党的路线、方针、政策的指引下，在中央军委、总部和军区党委的正确领导下，在边防军党委的高度重视下，在部队各级党组织和广大指战员的共同努力下，我边防军的科学文化教育取得了显著成绩。

四、问答题

有一篇题为《扭转森工企业现状势在必行》的调查报告，作者在分析亏损的主要原因时写了这样一段文字。

森工企业人员多，负担重。永修县的森工企业均为老资格企业，如××木厂建厂已有41年的历史。因此这些企业机构庞大，人员多，离退休人员也多。全县三家企业共有职工1018人，离退休人员近500人，近几年，由于企业业务萧条，形成大量的闲置劳动力，但固定费用居高不下。每年工资、贷款利息等费用支出要200多万元。为了维持生活，企业只有靠亏本卖库存材料度日。亏损日益加剧，库存不断减少，最终还使银行贷款受损失。

问：以上对主要原因的分析能否为表达本篇调查报告的主旨服务？为什么？

五、写作题

1. 结合自己的实际情况，请你写一份“本人学期总结”(可以就某一方面来写)。

2. 结合个人学习情况，制订一份本学期的学习计划。

3. 就你感兴趣或比较熟悉的某一论题，进行一次详细的调查，写一篇调查报告。

4. 根据以下所给内容，以××大学的名义拟写一份有关计算机实验室的规章制度。

尊重管理人员，听从安排，讲文明，讲礼貌，讲卫生，不高声喧哗，禁止吸烟。本校教职工使用计算机，实行登记制度；非本校人员必须持学校同意的证件上机；学生凭学生证上机。自觉遵守机房管理制度，严格按操作规程使用设备。任何人在使用计算机时，不得危害计算机信息系统的安全，如造成系统损坏，按国家对计算机信息系统安全保护规定处理。任何人在计算机上不得做违法的事，不准在网上下载或上传违法信息，不得上淫秽色情网站，不得进行与教学无关的网上聊天。使用计算机完毕后，应请管理人员检查确认系统正常方能离开。教师指导学生上机实验，应协同管理人员对计算机安全负责。如学生发生责任事故，指导教师应负一定责任。原则上不允许自带磁盘上机，确因工作需要自带磁盘的，应交管理人员检查，确认无病毒才能使用，如果违反规定，使计算机感染病毒负全部责任。严禁修改计算机系统配置及参数。

下篇

专业文书

时代和社会需要我们不仅是个“通才”，还要是个“专才”。所谓“闻道有先后，术业有专攻”。本篇“专业文书”指的就是根据不同行业、专业，特别是体育行业所需，对常用的专业应用文进行介绍，以便使相关专业学习者提高专业素养，成为专才，使非相关专业学习者成为博学者。

本篇以专业需要为主，所介绍的文种涉及教育、财经、旅游、策划、法律等专业，重点介绍了实习(实验)报告、毕业论文、申请报告、市场调查报告、市场预测报告、可行性论证报告、审计报告、财务分析报告、经济合同、委托授权书、商务谈判方案、策划书、广告词、导游词、产品说明书、招标书、投标书、公证书和起诉状等文体，以供大家学习选用。

第六章

学业文书

第一节　实习报告

案例精选

体育教育实习报告

一、前言

通过学校安排的体育教育实习，使我的教学理论变为教学实践，使虚拟教学变为真正的面对面教学。经历了一个半月的实习生活，让我初尝了身为一名教师的酸甜苦辣，也更让我体会到当一名教师所肩负的责任。我在这里收获一段快乐而难忘的时光。我不仅从各个老师和学生们的身上学到了很多东西，而且和他们成为了朋友。更重要的是，这段时间的实习锻炼，使我完成了由学生到老师的华丽转变，提升了个人素养。

二、实习情况

自己在实习期间所经过的历程：为了弥补自己的不足，我严格按照学校和指导老师的要求，认真仔细地备好课，写好每一节课的教案，积极向其他同学和老师学习，多多向人请教，把握好每次上课的机会，锻炼和培养自己的授课能力。

首先，小学生不能够像高中生一样去自我学习、自我管理。他们都有了自己的思想和主见，不想学的东西就不好好学，可是现在通过我的努力，他们和以前完全不一样了，都很配合我的教学。我结合自己所学的知识和小学生自身的特点，认真仔细地备好课，写好每一节课的教案，并向指导老师征求意见和建议，最后经过老师签字后才进行授课。上课期间我发现哨子的作用不可小视，当学生们不听话时只要鸣哨他们就立即安静了，这为我上课起到了重要作用。经过一个多月的教学，学生们的组织纪律性得到了明显提高，自身素质也得到了一定提高。

其次，在体育游戏活动时，要善于使用小组活动的方式。通过小组竞赛、小组分工、各人负责等形式，可以提高学生参与程度，避免有些学生偷懒的情绪，同时激发学生学习的热情。在游戏中，把教师的教学要求转化为学生自己的愿望，给学生提供更多的实践机会，课堂上气氛变得活跃。体育游戏在课上能够营造轻松、愉快、活泼的氛围，有组织、有纪律地开展游戏，不失为一种较好的、简便易行的教学形式。

再次，在实习期间上完课后我还帮助指导教师训练运动员，辅助学生做各种训练活动，细心指导，避免出现伤病情况。我还积极利用自己所学知识，结合小学生运动员的自身特点做专门性练习，为提高运动员竞技能力打好基础。最后带领运动员做身体放松活动，保证每天的运动量和运动强度。功夫不负有心人，我带领的运动员在运动会中取得了骄人的成绩。

最后，教师在体育课运用诱思教育，教师任务不是减少了，轻松了，反而加重了。因为体育课不只是传授，还要引导学生正确的方向，学生的回答也不能是漫无边际的杂谈，而是要围绕着本节课的重点来讲，这对教师的要求就更高了。它要求教师拥有从容驾驭课堂的能力：会提问、善启发、懂归纳，甚至对学生一些比较特殊的答案能随机应变，予以处理。同时，要善于观察学生的反应，攫取学生感兴趣的部分，可以适当讲深讲透，而对于学生不太感兴趣而又不是很重要的部分可以一笔带过。也就是要根据学生的反应来调节讲课的深度和广度。

三、总结

实习任务圆满结束了，自我感觉上课的应变能力和语言能力有很大进步，理论与实践能够完美的结合。体育教育实习让我更加坚定了献身教育事业的决心，我将继续以认真和高度负责的态度虚心学习，不断完善自己，不断提高自身素质和能力水平。总之，实习给我的大学生涯留下了难忘的一页，其中的点点滴滴，其中的酸甜苦辣，令我回味，催我成熟。在这短短的教育、教学实践中，我深切地认识到人民教师的崇高职责，更深刻地体会到当一名好教师的不易。我一定好好把握，不断学习，不断完善自身，为以后从事教师行业打下坚实的基础。

在此我由衷地感谢石家庄学院体育系领导和指导老师对我的指导和帮助，使我顺利圆满完成实习工作。同时感谢石家庄精英外语小学体育组的各位老师为我提供的实习机会和对我的指导。

资料来源：百度文库。

知识导航

这是一篇师范院校学生的实习报告。这篇报告真实完整地反映了该学生实习的过程和心得体会，中心明确，层次井然，语言清晰准确，是一篇简单明了的实习报告。

(一) 概念

大学生在学业的最后一个学期须参加毕业实习并撰写毕业实习报告。报告是对该阶段进行总结与说明的书面材料，是反映学生毕业实习完成情况的一个主要内容，也是对毕业生的又一次培养和训练。撰写毕业实习报告，包括实习背景、实习环境、实习过程、实习内容、实习收获和心得体会等。

(二) 写法

(1) 题目。题目应简短、明确、有概括性。可以是公文式标题，即《关于……的实践报告》；也可以是观点式标题，例如《社会是大课堂，实践长真知识》。通过题目使读者大致了解毕业实践报告的内容、专业的特点和科学的范畴。标题字数要适当，一般不宜超过20个字。

(2) 前言。写出社会实践的参加者，实践的主题、时间、地点；然后用“现将此次实践活动的有关情况报告于下”等语句过渡至正文。

(3) 正文。正文是作者对毕业实践工作的详细表述。写出实践者根据学校要求和自己想要报告的内容，例如：活动内容、经验体会、理性思考、问题和建议。作为学生应该着重写自己的认识，特别要写出自己的体会，思考后的理性认识，对组织社会实践活动的评价。

(4) 结束语。可以写出对此次活动的意见、批评或者建议。

(5) 落款。署名和报告时间。写上参加实践者的个人报告完成时间。

(三) 格式

(1) 纸张。A4纸，单面打印。

(2) 封面。即毕业实习报告，由各学校统一印制，由实践单位盖章并评定意见。

(3) 页面设置及页眉、页脚格式。页边距上、下、左、右均为2.5cm，页眉1.5cm，页脚1.75cm。

(4) 题目。用黑体小二号居中，与正文空一行。

(5) 前言、正文、结束语。统一用微软Word软件排版，宋体小四号，标题加粗，行距20点。图、表和正文之间空一行，图、表名称用5号黑体，图表内容用5号宋体。

(四) 注意事项

(1) 写作时可以按以上几部分构思，但行文时不要明确写上“前言”“正文”“结束语”等字，而要写标题，如“基本情况”“主要体会”“几点思考”“问题和建议”等。

(2) 实践报告中的实践地点应是在自己所在单位、中心指定单位或自己认为合适的单位。实践报告的内容尽量与所学专业和工作实际相关。

技能实训

以下是一篇体育职业技术学院学生的实习报告，优点在于条厘清晰，概括性强；缺点是缺乏数字和具体事例。请结合自身实习实训情况改写以下实习报告，要求格式正确、客观求实，并充分运用具体事例和数字来证明自己的论点。

健身房实习报告

时间飞逝，还有半年就要告别大学生活了，即将踏入社会。我们知道随着中国体育在国际上地位不断上升，以及在我国加入世界体育组织和全球化进一步发展的新形势下，对于体育专业的学生们，或对于作为将来从事体育方面工作的我们来说，去外贸公司实习非常重要。这次我有了一个很好的机会——去娱乐健身俱乐部实习。

短短的实习期已经结束，静下心来回想这次实习真是感受颇深。我们知道实习是大学教育中一个极为重要的实践性环节，通过实习，可以使我们在实践中接触与本专业相关的一些工作，培养和锻炼我们综合运用所学的基础理论、基本技能和专业知识，去独立分析和解决实际问题的能力，把理论和实践结合起来，提高我们的实际动手能力，为将来我们毕业后走上工作岗位打下一定的基础。通过这段时间的学习，从无知到认知，到深入了解。渐渐地，我喜欢上这个专业，让我深刻地体会到学习的过程是最美的，在整个实习过程中，我每天都有很多新的体会、新的想法。

回顾我的实习生活，感触是很深的，收获也是丰硕的。这次的实习，主要是与一些希望减肥、健身的朋友的接触，了解关于我们这个行业的发展前途。

通过这次的实习，我由第一天的拘谨，对什么事情都充满着好奇，转而逐渐适应了这样的生活，做事情按部就班，循序渐进。这次的实习，让我懂得了许多，知道了许多，大学文凭其实只是一块敲门砖，我们首先要学好自己的专业知识。其次，用人单位看重的是我们的社会实践能力。这一点就要看我们平时的实际动手及操作能力了。

经过这段时间的实习，我主要有以下几点感想：

第一，要有坚持不懈的精神。作为在校生，我们不管到哪家俱乐部，一开始都不会立刻给我们安排工作，一般都是先让我们熟悉俱乐部的工作环境，时间短的要几天，时间长的要几周，甚至更长的时间，在这段时间里很多人会觉得无聊，没事可做，便会产生离开的念头，在这个时候我们一定要坚持，不能轻易放弃。

第二，要勤劳，任劳任怨。我们到公司去实习，由于我们不是正式职员，所以公司大多把我们当学生看待。公司在这期间一般不会给我们什么重要的工作，可又不想让我们闲着，因此，他们会交给我们一些比较简单的工作。与此同时，我们应该自己主动找一些事情来做，从小事做起，刚开始也只有这样。

第三，要确立明确的目标，并端正自己的态度。平时，我们不管做什么事，都要明确自己的目标，就像我们到俱乐部工作以后，要知道自己能否胜任这份工作，关键是看你自己对待工作的态度，态度对了，即使自己以前没学过的知识也可以在工作中逐渐掌握。因此，要树立正确的目标，在实现目标的过程中一定要多看别人怎样做，多听别人怎样说，多想自己应该怎样做，然后自己亲自动手去多做。只有这样我们才能把事情做好。

通过本次的实习，我还发现自己以前学习中的一些薄弱环节，并为今后的学习指明了方向，同时也会为将来的工作打下一个良好的基础。这次的实习为我们提供了一个很好的锻炼机会，使我们及早了解一些相关知识以便以后运用到业务中去。通过这次的实习，我熟练地掌握了健身技巧，能够自如地与健身的朋友们交流。

总体来说，这次实习不仅仅是锻炼了我器械操作方面的一些技能，同时，经过这次实习，我还从中学到了很多课上所没有提及的知识，还有就是在就业心态上我也有了很大的改变，以前我总想找一份符合自己爱好，并且专业对口的工作。可现在我们都知道找工作很难，要专业对口更难，很多东西我们初到社会才接触。所以我现在要建立起先就业再择业的就业观，尽快学会在社会上独立，敢于参与社会竞争，敢于承受社会压力，使自己能够在社会上快速成长。总的来说，作为刚接触社会的大学生来说，无论是在今后的工作或是生活中，实习都将成为我人生中一笔重要的资本。

资料来源：浙江体育职业技术学院网。

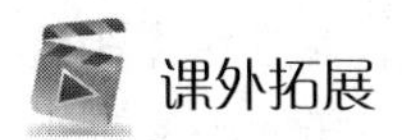
课外拓展

实习要经历的三个阶段

实习是一个过程，求职也是一个过程。我们总要经历实习前的认真准备、实习时的好好表现和实习后的客观反思，这样才能算是经历了一个完整的实习过程。

机会总会光顾那些时刻准备着的人，这是被一遍一遍重复过的先哲的训诫。很多人似乎比我们拥有更多的机会，比我们更幸运，但这不是偶然的。幸运不会总跟定某个人，之所以有些人一直很顺利地迎接和面对每一个挑战，并且总能够成功，在于面对挑战之前，他们能够未雨绸缪，他们比别人做了更充分的准备。

你是否知道做一件事情，有准备和没有准备的差别？记得一位受访者这样说过，对于很多事情的把握，实质并不看你本身有怎样的能力，而是看你花了多少时间去准备，而你又是如何把握和利用这些时间的。对于我们的实习，这同样适用。

一要摆正心态

任何时候，一个人做事的心态将直接决定他做事的结果。当我们准备开始实习时，我们应该抱着怎样的一种心态来面对呢？当然，这种心态的选择完全把握在我们自己的手中，我们或是可以把它当作走过场，全当赚取一份实习经历来为简历争光；当然也可以把它当作一种对自己能力、对自己眼界和对自己心态的一种实战的锻炼。选择哪种心态将直接决定你最后的收获是什么，而怎样选择，全在于自己。

下面是某大型国企的人力资源总监作为一个过来人对实习谈的一些建议，看看这段文字，也许你能够体会到他有怎样的心理，他期待优秀的实习生应该有着怎样的表现。

在实习过程中我们更看重实习生的工作态度。因为既然他们能够被挑选到我们公司来实习，应该说在能力和专业水平上已经达到了我们的要求，所以在实习中我们对能力和专业水平并不过多看重，而且这些是可以在以后的工作中培养和积累的。但工作态度——是否热爱工作岗位，这是不能培养的。

实际上，大学生走上社会在做人方面还是小学生，大学生应该珍惜到企业实习的机会，虽然有时只是打打杂，但这也是接触社会的机会。调整心态，不要认为自己是大学生，不屑于做些基础的工作。大学生要有胸怀，在意志和精神上磨炼自己，做好小事情，不要敷衍。真正好的企业不会长时间这样浪费人才的，其实这也是对实习生的一种考验。我研究生毕业后工作的第一天是在老总的办公室拿着吸尘器打扫卫生，如今我已经是公司的人力资源总监了。如果我浮躁地拒绝吸尘，也就拒绝了机会。

正如这位人力资源总监所说，不要认为自己是大学生就应该扮演怎样惊天动地的角色，当然你有这样的能力最好。需要强调的是，更多的还是要你有一种吃苦的心理准备。由于实习期本身就是有限的，如果能够参与大的有影响力的项目当然最好，如果不能，也不妨做好本职工作，于点点滴滴中积累自己的实力。

二要充足电，做好知识准备

对于任何专业的学生实习，必定是针对自己的专业来选择实习的岗位，并且在你所选择的实习岗位上来运用所学，用实践来深化自己对于理论知识的理解。而对于一个实习生来说，如果连基础理论知识都无法掌握好，又何谈实践呢?

另一方面，对于专业性很强的招聘，在进入公司成为实习生之前，都是要经过专业方面的考核。这样说来，你自己在平时的专业学习中是否用心，在这个时候，也许就是个最好的考验。并不是要你有多么出众的成绩，但却要求你有着扎实的基础。

三要立即行动

对于所学专业性较强的同学，建议在招聘准备前，专门抽时间复习一下专业方面的知识，同时也要注意平时多积累，多思考对于某些问题的看法等。

资料来源：豆丁网。

第二节　毕业论文

试论运动员体育教学中的德美兼修

作者单位　××体育职业技术学院　　　　福建福州 350001

摘　　要　本文试图研究体育教学中德育、美育教育的途径，以求证明：在体育教学中重视德育、美育教育，有利于培养学生的高尚情操，促进其身心健康与和谐发展，有利于培养学生的审美情趣及鉴赏美的知识和创造美的能力，有利于提高体育教学效果，有利于全面提高学生的素质。

关 键 词　体育教学　德育　美育

《中共中央国务院关于深化教育改革全面推进素质教育的决定》中明确指出:“实

施素质教育，必须把德育、智育、体育、美育等有机地统一在教育活动的各个环节中，学校教育不仅要抓好智育，更要重视德育，还要加强体育、美育、劳动技术教育和社会实践，使诸方面教育相互渗透，协调发展，促进学生的全面发展和健康成长”。教育要面向现代化，为现代化培养合格人才，就必须探寻学生德、智、体全面发展的最佳途径。

学校体育教学，就其目的、任务的特殊性而言，它不同于大众体育和竞技体育。我国学校体育教育总目标是：“增强学生体质，促进学生身心和谐发展，培养学生体育能力和良好的思想品德，使其成为具有现代精神的德、智、体、美全面发展的社会主义建设者。”毛泽东早年在《体育之研究》一文中曾指出：“体育一道，配德育与智育。而德智皆寄于体，无体是无德智也。”“体者，载知识之车而寓道德之舍也。”目前学校体育也正在从纯技术观念转向技巧与艺术结合，“健、力、美”平衡发展的观念。像1995年我国女运动员陈露第一次取得了伯明翰花样滑”冰赛冠军，专家就认为她成功的奥秘并非在于单纯的技巧因素，主要在于其动作创意的审美艺术性；在学校，“健美操”也比“健身操”更受学生们的欢迎，这些都证明了德与美的因素已日益渗透于体育之中。

一、体育与德育、美育的关系

所谓美育，即审美教育，或称为美感教育。德育既包含人类社会文明进步对教育培养人的素质的普遍要求，又贯穿一定社会制度的国家对教育培养人的思想政治等方面的某些特殊要求。而体育教学所要完成的任务，也绝非单一的以技术、技能为中心的体质教育，而是包括身体，智力、思想、情感、态度等在内的全面教育。人们运用相关原理去分析体育运动中美的形象、德的表现，认识体育运动中德与美的价值，并探索其规律……

二、体育教学中的道德品质教育

1. 根据教学内容的特点，有针对性、有目的地加强德育教育……

2. 利用课堂组织措施培养学生的德育意识……

3. 掌握少年儿童的心理特征，合理处理突发事件……

三、体育教学中的美育教育

由于体育中美育内容极为丰富，它对促进人的身心协调发展有着巨大的作用和魅力，因此，古今中外许多教育家、体育家和美学家都大力提倡体育与美育相结合，以使受教育者在德、智、体、美等诸方面得到全面协调的发展……

四、教师以身作则，促进学生德智体美全面发展

……

总之，体育教师必须把德育、美育教育与体育教学活动有机地结合起来，寓德育、美育教育于体育教学之中，并贯穿于教学全过程。要利用体育教学鲜明的动态性和群体性，有组织、有计划地通过身体练习实现对学生的德育、美育教育，全面提高学生的思想道德品质，使学生的身体和心理都健康成长，以保证学校体育工作质量和任务的完成，为全民族素质的提高奠定良好的基础。

参考文献：

[1] 王道俊，王汉澜. 教育学[M]. 北京：人民教育出版社，1989.

[2] 陈永洪. 浅谈中学体育教学中的德育渗透[J]. 读写算杂志，2007(7).

[3] 郭培杰. 中学体育教改的几点思考[J]. 教学与管理，1995(4).

[4] 许益峰. 走出中学体育教学误区的思考[J]. 中学生数理化，2007(6).

资料来源：福建体育职业技术学院网。

知识导航

本篇论文层次清晰、结构严谨、资料翔实、有理有据、论证充分，体现了作者扎实的理论功底和较好的理论素养。论文文字流畅、资料引用规范、格式完整，是一篇较为优秀的毕业论文。

(一) 概念

毕业论文，泛指专科毕业论文、本科毕业论文(学士学位毕业论文)、硕士研究生毕业论文(硕士学位论文)、博士研究生毕业论文(博士学位论文)等，即需要在学业完成前写作并提交的论文，是教学或科研活动的重要组成部分之一。

(二) 分类

(1) 专题型论文。这是分析前人研究成果的基础上，以直接论述的形式发表见解，从正面提出某学科中某一学术问题的一种论文。

(2) 论辩型论文。这是针对他人在某学科中某一学术问题的见解，凭借充分的论据，着重揭露其不足或错误之处，通过论辩形式来发表见解的一种论文。如《家庭联产承包责任制改变了农村集体所有制性质吗?》一文，是针对“家庭联产承包责任制改变了农村集体所有制性质”的观点，进行了有理有据的驳斥和分析，以论辩的形式阐发了“家庭联产承包责任制并没有改变农村集体所有制”的观点。另外，针对几种不同意见或社会普遍流行的错误看法，以正面理由加以辩驳的论文，也属于论辩型论文。

(3) 综述型论文。这是在归纳、总结前人或今人对某学科中某一学术问题已有研究成果的基础上，加以介绍或评论，从而发表自己见解的一种论文。

(4) 综合型论文。这是一种将综述型和论辩型两种形式有机结合起来写成的一种论文。如《关于中国民族关系史上的几个问题》一文既介绍了研究民族关系史的现状，又提出了几个值得研究的问题。因此，它是一篇综合型的论文。

(三) 写法

1. 题目

题目应简洁、明确、有概括性，字数不宜超过20个字(不同院校可能要求不同)。本专科毕业论文一般无须单独的题目页，硕士、博士毕业论文一般需要单独的题目页，展示院校、指导教师、答辩时间等信息。英文部分一般需要使用 Times New Roman 字体。

2. 版权声明

一般而言，硕士与博士研究生毕业论文内均需在正文前附版权声明，独立成页。个别本科毕业论文也有此项。

3. 摘要

要有高度的概括力，语言精练、明确，中文摘要为 100～200 字(不同院校可能要求不同)。

4. 关键词

从论文标题或正文中挑选3～5个(不同院校可能要求不同)最能表达主要内容的词作为关键词。关键词之间需要用分号或逗号分开。

5. 目录

写出目录，标明页码、正文一级和二级标题(根据实际情况，也可以标注更低级标题)、参考文献、附录、致谢等。

6. 正文

专科毕业论文正文字数一般应在 5000 字以上，本科文学学士毕业论文通常要求8000 字以上，硕士论文可能要求在 3 万字以上(不同院校可能要求不同)。

毕业论文正文包括前言、本论、结论 3 个部分。

(1) 前言(引言)是论文的开头部分，主要说明论文写作的目的、现实意义、对所研究问题的认识，并提出论文的中心论点等。前言要写得简明扼要，篇幅不要太长。

(2) 本论是毕业论文的主体，包括研究内容与方法、实验材料、实验结果与分析(讨论)等。在本部分要运用各方面的研究方法和实验结果，分析问题，论证观点，尽量反映出自己的科研能力和学术水平。

(3) 结论是毕业论文的收尾部分，是围绕本论所写的结束语。其基本的要点就是总结全文，加深题意。

7. 致谢

简述自己通过做毕业论文的体会，并应对指导教师和协助完成论文的有关人员表示谢意。

8. 参考文献

在毕业论文末尾要列出论文中参考过的所有专著、论文及其他资料，所列参考文献可以按文中参考或引证的先后顺序排列，也可以按照音序排列(正文中则采用相应的哈佛式参考文献标注而不出现序号)。

9. 注释

在论文写作过程中，有些问题需要在正文之外加以阐述和说明。

10. 附录

对于一些不宜放在正文中，但有参考价值的内容，可编入附录中。有时也常将个人简介附于文后。

(四) 注意事项

毕业论文是应考者的总结性独立作业，目的在于总结学习专业的成果，培养综合运用所学知识解决实际问题的能力。从文体而言，它也是对某一专业领域的现实问题或理论问题进行科学研究探索的具有一定意义的论说文。完成毕业论文的撰写可以分两个步骤，即选择课题和研究课题。

选好课题后，接下来的工作就是研究课题。研究课题的一般程序是：搜集资料、研究资料，明确论点和选定材料，最后是执笔撰写、修改定稿。

第一，研究课题的基础工作——搜集资料。应考者可以从查阅图书馆、资料室的资料，做实地调查研究，实验与观察等 3 个方面来搜集资料。搜集资料越具体细致越好，最好把想要搜集资料的文献目录、详细计划都列出来。首先，查阅资料时要熟悉、掌握图书分类法，要善于利用书目、索引，要熟练地使用其他工具书，如年鉴、文摘、表册、数字等。其次，做实地调查研究。调查研究能获得最真实可靠、最丰富的第一手资料，调查研究时要做到目的明确、对象明确、内容明确。调查的方法有普遍调查、重点调查、典型调查、抽样调查。调查的方式有开会、访问、问卷。最后，关于实验与观察。实验与观察是搜集科学资料数据、获得感性知识的基本途径，是形成、产生、发展和检验科学理论的实践基础。本方法在理工科、医类等专业研究中较为常用，运用本方法时要认真、全面记录。

第二，研究课题的重点工作——研究资料。应考者要对所搜集到的资料进行全面浏览，并对不同资料采用不同的阅读方法，如阅读、选读、研读。

第三，研究课题的核心工作——明确论点和选定材料。在研究资料的基础上，应考者提出自己的观点和见解，根据选题，确立基本论点和分论点。提出自己的观点要突出创新，创新是灵魂，不能只是重复前人或人云亦云。同时，还要防止贪大求全的倾向，生怕不完整，大段地复述已有的知识，那就体现不出自己研究的特色和成果了。

第四，研究课题的关键工作——执笔撰写。下笔时要对以下两个方面加以注意：拟定提纲和基本格式。

第五，研究课题的保障工作——修改定稿。通过这一环节，可以看出写作意图是否表达清楚，基本论点和分论点是否准确、明确，材料用得是否恰当、有说服力，材料的安排与论证是否有逻辑效果，大小段落的结构是否完整、衔接自然，句子词语是否正确妥当，文章是否合乎规范。

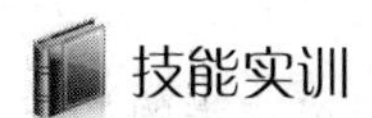

技能实训

阅读下面论文摘要，根据摘要内容为这篇论文拟定恰当标题，选择合适的关键词。

内容摘要：21世纪是信息化社会，是知识经济时代。利用现代信息技术进行信息收集、处理的能力与传统的“听、说、读、写”方面的知识和能力一样重要，是信息社会对新型实用型人才提出的最基本要求。应用文写作教学要迎接知识经济时代的到来，迎接信息社会的挑战，就要运用现代信息技术来促进应用文写作教学，注意培养学生的信息意识，把应用文写作能力的形成、提升与信息素养的培养紧密结合，才能顺应时代发展对职业技术人才综合素质的要求，体现应用文写作教学鲜明的时代特征。

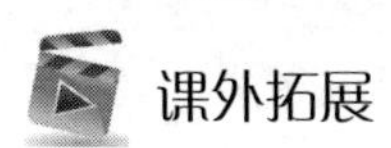

课外拓展

毕业论文选题建议

一要联系实际

选题提倡选择应用性较强的课题，特别鼓励结合当前社会实践亟待解决的实际问题进行研究。建议立足于本行业甚至是本地的工作进行选题。选题时可以考虑选些与自己实际有关的论题，将理论与实践紧密结合起来，使自己的实践工作经验上升为理论，或者以自己通过大学学习所掌握到的理论去分析和解决一些实际问题。

二要选题适当

所谓选题要适当，就是指如何掌握好论题的广度与深度。选题要适当。包括以下两层意思：

一是题目的大小要适当。题目的大小，也就是论题涉及内容的广度。确定题目大小，要根据自己的写作能力而定。如果题目过大，为了论证好选题，需要组织的内容多，重点不易把握，论述难以深入，加上写作时间有限，最后会因力不胜任，难以完成，导致中途流产或者失败。相反，题目太小，轻而易举，不费功夫，这样又往往反映不出学员通过几年大学阶段学习所掌握的知识水平，也失去从中锻炼和提高写作能力的机会，同时由于题目较小，难以展开论述，在字数上很难达到规定字数要求。此外，论文题目过小也不利于论文写作，为了凑字数，东拼西凑，以致结构十分混乱。

二是题目的难易程度要适当。题目的难易程度，也就是论题涉及的深度。确定题目的难易，也要根据自己的写作能力而定，量力而为。题目难度过大，学员除了知识结构、时间和精力的限制外，资料搜集方面也有局限。这样，就会带来一些意想不到的困难，致使论文写了一半就写不下去了，中途要求另选题目。所以，在这个问题上的正确态度应该是：既不要脱离实际，好高骛远，去选一些自己不可能写好的论题；又不能贪图轻便，降低要求，去写一些随手可得的论题。

三要选题有新意

所谓要有新意，就是要从自己已经掌握的理论知识出发，在研究前人研究成果的基础上，善于发现新问题，敢于提出前人没有提出过的，或者虽已提出来，但尚未得到定论或者未完全解决的问题。只要自己的论文观点正确鲜明，材料真实充分，论证深刻有力，也可能填补我国理论界对某些方面研究的空白，或者对以前有关学说的不足进行补充、深化和修正。这样也就使论文具有新意，具有独创性。

资料来源：http://wenku.baidu.com/link?url=n7Muxc44mUH-ODp2oSrbT7GRsFF3rNRkPh8M4KTunwbJ6qH3jz9q6T-F47NbjyagqNg28TEXc2V9tKLUxLVkoA9D_z7ZsrzJeXqEUfycd0W。

本章小结

本章主要探讨了实习报告和毕业论文的基本写法与要求。毕业实习是学生在毕业前的最后一个重要的教学环节，是修完全部课程及经过实习课程设计等实际训练后的一次教学与生产相结合的综合训练，带有较强的工作岗位试用性质，因而是毕业生走向工作岗位的重要准备环节。完成毕业实习任务，除较好地完成实习单位安排的工作任务外，尚应根据学校教学要求从工作实践中选择适当的专题，并经审查以开题报告的形式予以确认。毕业实习中期，应将实习进展情况和课题的完成情况向专业负责人进行日头汇报，称为“中期汇报”。中期汇报的目的是检查和督促学生的实习情况，指导学生把实习深化，并为撰写毕业论文做好准备工作。毕业实习后期，应集中大约一个月的时间，进行毕业论文或毕业实习报告的写作。毕业实习结束后，应进行最后一项工作，即毕业答辩。通过毕业答辩检查毕业论文或毕业实习报告的真实性和专业水平，并给出毕业实习综合成绩。以上毕业实习的各环节和毕业设计的内容可概括为“三报一文一答”。“三报”为开题报告、中期汇报和毕业实习报告；“一文”指毕业论文；“一答”为毕业答辩。三者是一个系列，环环相扣、互相依存，要取得好的毕业实习成绩，必须把握住其中的每一环节。

实训练习

一、简述题

1. 请阐述实习报告和毕业论文对于体育职业院校学生的重要性。
2. 实习报告与毕业论文有什么区别？
3. 实习报告和毕业论文写作的基本要求有哪些？
4. 实习报告和毕业论文写作的基本步骤是怎样的？
5. 实习报告和毕业论文的选题要注意些什么问题？

6. 实习报告和学位论文的成绩评定包括哪几个环节？

二、写作题

以下是一名体育职业学院学生前往小学担任实习教师后写的一篇实习报告，但可惜只写了个开头。请你按照实习报告有关格式及内容的要求完成以下实习报告。

实习时间：××年××月××日—××月××日

实习地点：××第××小学

实习班级：3年级1班

实习目的：通过实践，学习传授知识，学习驾驭课堂，锻炼自己的表达能力，反应能力及组织能力等。

担任小学体育教师的实习实训终于结束了，时间虽然不长但却让我终生难忘，受益匪浅。我在那里收获了一段快乐而难忘的时光。在整个实习过程中，我们每个人表现得都不错。在这期间我们经历了不少酸甜苦辣，每天早上6点多我们就得起床赶到实习学校，下午又要匆匆赶回学院，回来后还得重新整理笔记，但无论多辛苦，收获和成长都是令我们振奋的，太多的感动，太多的感悟，使我明白了当一位优秀的体育教师真的是一件不容易的事情。

第七章

财经文书

第一节　申请报告

一、营业执照申请报告

办理营业执照的申请报告

××工商所：

我系××市××区市民，姓名××，男，专科毕业，现年25岁，未婚。我现筹集资金伍万元整，在××市××区××街××号租赁铺面一间，面积80平方米。拟与××共同经营体育用品店。

现申请办理营业执照，店名叫“××体育用品店”。

经营范围：各类体育用品。经营性质为个体。法人代表是本人。

商店的筹备工作已经就绪，待批准后，便开业。

请予批准。

另附：××政府证明一份

××呈

××年××月××日

这份营业执照申请报告是个体工商户办理营业执照的申请报告，内容比较简单。主

要说明了该个体户的条件，包括姓名、性别、住址、注册资金、租赁商铺地址、店名、经营范围、经营性质、法人代表等，资料比较全面。

(一) 概念

办理营业执照的申请报告，是指个人或单位向有关部门申请办理营业执照的书面申请材料。

(二) 写法

1. 标题

办理营业执照的申请报告的标题构成格式有两种。

(1) 在标题中只写明文种名称，如《申请报告》；

(2) 由事由和文种名称构成，如《申请办理营业执照的报告》。

2. 正文

写明申请报告的内容，包括：姓名、性别、住址、注册资金、企业地址(租赁商铺地址)、企业名称(店名)、经营范围、经营性质、法人代表等，语言要求简明扼要，以便有关部门及时办理。

3. 结尾

结束语一般为望批准或请予批准等。

4. 附件

因申请营业执照需要提供一些相关的证明资料，例如经营场地证明，使用自有私房(非住宅)应递交房屋产权证明，产权人把此房作为经营用房的证明，租用经营场地的应递交房屋租赁协议和房屋产权证明等，这些证明材料都可以作为附件。

5. 落款

申请人签名，下面写清楚日期。

(三) 注意事项

(1) 申请报告对于语言要求比较严格，要做到简洁、准确、明白、平实。

(2) 因申请营业执照时，需要说明的事项比较多，所以在正文的表述当中不要漏了某一项。

(3) 营业执照申请报告，不一定完全是文字表述，做成表格的形式可以更加直观。

请你评判

下面是一则营业执照申请报告，请指出其中不合理的地方。

营业执照申请报告

××工商局：

兹由陈××，张××两人共同投资××有限公司，地址为××市××区××路××号，张××为执行董事兼经理，出资为六百万元占60%，陈××为监事，出资为四百万元占40%，依照国家有关政策规定，根据本人生产经营能力，特向工商行政管理局申请登记，办理营业执照。

我保证守法经营，服从工商行政管理部门的管理，按规定缴纳管理费和税金。

申请人：××

××年××月××日

技能实训

请为一家名为“光华健身有限公司”的企业写一份营业执照申请报告。

课外拓展

营业执照申请应具备的条件

1．有经营能力的城镇待业人员、农村村民以及国家政策允许的其他人员，可以申请从事个体工商业经营；

2．申请人必须具备与经营项目相应的资金、经营场地、经营能力及业务技术。

营业执照申请应提交的材料

1. 申请人提交书面申请报告。

2. 申请人身份证明：

(1) 城镇待业青年和其他无业人员，应持有劳动部门核发的待业证明。

(2) 退、离休人员应持退、离休证，提前退休凭单位退休证明。

(3) 辞退职(包括留职停薪)人员，应持有原单位批准的证明。

(4) 下岗职工，应持有劳动部门的下岗证。

(5) 农村村民，应持有当地乡(村)证明。上述人员登记时须持身份证，外地人员还须持有本市公安部门出具的暂住证，计生部门出具的流动人口计划生育证明(18周岁以上，50周岁以下)。

3. 个体工商户开业登记申请表。

4. 经营场地证明:

(1) 利用自有私房(非住宅)应提交房屋产权证明，产权人把此房作为经营用房的证明。

(2) 利用自用公房应提交房管部门的住改非证明。

(3) 经营场地租用的，应提交房屋租赁协议和房屋产权证明。

(4) 经营场地在路边弄口，应提交交通、市容或城建部门的占用道路许可证或批准件。

5. 从事国家有关专项规定的行业或品种的生产经营，应提交许可证或有关部门的审批文件。

6. 从业人员方面，应提交与从业人员签订的劳动合同及从业人员的身份证明。

7. 机关认为应提交的其他证明文件。

二、税务登记

案例精选

关于办理开业税务登记的申请报告

××局:

为解决我厂部分职工子女就业问题，拟成立灶具经销商店。商店共 30 人，注册资本 12 万元，主要经营灶具及其配件，经营方式为批发兼零售。现已由市轻工局批准，并报经工商行政管理局核发了《营业执照》，同意开业。现按税法规定，特申请办理开业税务登记，领取税务有关证件、票证等，以便及时缴纳税款。

以上申请妥否，请批示。

附件：税务登记表

××造厂

2005 年 10 月

知识导航

这份税务登记申请报告是一份开业税务登记报告，对于需要说明的，例如注册资金、经营范围、组织结构等事项都表述得比较具体，语言简练明晰。

(一) 概念

税务登记是指纳税义务人在开业前、歇业前以及经营期间发生较大变更时，向所属的税务机关办理登记的一项法定手续。税务登记可以分为：开业税务登记、注册税务登记、变更税务登记、取新税务登记、注销税务登记等。

(二) 写法

私营企业税务登记申请报告的写作格式与一般申请书一样，分为标题、主送机关、正文、落款4个部分。

(1) 标题。一般直接写明，如办理税务登记的申请报告。

(2) 主送机关。私营企业税务登记申请报告的主送机关是固定的，即所在地的国税局。

(3) 正文。正文部分先要写明申请税务登记企业的宗旨、条件等，然后写清楚拟办企业的名称、经营范围、经营方式、经营地址、投入资金、企业组织形式等内容。

(4) 落款。申请人签名，下面写清楚日期。

(三) 注意事项

写好税务登记，主要应注意以下三点：

(1) 中心突出，主体明确。

(2) 语言准确，词语达意。

(3) 表述科学，数字精确。

请你评判

下面是一篇开业税务登记的申请报告，请找出其中不合理的地方。

申请书

工商行政管理局：

本人申请开设的一间美容美发中心，名称为“乐嘉美容美发中心”，已经报经工商行政管理局核发了《营业执照》，同意开业。现按税法规定，特申请办理开业税务登记，领取税务有关证件、票证等，以便及时缴纳税款。店铺位置在本市××街××号，准备雇佣美容师、美发师、服务员、收银员各若干名。

本中心的服务对象是广大的女性消费者，爱美之心人皆有之，本店市场前景不可限量。请予核准。

特此报告。

申请人：

××年××月××日

技能实训

请写一份名为“康富来体育保健有限公司”的税务登记的申请报告。

课外拓展

《中华人民共和国税收征收管理条例》第六条规定：凡从事生产经营，实行独立经济核算，并经工商行政管理部门批准开业的纳税人，应当自领取营业执照之日起30日内向当地税务机关申请办理税务登记。

三、变更经营范围申请报告

案例精选

××关于变更经营范围的申请报告

××市××区工商行政管理局：

我公司原主要经营项目为日用百货，兼营服装、鞋帽。由于本公司所在地区近几年迁建了几所各种类型的大专院校，对体育用品的用量较大，为了适应顾客对购买商品的需求，考虑到我们又有经营场地、资金和技术人员，故批增加体育用品经营项目，并已报请市商业局批准，现申请办理变更经营范围，请审查核准，予以变更登记。

××市××公司(盖章)

法定代表人：×××(签字盖章)

××××年×月×日

知识导航

这份变更经营范围的申请报告清楚地列出了原来获批准的经营范围是什么，因什么原因要把经营范围做什么样的变更，非常简洁、概括，是一份比较完整的申请报告。

(一) 概念

企业经营范围变更申请报告，是企业向工商行政管理机构报请并允许其扩大或变动经营范围的书面文书。企业开业登记时应经工商行政管理机构核准其确定的经营范围，这也是企业从事生产经营活动的法律依据。为适应市场经济的发展，企业要变更经营范围，应先登记，后经营。

(二) 写法

企业经营范围变更申请报告可由标题、主送机关、正文、附件、落款五部分组成。

(1) 标题。一般采用完全性标题，由报请单位、事由、文体三部分构成。如《××中心工艺大楼经营范围变更登记申请报告》。

(2) 主送机关。主送原企业经营范围确认的工商行政管理机关。

(3) 正文。包括经营范围变更原因，经营范围变更具备的条件，原经营项目，扩大经营项目，缩减经营项目等。正文结束语用申请报告的惯用语。

(4) 附件。即业务主管部门的批准件。

(5) 落款。它包括企业名称及其印章、法定代表人签名和时间。

(三) 注意事项

(1) 要按变更申请报告的惯用格式写。

(2) 要言简意赅，变更原因、变更后的经营范围，都须写得准确、清楚、明白。

请你评判

请找出这篇申请报告的不足之处。

变更经营范围的申请报告

××县工商行政管理局:

××县××服装店自开业以来，由于经营规模扩大，希望将原有的经营范围更改为经营百货、五金为主。为此，特向××县工商行政管理局申请办理变更经营范围登记手续，请审查核准，并予以变更登记。

特此报告

××县××服装店

法定代表人：×××

二〇〇四年三月十日

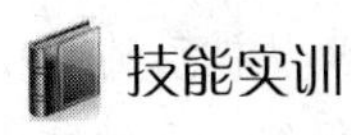

技能实训

以永昌顺网络公司的名义写一份变更经营范围的申请报告，将原来的经营范围：网络的建设、维护，网络设备的销售，增加一项：网络游戏的代理。

课外拓展

在经营的过程中，可以申请变更的事项有企业名称、企业地址、注册资本、经营范围、董事长、总经理、经营期限、增减分支机构或办事机构、转让、企业类型、合并、分立等。上述事项发生变化，都需要办理变更登记手续。

第二节 市场调查报告和市场预测报告

一、市场调查报告

案例精选

健身俱乐部市场调查报告

一、调研背景和目的

1. 调研背景

现阶段的我国健身娱乐市场呈现出多样化的特点，主要包括全民健身体育活动场所、专项休闲运动俱乐部、有氧运动健身中心和综合健康恢复中心等。在美国，每 8 个人中就有一个在健身，平均 1 万多人就拥有一家俱乐部，而我国平均 100 万人还不到 1 个。我国 18 到 50 岁之间对运动相关产品和服务有需求的消费者人数已超过 4 亿，中国已成为世界上最大的商业健身休闲市场，中国健身产业正是处于高速发展时期。目前，以品牌连锁为主导的美国健身产业年总产值超过 300 亿美元。近年来，中国健身产业逐渐形成，全国健身俱乐部每年在以 1000 家的速度递增，截止到 2010 年 3 月 31 日，全国共有各类健身俱乐部 3959 家，其中 131 家采用连锁经营模式，共有 1312 个连锁店，连锁率达 33.13%。民营资本在整个健身产业占据了 90%的份额。

从政策角度来看，由于健身娱乐市场可以有效地拉动居民的消费，符合国家拉动内需、刺激经济发展的政策，有望得到政府的进一步支持。同时，一个需要特别注意的发展倾向是从人们对于健身娱乐的消费趋势上来看，人们健康的需求也正逐步从被动的治疗型向主动的预防保健型转换，这也预示未来的健身娱乐市场必然向科学保健、运动和娱乐合理搭配的方式发展。总之，体育健身产业在我国还属于处在成长初期的新兴产业，它是一项前景广大的朝阳产业，具有巨大的市场潜力。

2. 调研目的

通过对市场上健身俱乐部的调查来了解大家平时锻炼身体的方式，从而了解大家对健康的关注程度和健身俱乐部在市场上的发展情况，开拓我国的娱乐健身市场等。

二、调研对象和方法

1. 调研对象：本次调研主要是针对××全体市民。

2. 调研方法：问卷调查。采用小组成员在校外发放问卷的形式进行调研，对于部分特殊问题还可进行口头交流和了解。

三、信息汇总与分析

1. 调查报告分析：①我市各年龄阶段、各种职业的人们均有健身的意向，喜欢健身；②我市居民家庭健身花销较小，可挖掘市场巨大；③我市居民健身的选择受天气、时间的影响相对较小；④大部分居民对健身营养补充剂、健身俱乐部提供的餐饮服务有很大的兴趣，有利于俱乐部附加产业的发展；⑤健身消费者了解健身俱乐部的方式多种多样，有利于市场宣传；⑥健身消费者对俱乐部的选择要求主要表现为交通方便，总体要求不高；⑦影响消费者不选择在健身俱乐部消费的主要原因是消费昂贵、服务不够好。

2. 项目环境分析：①从政策角度来看，由于健身娱乐市场可以有效地拉动居民的消费，符合国家拉动内需、刺激经济发展的政策，有望得到市政府的进一步支持；②从经济角度上看，当前我国经济快速增长，人们生活质量提高，注重生活品质的提高，消费者消费支出观念和水平的不断变化，对个人自身的身体健康也越来越关注，主要表现在对健身方面的支出比重越来越大；③从社会角度来看，当前形势下，我国健身行业结构将从高档消费向大众化消费转变；④从健身器材、健身装备上看，随着我国健身行业的发展，我国在健身器材的制造质量上也比以往提升了一个台阶，从而使健身更有安全保障，减轻了行业投资者的安全索赔风险。

四、结论

通过以上分析，我们应该抓住健身行业蓬勃发展的市场机遇，抓住市政府的积极健身动员和居民的消费欲望，利用国家对大学生创业的有利政策，努力解决好俱乐部的启动资金问题、管理问题和宣传问题，就能做好俱乐部的初步构建。

五、建议

借助现阶段我国健身俱乐部多样化的特点，建立全民健身体育活动场所、专项休闲运动俱乐部、有氧运动健身中心和综合健康恢复中心等，鼓励市民多进行体育锻炼，强调锻炼身体的重要性和必行性，并鼓励他们多到健身房去锻炼身体，营造体育健身氛围，掀起全民健身热潮，从而促进健身俱乐部的蓬勃发展。

资料来源：上海体育职业技术学院网。

这是一份完整的市场调查报告，结构明了，材料翔实，观点明确。

(一) 概念

调查报告就是运用科学的方法，有目的、有计划地对购买商品、消费商品的个人或团体等市场情况进行调查，对其进行科学分析研究后出具的书面报告。

(二) 调查方法

(1) 询问调查法。口头和书面两种方式，包括个别访问、调查会、问卷调查，应注意点面结合。

(2) 直接调查法。用于产品和服务情况的调查，花费时间长，不易深入。

(3) 实验调查法。这是以试行销售的方式进行调查的方法，常见的展销会、订货会、博览会等都属此类。

(4) 统计分析法。牵涉面广，成本低。

(三) 写法

调查报告的结构包括标题、正文和落款三部分。

1. 标题

(1) 公文式标题。如《关于三峡移民安置情况的调查报告》。

(2) 文章式标题。如《皮革服装在济南市场畅销》《电动玩具为何如此热销》。

2. 正文

(1) 前言。也称导语或引言，交代调查活动的一般情况，介绍调查对象的基本情况，提出问题。常见的导语有：简介式、概述式、揭露式、议论式。

(2) 主体。内容包括：基本情况、分析与结论(事实分析)、措施与建议(归纳结论)。

(四) 注意事项

(1) 深入调查，广泛占有材料。

(2) 认真分析研究材料，提炼正确观点。

(3) 点面结合，材料和观点统一。

(4) 夹叙夹议，具体简明。

技能实训

组织 3～4 人，自愿成立调研课题项目组，先根据体育行业市场需求设计一份调查问卷，而后合作开展社会或市场调查，最后根据问卷结果撰写一份调查报告。要求：真实、客观、规范。

课外拓展

吉列公司借助市场调研获得女性青睐

男人长胡子，因而要刮胡子；女人不长胡子，自然也就不必刮胡子。然而，美国的吉列公司却把“刮胡刀”推销给女人，居然大获成功。

吉列公司创建于1901年，其产品因使男人刮胡子变得方便、舒适、安全而大受欢迎。进入20世纪70年代，吉列公司的销售额已达20亿美元，成为世界著名的跨国公司。然而吉列公司的领导者并不满足于此，而是想方设法继续拓展市场，争取更多用户。就在1974年,公司提出了面向妇女的专用“刮毛刀”。

这一决策看似荒谬，却是建立在坚实可靠的市场调查的基础之上的。吉列公司先用一年的时间进行了周密的市场调查，发现在美国30岁以上的妇女中,有65%的人为保持美好形象，要定期刮除腿毛和腋毛。这些妇女之中，除使用电动刮胡刀和脱毛剂之外，主要靠购买各种男用刮胡刀来满足此项需要，一年在这方面的花费高达7500万美元。相比之下，美国妇女一年花在眉笔和眼影上的钱仅有6300万美元，染发剂5500万美元。毫无疑问，这是一个极有潜力的市场。

根据市场调查结果，吉列公司精心设计了新产品，它的刀头部分和男用刮胡刀并无两样，采用一次性使用的双层刀片，但是刀架则选用了色彩鲜艳的塑料，并将握柄改为弧形以利于妇女使用，握柄上还印压了一朵雏菊图案。这样一来，新产品立即显示了女性的特点。

为了使雏菊刮毛刀迅速占领市场，吉列公司还拟定几种不同的“定位观念”到消费者之中征求意见。这些定位观念包括：突出刮毛刀的“双刀刮毛”；突出其创造性的“完全适合女性需求”；强调价格的“不到50美分”；以及表明产品使用安全，“不伤玉腿”；等等。最后，公司根据多数妇女的意见，选择了“不伤玉腿”作为推销时突出的重点，刊登广告进行刻意宣传。结果，雏菊刮毛刀一炮打响，迅速畅销全球。

这个案例说明，市场调查研究是经营决策的前提，只有充分认识市场，了解市场需求，对市场做出科学的分析判断，决策才具有针对性，从而拓展市场，使企业兴旺发达。

资料来源：百度文库。

二、市场预测报告

案例精选

全国小汽车需求量预测报告

由于受到国民经济持续稳定发展和2001年年底中国加入WTO这两个方面因素的影响，小汽车的消费情况将会出现不同以往的变化。虽然随着汽车价格下调，销量有一定增加，但轿车市场依然面临很多困难，尤其是各大厂商之间的竞争势必日趋激烈。

一、概况

纵观2009年各月的销售轨迹，比起2008年没有大的增幅，销量不均，传统的销售旺季不旺，市场变化使人难以捉摸。具体来看，除了市场因素以外，现有车型结构存在矛盾，车型市场需求发展不平衡，上海通用别克和广州本田雅阁市场看好，一汽大众捷达和二汽神龙富康接近或基本达到调整后的销售目标，原先市场份额较大的上海桑塔纳和天津夏利，由于相对基数大，市场扩容较难。

二、分析预测

早在2009年下半年起，国民经济发展出现了一些积极变化，预计在2010年将会持续，经济发展环境总体上趋好。扩大内需、增加农民收入、国企改革作为中心环节、继续执行积极的财政政策、积极增加进出口等，成为2010年经济工作的指导思想和总体要求的重要组成部分。加入世界贸易组织以后，汽车工业的压力越来越大。2010年小汽车市场面临的困难与矛盾比较激烈：消费需求的扩张受到诸多不利因素的制约，居民收支预期不看好的态势尚未扭转；短缺经济时期把小汽车作为奢侈品而加以限制的某些政策和地方上设置的价外乱收费，至今无多大松动。现行的小汽车消费政策，正成为制约小汽车市场活跃的一个重要"瓶颈"。

根据10年来国产小汽车的销量，对历年数据用三次曲线进行拟合，进而预测2010年小汽车市场需求量还会大幅度增加。

资料来源：中国行业研究网。

知识导航

本文条厘清楚，明确预测了我国小汽车发展趋势，是一篇较好的预测报告。

(一) 概念

市场预测报告就是依据已掌握的有关市场的信息和资料，通过科学的方法分析进行研究，从而预测未来发展趋势的一种预见性报告。它是在市场调查的基础上，综合调查的材料，用科学的方法估计和预测未来市场的趋势，从而为有关部门和企业提供信息，以改善经营管理，促使产销对路，提高经济效益。市场预测报告实际上是调查报告的一种特殊形式。它也是应用写作研究的文体之一。

(二) 写法

(1) 标题。市场预测报告的标题一般由预测、预测展望，组成标题构成，标题要简明、醒目。

(2) 前言。这一部分要求以简短扼要的文字，说明预测的主旨，或概括介绍全文的主要内容，也可以将预测的结果先提到这个部分来写，以引起读者的注意。

(3) 正文。市场预测报告的正文是市场预测报告的主体部分，一般包括现状、预测、建议3个部分：①现状部分，预测的特点就是根据过去和现在预测未来。所以，写市场预测报告，首先要从收集到的材料中选择有代表性的资料、数据来说明经济活动的历史和现状，为进行预测分所提供依据。②预测部分，利用资料数据进行科学的定性分析和定量分析，从而预测经济活动的趋势和规律，是市场预测报告的重点所在。这个部分应该在调查研究或科学实验取得资料数据的基础上，对材料进行认真分析研究，再经过判断推理，从中找出发展变化的规律。③建议部分，为适应经济活动未来的发展变化，为领导决策提供有价值的、值得参考的建议，是写市场预测报告的目的。因此，这个部分必须根据预测分析的结果，提出切合实际的具体建议。

(4) 附件。附件主要是图、表等数据材料，以及其他具体的辅助材料

(5) 署名。正文右下方写明纂拟此报告的单位或拟写人。

(6) 日期。写全具体的年月日。如果文前已写明了日期，文末也可省略。

(7) 结尾。结尾是归纳预测结论，提出展望，鼓舞人心，也可以照应而言或重申观点，以加深认识。

(三) 注意事项

与市场预测报告，要求能运用资料数据，准确说明现状，分解资料数据，科学推断未来；依据分析预测，提供可行建议。

请你评判

分析下面市场预测报告中存在的问题。

××市劳保市场的发展趋势

随着我国改革开放形势的深入发展和人民群众着装条件的不断改善，××市劳保市场的商品正在向着美观化、多样化、高档化方向发展。

根据××市××统计局××年对“××市劳保市场”的统计资料，我们可归结出以

下的趋势：

一、高级布料所制的劳保服装越来越受欢迎，昔日的纯棉劳保服装越来越受到冷遇。从劳保服装的色泽来看，深灰、浅灰、咖啡、湖蓝、橘红、米黄、大红等鲜艳色调正在日趋取代传统的黑、蓝、黄、白“老四色”。

二、新颖的青年式、人民式、中山式、西装式劳保服装的销售形势长年不衰；而传统的夹克式、三紧式等劳动服销售趋势却长年“疲软”。

三、档次较高的牛皮鞋、猪皮鞋、球式绝缘鞋、旅游鞋已成了热门货；而传统的劳保鞋，如棉大头鞋、棉胶鞋、解放鞋等却成了滞销品。

四、劳保防寒帽，如狗皮软胎棉帽、解放式棉帽等几乎无人问津。

五、高质量而美观的劳保手套，如皮布手套、全皮手套、羊皮五指手套日趋成为“抢手货”；而各种老式的布制手套、线制手套、布闷子式手套的销量日渐下落。

六、色彩艳丽的印花毛巾、提花毛巾、彩纹毛巾等，已成为毛巾类商品的主销品；而素白毛巾的销量不断减少。

技能实训

读下述案例，你从中得到什么启示？

一个英国人和一个美国人都到非洲一个的海岛上推销鞋子，当他们来到这个岛上的时候，发现这里的人根本就不穿鞋。面对这种情况，英国人做出的分析判断是鞋子在这里没有市场，回去了；而美国人却从这里看到了巨大的商机，他先给岛上的酋长、首领们送鞋子穿，而等到老百姓想穿，就需要买了。

课外拓展

范蠡成功的市场预测

2500年前，春秋后期越王勾践的重臣范蠡，在帮助越王打败了吴王夫差之后，弃政从商，而且取得了成功。他的成功和他善于预测是分不开的。据史书记载，他曾提出“水则资车，旱则资舟”观点。就是说，在水灾泛滥时，就要预测到水灾结束后，车辆将成为紧俏的商品，其价格必会大涨，因此要预做车辆的生意；同样，天旱时就要预测到旱后逢雨，船只将成为特别需要的商品，因此，要想赚大钱，就得预做船只的生意。他还提出“论其不足有余，则知贵贱。贵上极则反贱，贱下极则反贵”。就是说，要根据市场上商品的供求情况来预测商品的贵或贱，以确定自己所掌握的商品的售价。

资料来源：《绍兴晚报》，2012年5月6日。

第三节　可行性论证报告

专科院校体育课开展定向运动的可行性研究

定向运动就是利用一张详细精确的地图和一个指北针，按顺序到访地图上所指示的各个点标，以最短的时间到达所有点标者为胜。定向运动作为一项现代体育运动项目，最早出现在19世纪末的斯堪的纳维亚半岛。第一届正式的定向比赛，于1895年在瑞典和挪威联合王国的军营中举行。

定向运动于1983年传入我国内地，经过20多年在社会各阶层和高校的推广，定向运动已经被逐渐地认识，同时也得到了一定的发展。目前定向运动作为我国高校体育与健康课程中的一项课程已经逐渐得到普及。江苏省最早的定向运动活动是起于东南大学1994年12月的定向越野队，这在全国范围内也是大部分高校开展定向运动的起点。在1995年东南大学又协助省教委体卫艺处完成了江苏省学校定向教练员培训，使定向运动在江苏省从无到有、水平从低到高地开展起来。本文针对专科院校开展定向运动的可行性进行研究，对丰富该校学生体育运动、提高学生身体体质有一定的指导意义。

一、研究对象与方法

(一) 研究对象：苏州经贸职业技术学院

(二) 研究方法：1. 文献资料法。2. 专家访谈法……

二、研究结果与讨论分析

(一) 专科院校开展定向运动的必要性

1. 政策要求开展定向运动……

2. 学校现状要求开展定向运动……

(二) 开展定向运动的意义

1. 运动学价值……

2. 生理学价值……

3. 心理学价值……

(三) 高职高专院校开展定向运动的优势

1. 雄厚的师资力量……

2. ……

(四) 开展定向运动存在的问题

1. 目前专科院校开展定向运动的专业师资不足……

2. 受到器材、经费的限制……

三、结论与建议

(一) 加强宣传力度，扩大学生对定向运动的认知与参与度……

(二) 加强学习和培训，提高教师业务水平……

(三) 因地制宜开展定向运动……

(四) 学校加大体育经费的投入……

相信随着各专科院校、各相关部门的共同努力，定向运动一定会成为专科类院校体育课的一道亮丽的风景。

资料来源：《职业圈》，2007 年 20 期。

这是一篇关于定向运动是否可行的论证报告，文章从很多方面对这个项目进行了论证，论证的过程中采用了很多精确的数据参与论证。论证的结果是，专科院校开展定向运动是可行的。

(一) 概念

可行性研究是指在做一件事情之前或采取具体行动之前，对方案实施的可行性以及潜在的效能进行的分析、论证和评价。可行性研究报告是运用科学技术知识、经济管理和法律政策知识等，对某一项目实施的可能性，从经济合理性、技术先进性等进行全面的调查、分析、测算和评估论证后，按照规定的格式要求而提出的书面报告。

(二) 特点

(1) 综合性。一个项目或重大项目的可行性论证通常涉及市场预测、投入产出、基本建设、环境保护、人员培训等，因此，深入细致调研和综合分析是重要特点。

(2) 科学性。报告的结论要建立在定量分析的基础上，因此，要根据科学技术和经济学原理，将调查研究结果进行科学的统计和分析，得出具有高度科学性的数据，并经得起时间的考验。

(3) 时效性。可行性研究报告强调现实实用性，因此，报告的编写要求及时而迅速。

(三) 写法

可行性研究报告单独成册，基本格式包括：封面(题目、项目名称、承担单位、单位负责人、项目负责人、起止日期)、摘要、目录、图表清单、术语表、前言、正文、结论和建议、参考文献、附录。

1. 前言

主要是概括地介绍可行性研究报告的来龙去脉及其重要内容，包括：项目提出背景，拨款的必要性及项目的战略意义或经济意义，研究工作的依据，采用的主要方法，得出的主要结论。

2. 项目概况

在有的报告中，正文的第一部分是项目概况，将整个报告的内容和结论做简略的介绍，便于快速了解报告的内容。

3. 正文

介绍项目的内容，立项的原因、目的和意义，此外还要对以下内容着重论述。

(1) 技术分析论证：国内外技术水平比较分析及发展趋势；项目的技术方案；技术关键分析和论证；工艺过程和技术要求；本技术方案与国内外水平、特点的比较，技术分析的论证意见。

(2) 经济效益分析：市场需求预测、产品寿命期、产量、销售价与成本比例、利润预测。

(3) 项目条件分析：技术力量、厂房、机械设备、原材料、动力设备等。

(4) 费用预算分析：设备费、设备安装费、测试设备费。

(5) 进度安排：项目的进度及安排。

4. 结论

通过各种比较分析，评价项目的主要优缺点和实施的可行性，做出可实施的结论。

5. 建议

提出建议方案，包括内容、方案的优点，实施的步骤及需要解决的问题等。

技能实训

自选体育项目做可行性研究报告。要求：①相关板块完整。②正文宋体 5 号字(数字、西文采用 Times New Roman)，1.5 倍行距，标题字体不限，不少于 15 000 字，生成目录。

课外拓展

如何提高可行性报告的通过率

可行性研究报告是需要和政府或合作机构进行申请的文书，可行性研究报告的撰写水准，极大地影响着它的通过率。要提高可行性研究报告的通过率，应当做到以下几点：

(1) 作为一个企业的决策者或经营管理的主要负责人，首先要积极、主动地与政府打交道。了解哪些产业是政府扶持的对象、有什么具体的规定，自己的企业是不是符合申请的条件，不够条件怎样创造条件，申请需要什么材料和程序，等等。通常有几种途径去学习和了解：通过政府各部门的网站，通过直接到政府有关主管部门与有关人员交谈，通过行业协会，以及协会兴办的一些活动和讲座，通过专家、专业人士以及中介机构。

(2) 做好申请前的准备工作，或者说考虑怎么样包装自己。项目包装上最好委托给有经验、有实力的专业撰写机构公司来做，包装不是做假，而是通过详细分析、评估本企业拥有的核心技术、生产市场方面的优势、劣势，发展潜力，财务状况、把本企业的内在价值充分挖掘出来，这就是通常我们所说的价值发现。另外，多注重增加公司的无形资产，如产品的测试和鉴定、企业标准的制定，专利、商标、著作权的申请，科技成果鉴定，科技进步奖的评选，企业信用的评级，重点新产品的申请，重信誉、守合同的评比，质量体系认定，高新技术项目(企业)的认定等。

(3) 在了解了有关政策和企业的基本条件大致满足的情况下，就可以按照规定的程序来提交申请材料，开始进入审核程序。

(4) 申请材料必须准备充分，把企业的内在价值尽可能地反映出来。同时，要主动与有关政府主管部门的人员接触、沟通，使他们对你的企业的基本情况，特别是管理团队有一个比较深的了解，这类似于在做产品的市场推广。企业也必须做品牌推广，特别是在争取政府的资源这方面，必要的公共关系和信用关系必须建立起来，要使政府了解到企业在行业里技术水平是领先的，财务状况是良好的，企业运作是正常的，市场前景是广阔的，管理团队是过硬的。

资料来源：中国产业竞争情报网。

第四节 审计报告和财务分析报告

一、审计报告

审计报告

ABC 股份有限公司全体股东：

我们审计了后附的 ABC 股份有限公司(以下简称 ABC 公司)财务报表，包括 20××年 12 月 31 日的资产负债表，20××年度的利润表、股东权益变动表和现金流量表以及财务报表附注。

一、管理层对财务报表的责任

按照企业会计准则和《××会计制度》的规定编制财务报表是 ABC 公司管理层

的责任。这种责任包括：

(1) 设计、实施和维护与财务报表编制相关的内部控制，以使财务报表不存在由于舞弊或错误而导致的重大错报；

(2) 选择和运用恰当的会计政策；

(3) 做出合理的会计估计。

二、注册会计师的责任

我们的责任是在实施审计工作的基础上对财务报表发表审计意见。我们按照中国注册会计师审计准则的规定执行了审计工作。中国注册会计师审计准则要求我们遵守职业道德规范，计划和实施审计工作以对财务报表是否存在重大错报获取合理保证。审计工作涉及实施审计程序，以获取有关财务报表金额和披露的审计证据。选择的审计程序取决于注册会计师的判断，包括对由于舞弊或错误导致的财务报表重大错报风险的评估。在进行风险评估时，我们考虑与财务报表编制相关的内部控制，以设计恰当的审计程序，但目的并非对内部控制的有效性发表意见。审计工作还包括评价管理层选用会计政策的恰当性和做出会计估计的合理性，以及评价财务报表的总体列报。我们相信，我们获取的审计证据是充分、适当的，为发表审计意见提供了基础。

三、审计意见

我们认为，ABC 公司财务报表已经按照企业会计准则和《××会计制度》的规定编制，在所有重大方面公允反映了 ABC 公司 20××年 12 月 31 日的财务状况以及 20××年度的经营成果和现金流量。

××会计师事务所　　　　中国注册会计师：××
(盖章)　　　　　　　　(签名并盖章)
中国注册会计师：××
(签名并盖章)
中国××市
二〇×二年×月×日

资料来源：http://www.kuaiji.com/shiwu/2078732。

知识导航

这篇报告完全符合审计报告的行文格式和编制要求，报告内容完整，双方责任界定明晰，相关审计证据确凿充分。

(一) 概念

审计报告指审计人员对审计事项实施审计后，就审计实施情况和审计结果向审计授权人或委托人提出的，反映审计结果，阐明审计意见和建议的书面文件。

(二) 类型

1. 标准审计报告

指审计人员出具的无保留意见的审计报告，不附加说明段、强调事项或任何修饰语。

2. 非标准审计报告

(1) 带强调事项段的无保留意见审计报告。指审计人员在审计意见段之后增加的对重大事项予以强调的段落。

(2) 保留意见审计报告。指审计人员对被审计单位的会计报表某些表达的公允性持有所保留态度。

(3) 否定意见审计报告。指审计人员对被审计单位的会计报表整体上的公允性持否定态度。

(4) 无法表示意见审计报告。指审计人员在审计过程中，由于审计范围受到委托人、被审计单位或客观环境的严重限制，不能获得审计证据，以致无法对会计报表整体表示审计意见。

(三) 写法

1. 标题

注册会计师审计报告的标题统一为《审计报告》。

2. 审计报告的接受者和收件人

授权审计——授权机关；注册会计师审计——审计业务的委托人。

3. 说明段或引言段

说明审计对象和范围，以及审计的主要方式等内容。

4. 被审计单位的责任段

(1) 被审计单位的责任：设计、实施和维护相关的内部控制，以使财务会计信息不存在由于舞弊或错误而导致的重大错报；选择和运用恰当的会计政策；做出合理的会计估计等。

(2) 审计人员的责任：审计责任是在实施审计工作的基础上发表审计意见，并体现是否按照审计准则的规定执行了审计工作。审计工作是否实施了必要的审计程序，以获取充分有效的审计证据，据以支持审计意见和结论。

5. 问题段

罗列审计过程中查出的违反财经法律法规的会计业务。

6. 结论段

指审计报告中用于描述审计人员对所审计事项发表审计结论的段落。

7. 结尾段

审计人员的签名和盖章，审计机构的名称、地址和盖章、报告日期等。

(四) 要求

(1) 逻辑结构方面的基本要求。审计报告标题应当反映出审计类型与审计目标，说明段和责任段要写明审计授权人或委托人、审计具体目标和任务、审计内容和范围、审计具体程序和方法、会计责任和审计责任等。问题段应当按照重要性程度排列以利于阅读，审计结论中肯。

(2) 内容方面的基本要求。事实清楚、证据确凿、内容完整、反映全面、评价公正、定性准确、处理恰当、建议可行。

(3) 行文方面的基本要求。文题相符、概念清晰、措辞恰当、有理有据、层次清楚、行文简练。

(4) 时间方面的基本要求。审计实施终了后 15 日内。

技能实训

针对下述情况，注册会计师应出具何种类型的审计意见。

涌华会计师事务所注册会计师李一、王力已于 2013 年 3 月 10 日完成了对××股份有限公司 2012 年度会计报表的实地审计工作，在复核审计工作底稿时，假定存在以下这种情况(该公司资产总额为 400 万元，利润总额为 200 万元):

公司有 40 万元的存货存放在外地仓库，未能观察实地盘点，向存放地发出放询证函后，也未收到任何答复。

课外拓展

我国审计组织体系由哪三个机构组成？三者是什么关系？

我国审计组织体系中包括了国家审计机关、社会审计组织和内部审计机构。三者的关系如下:

(1) 三者的共同目标均为加强财政财务管理，维护国家财政经济秩序，促进廉政建设，提高经济效益，保障国民经济健康发展。

(2) 三者各自侧重不同。国家审计机关的目标侧重于维护国家经济秩序，促进廉政建设，改进政府行政管理；内部审计的目标侧重于促进加强内部管理，提高经济效益；社会审计组织的目标侧重于提高财务信息的可靠性，维护市场经济秩序，服务于市场经济。

(3) 审计机关与社会审计组织和内部审计机构的关系：审计机关对各部门、国有金融机构和企事业组织的内部审计进行业务指导和监督；审计机关进行审计或者专项审计调查时，有权对社会审计机构出具的相关审计报告进行核查。

资料来源：湖北省审计厅网。

二、财务分析报告

案例精选

××供销社20××年第三季度财务分析

一、基本情况

今年我社认真贯彻国务院的一系列重要文件，扩大购销，节约费用，压缩库存，回笼货币，第三季度取得了较好的经济利益。

利润：61.8万元，其中县以上24.8万元，完成年度计划24.1%，比去年同期下降4.76%；基层社37万元，完成年度计划的37%，比去年同期增长33.73%。

资金周转：69天，其中县以上79天，比年度计划慢1天，比去年同期快6天；基层社57天，比年度计划慢1天，与去年同期持平。

二、购销情况

县以上农资、废旧两公司购进差与去年同期相比，分别下降19.95%和11.74%，信托贸易公司增长29%。销售农资公司较去年同期下降4.41%，废旧、信托两公司分别增长14.97%和29.18%；基层社平均增长16.33%。

三、资金运用

与去年同期相比，全部流动资金占用情况如下：县以上绝对额减少88万元，下降15.04%，基层社绝对额增加28万元，增长7.58%。商品及材料所占比重，县以上、基层社均有所下降；非商品资金及结算资金所占比重，县以上、基层社亦均有所下降。总的情况是好的。

四、费用

县以上比年度计划、去年同期都有所下降，基层社低于年度计划，平去年同期；县以上绝对额较去年同期减少1.27万元，基层社增加3.69万元，但由于销售增长较多，费用水平没有上升。

五、利润

县以上较去年同期略有减少，基层社则增幅较大。县以上主要是农资公司，去年一季度盈利3.24万元，今年头两个月由于××等先进后销，费用支出多，连续亏损4.84万元，季度虽盈利0.3万元，但仅为去年同期利润的1/10。零售单位都有所增长，增长大的为土杂公司3个零售单位，一季度利润7.06万元，较去年同期增长30%。

六、存在问题

1．季末销小存大的有问题商品价值37万元，其中信托贸易公司有不少是吃的商品，既要保管好，又要抓紧处理。

2．结算资金占用金额过大，有碍于加速资金周转。应收款中的长期悬账悬案，要指定专人催收，防止变成坏账损失。

20××年××月××日

这是一篇略显历史感的关于供销社的年度财务情况分析报告。报告在分析过程中联系财务活动中的实际，做出了具体的、综合的、本质的分析。文字简洁，意见中肯，是一篇写得不错的财务分析报告。

(一) 概念

财务分析报告是财务独立的企事业单位，定期或不定期地对财务收支情况进行总结、分析后而撰写的书面报告。

(二) 特点

(1) 指导性。总结经验教训，采取措施，加强财政管理，在政策和领导指导下，使企业有序健康发展。

(2) 综合性。财务分析报告主要运用各种会计、统计及有关业务资料，分析单位的财务情况，包括资金运用、财务收支和指标完成，在此基础上进行综合分析。

(3) 分析的目的和作用的内向性。财务分析根本目的是挖掘内部潜力，提高经济效益，改进和加强财务管理水平，改善经营。财务分析报告主要作用于内部，具有内向性的特点。

(三) 类型

(1) 简要分析报告。一般围绕企事业单位的主要经济指标展开的，以观察该单位财务活动的基本情况、发展趋势和财务管理的改进情况。一般月末、季末的月度、季度财务分析多采用这个类型。

(2) 综合分析报告。一个季度、半年或年度终结后，根据单位会计报表和有关资料，对资金、利润、费用、成本、盈亏等方面的情况分析，总结企业生产、管理以及有关方针、政策、法律贯彻执行的全面情况。

(3) 典型分析报告。即对完成经济指标好的或差的典型单位，采取“解剖麻雀”的方法，有针对性地进行分析研究，探求先进或落后的主客观原因，从中吸取教训，防止出现同样情况的失误。

(四) 写法

1. 标题

没有固定写法，一般包括单位名称、时限、内容和文种。如《××公司 2001 年度财务分析报告》；还可以用建议和意见作标题，如《关于迅速整顿成品奖金的建议》《×年×季度流动资金占用情况分析》。

2. 正文

(1) 开头。概述基本情况和财务活动情况，成绩、问题、基本评价等。

(2) 主体。

① 情况。指标完成情况。

② 分析。指标增减情况的分析，弄清主观原因、客观原因。通过数字、事实联系财务活动中的实际情况，进行具体的、综合的、本质的分析。

③ 意见和建议。存在问题，改进措施，解决问题。

3. 落款

请你评判

以下这篇经济分析报告的选材、内容安排、结构顺序、语言表述都有问题，请修改。

××厂经济活动分析

今年我厂经济形势较好。产品销售收入达 5403 万元，超额完成计划，比去年同期增长 1/4，增加收入 1039 万元。主要原因如下：

1. 麻纺产品销售收入 3503 万元，完成原计划的 98.34%，比原计划少完成了 59 万元，比上年降低了 4.96%，减少了 183 万元。因为麻产品成本高，产品质量差、合格率低。

2. 地毯产品销售收入 1900 万元，完成计划的 181%，比计划增加了 850 万元，比去年增加了 180%，增加产品收入 1222 万元，因为地毯价格高，销售量也有所增加。

3. 因停电停产减少产值 7 万元。

4. 因调整产品结构，减少产品收入 10 万元。

5. 因减少库存，增加销售 17 万元左右。

明年原麻价格将进一步上涨，必将影响到麻纺产品生产，但地毯的畅销有为进一步发展生产提供了有利因素，望全厂职工再接再厉，更上一层楼。

×麻纺厂

×年×月×日

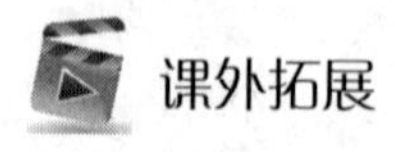

课外拓展

财务分析的基本方法

财务分析的方法有很多种，主要包括趋势分析法、比率分析法、因素分析法。

趋势分析法

趋势分析法又称水平分析法，是将两期或连续数期财务报告中相同指标进行对比，确定其增减变动的方向、数额和幅度，以说明企业财务状况和经营成果的变动趋势的一种方法。

趋势分析法的具体运用主要有以下三种方式：

(1) 重要财务指标的比较。它是将不同时期财务报告中的相同指标或比率进行比较，直接观察其增减变动情况及变动幅度，考察其发展趋势，预测其发展前景。可以有两种方法：①定基动态比率。计算公式为：定基动态比率＝分析期数额÷固定基期数额。②环比动态比率。计算公式为：环比动态比率＝分析期数额÷前期数额。

(2) 会计报表的比较。会计报表的比较是将连续数期的会计报表的金额并列起来，比较其相同指标的增减变动金额和幅度，据以判断企业财务状况和经营成果发展变化的一种方法。

(3) 会计报表项目构成的比较。这是在会计报表比较的基础上发展而来的。它是以会计报表中的某个总体指标作为100%，再计算出其各组成项目占该总体指标的百分比，从而来比较各个项目百分比的增减变动，以此来判断有关财务活动的变化趋势。

比率分析法

比率分析法是指利用财务报表中两项相关数值的比率揭示企业财务状况和经营成果的一种分析方法。根据分析的目的和要求的不同，比率分析主要有以下三种：①构成比率。计算公式为：构成比率＝某个组成部分数额/总体数额。②效率比率。它是某项经济活动中所费与所得的比率，反映投入与产出的关系。③相关比率。它是根据经济活动客观存在的相互依存、相互联系的关系，以某个项目和与其有关但又不同的项目加以对比所得的比率，反映有关经济活动的相互关系。如流动比率。

因素分析法

因素分析法也称因素替换法、连环替代法，它是用来确定几个相互联系的因素对分析对象——综合财务指标或经济指标的影响程度的一种分析方法。采用这种方法的出发点在于，当有若干因素对分析对象发生影响作用时，假定其他各个因素都无变化，顺序确定每一个因素单独变化所产生的影响。

资料来源：东奥会计在线。

第五节 经济合同和委托授权书

一、经济合同

案例精选

财产租赁合同

出租方：红杉集团公司(以下称甲方)

承租方：绿叶有限公司(以下称乙方)

根据《中华人民共和国经济合同法》及有关规定，为明确双方权利和义务，经协商一致，签订本合同。

第一条 租赁财产的名称、数量、质量……

第二条 租赁期限共2年6个月，出租方从2010年1月1日起将出租财产交付承租方使用，至2012年6月30日收回。

第三条 租金及交纳期限……

第四条 租赁期间租赁财产的维修保养……

第五条 出租方与承租方的变更……

第六条 违约责任……

第七条 争议的解决方式……

第八条 本合同在规定的租赁期届满前15日内，双方如愿意延长租赁期，应重新签订合同。

本合同未尽事宜，一律按《中华人民共和国经济合同法》的有关规定，经协商作出补充规定，并与合同具有同等效力。本合同一式两份，合同双方各执1份；合同副本1份，送××××集团公司备案。

出租方：红杉集团公司
(盖章)
法人代表：(亲自签名)
地址：××市××街××号
开户银行：××支行
账号：××××
电话：××××
承办人：××

承租方：绿叶有限公司
(盖章)
法人代表：(亲自签名)
地址：××市××街××号
开户银行：××支行
账号：××××
电话：××××
承办人：××
签约时间：××年××月××日
签约地点：××××

这是一份财产租赁合同的模板，全部采用条款式。标题下写明了签约双方的名称，开头扼要地说明订立合同的根据与原则，主体部分详细具体说明了各条款，落款也是按规定处理的，是一份完整的合同。

(一) 概念

《合同法》规定：合同是平等主体的自然人、法人、其他组织之间设立、变更、终止民事权利义务关系的协议。

(二) 类型

从时间上分为长期、中期和短期合同；从形式上分为书面和非书面合同；从写法上分为条款式、固定式和条款表格结合式合同；从内容上分为买卖合同、承揽合同、运输合同、保管合同、租赁合同、借款合同和建设工程合同等15种。

(三) 写法

1. 标题

一般写明合同的性质，比如“购销合同”“租赁合同”，有的在右下角写合同编号。

2. 立合同人

就是签订合同的双方(多方)。自然人要附有身份证号；单位要写全称及法人姓名，并分成甲方、乙方或者供方、需方。

3. 正文

它包括开头和主体。

(1) 开头写明双方(多方)签订合同的依据、目的。常用“为了”“根据”等词。

(2) 主体包括标的、数量与质量要求、价款(报酬)、有效期限、地点、方式及其违约责任，另外还有不可抗力条款、解决争议的方法、文本保存等。

① 标的就是合同当事人所共同指向的对象，可以是物、货币、劳务等。

② 数量就是标的的具体计量。计量单位可以是吨、米、件、小时等。

③ 质量就是对标的质的要求。例如产品、工程的优劣程度。要明确标的质量的技术标准(国家标准、国际标准、行业标准等)、等级、检测依据。

④ 价款(报酬)是指合同标的的价格。要明确标的的总价、单价、货币计算标准、付款方法及程序、结算方式、支付币种。

另外，合同的附件、附表，通常在正文的其他条款中注明，但在落款日期下方标写出。它们均为合同的组成部分，且有同等的法律效力。

4. 落款

包括署名、盖章、通信地址、法人代表、银行账号、签约日期、地点。

请你评判

请找出一下经济合同的错误并加以修改。

经济合同

××化工厂第二车间(甲方)　　　××市第二建筑公司生产科(乙方)

为建筑××化工厂第二车间东厂房，经双方协商，订立本合同。甲方委托乙方建造东厂房一座，由乙方全面负责建造。全部建筑费(包括材料、人工)壹拾叁万元。××化工厂在订立合同后先交一部分建造费，其余在东厂房建成后抓紧归还所欠部分。工期待乙方筹备就绪后立即开始，力争三月中旬开工，争取十一月左右交活。建筑材料由乙方全面负责筹备。本合同一式二份，双方各执一份。

立合同人：

××化工厂第二车间(公章)　　　××市第二建筑公司生产科(公章)

主任：××(私章)　　　科长：××(私章)

××年××月××日

技能实训

请根据下列材料拟写一份购销合同。

××市进出口公司(甲方)的代表王强于2004年2月25日与××地毯厂(乙方)的代表李放签订了一份合同。双方议定：

甲方购买乙方90规格(按部颁标准)地毯××米，每米××元。要求11月、12月分两批用火车运往××市北站。由乙方代甲方办理火车货运手续。运费由甲方负担。乙方发货后，凭铁路运单及发票向甲方收取货款和运费。甲方在收到发票后3天内必须通过银行转账付款。如果延期交货或付款，每延期1天，违约方应按经济损失总值的2‰计算罚金付给对方。如果质量不合议定标准，按部颁标准检验后重新计价。乙方除赔偿损失外，还应付给甲方损失总值2‰的罚金。合同正本两份，甲乙双方各执一份。

甲方地址：××市××街××号，开户银行：××支行，账号：54321；乙方地址：××市××街××号，开户银行：××支行，账号：12345。

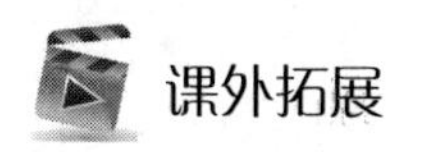

课外拓展

合同的由来

合同是适应私有制的商品经济的客观要求而出现的，是商品交换在法律上的表现形式。商品生产形成后，为了交换的安全和信誉，人们在长期的交换实践中逐渐形成了许多关于交换的习惯和仪式。这些商品交换的习惯和仪式便逐渐成为调整商品交换的一般规则。随着私有制的确立和国家的产生，统治阶级为了维护私有制和正常的经济秩序，把有利于他们的商品交换的习惯和规则用法律形式加以规定，并以国家强制力保障实行。于是，商品交换的合同法律形成便应运而生了。

古罗马时期合同就受到人们的重视。签订合同必须经过规定的方式，才能发生法律效力。如果合同仪式的术语和动作被遗漏任何一个细节，就会导致整个合同无效。随着商品经济的发展，这种烦琐的形式直接影响到商品交换的发展。在理论和实践上，罗马法逐渐克服了缔约中的形式主义。要物合同和合意合同的出现，标志着罗马法从重视形式转为重视缔约人的意志，从而使商品交换从烦琐的形式中解脱出来，并且成为现代合同自由观念的历史渊源。

合同制在中国古代也有悠久的历史。《周礼》对早期合同的形式有较为详细的规定。判书、质剂、傅别、书契等都是古代合同的书面形式。经过唐、宋、元、明、清各代，法律对合同的规定也越来越系统。还有一种说法，现代的合同都写有一式两份，因为以前民间订制合同时就是一张纸，写好后从中间撕开，一人拿一半，有争执的时候在合起来，所以就有了合同和一式两份的说法。

最早的时候，合同被称作“书契”。《周易》记述：“上古结绳而治，后世对人易之以书契。”“书”是文字，“契”是将文字刻在木板上。这种木板一分为二，称为左契和右契，以此作为凭证。“书契”就是契约。周代的合同还有种种称谓：“质剂”，长的书契称“质”，购买牛马时所用，短的书契称“剂”，购买兵器以及珍异之物时所用；“傅别”，“傅”指用文字来形成约束力，“别”是分为两半，每人各持一半；“分支”，将书契分为二支。“判”就是将分为两半的书契合二为一，只有这样才能够看清楚契约的本来面目。现在代词汇中的判案、审判、判断、批判等都是由此而来。“合同”即合为同一件书契，这是“合同”一词的本义。今天签订的各种合同都是在纸张上，在古代却是实物。由此看来，古今意义上的合同已不可同日而语。

资料来源：新东方万事由来大全。

二、委托授权书

委托授权书

本授权书宣告，在下面签字的××公司、总经理、××以法定代表人身份合法代表本单位(以下简称“投标人”)授权：××为××公司的合法代理人，授权代理人在××工程的招标中，以本单位的名义，并代表本人与贵单位进行磋商、签署文件和处理一切与此事有关的事务。代理人的一切行为均代表本单位，与本人的行为具有同样的法律效力，本单位承担代理人行为的全部法律后果。

代理人无权转让委托权。本委托有效期限为本次招标活动终止之日。

投标人(盖章)：××公司

法定代表人(签字)： 代理人(签字)：

日 期： 年 月 日 投标人地址：

联系人： 电 话： 传 真：

这是一份法人代表授权委托书，对委托的事项、权限进行了规定，并签订了委托合同，要素齐全、格式正确，是一份正确的授权委托书。

(一) 概念

授权委托书指委托人与受托人就委托事务达成的代理协议的书面材料。依据授权的范围，可将授权委托书分为特别委托书和概括委托书。特别委托指约定一项或者数项事务的委托；概括委托指约定一切事物的委托。

(二) 写法

1. 标题

授权委托书的名称，可以直接以“授权委托书”作为标题，也可以在其前面加上授权委托的内容，或以副标题的形式将授权委托的内容加在主标题的下面。标题的形式可以按委托方与受托方协商的标题确定。

2. 首部

委托人和受托人的基本情况：在授权委托书的标题下面左下方，写明委托人和受托人的姓名(或名称)、住址(或营业地址)、工作单位、电话等基本情况。如果有多个委托人和受托人，应当分别写明，并由各个当事人分别签名或盖章。未经授权的代理人，不得代为签字。如果有关当事人是法人，应当由法人代表或其授权的代理人签字，并加盖公章。如果是个人还应当写明姓名、性别、住址、年龄、民族、籍贯、职业等。一般来说，委托人的基本情况写在前、受托人的基本情况写在后。

3. 正文

正文是授权委托书的内容，以条款形式表述。委托条款要尽可能地详尽准确，以免发生争议。在该部分中，应当明确写出委托人委托办理事务的具体内容和受托人的权限范围，主要有以下方面：

(1) 法律依据。在正文的开头应写明授权委托的法律依据，一般常用以下格式表明，如“根据法律规定，委托人××自愿委托××，并经其同意为受委托人”。

(2) 授权委托事项。说明授权委托代理的事项，是房屋管理、办理诉讼案件、办理工商登记还是签订合同，是什么事项就应当把代理的内容、代理的范围(是一项事物、多项事物还是一切事物)和代理的权限规定清楚，尽可能把委托事务的性质、特点和要求描述明确。

(3) 当事人双方的权利及义务。委托人将依据法律承担受托人代理事务所发生的法律后果，承担相应的法律责任。受托人要依照委托人的意愿尽最大努力实现委托人要达到的结果，在办理事务时，要维护委托人的合法权益。双方的权利与义务，应根据委托事项的需要，详细拟定。

(4) 授权委托的报酬及报酬支付方式。当授权委托为有偿时，委托人应向受托人支付报酬，因此双方当事人应当依据代理的项目、代理的难易程度，所涉及的专业知识的多少、技术的复杂性及相关法律规定和常规决定报酬额的多少，并在委托书中注明报酬的支付方式、支付时间、支付地点和币种，是一次支付还是分次支付、有无预付等。

(5) 授权委托合同履行的期限、地点和方式。与其他合同相同，授权委托合同也应当有相应的履行期限、地点和方式的条款，使当事人明确在何时、何地，怎样恰当地履行合同。

(6) 委托的终止。授权委托书应就委托终止的情形进行规定。根据《合同法》第410条的规定，委托人或者受托人可以随时解除委托。因解除合同给对方造成损失的，除不可归责当事人的事由以外，应当赔偿损失。委托人或者受托人死亡，丧失民事行为能力或者破产，委托合同终止。因委托合同的特殊性，所以应在委托书中拟定委托终止的条款。

4. 结尾

授权委托书的结尾，委托人及受托人要签名盖章，并签写合同订立的时间。

(三) 要求

委托他人代为诉讼，必须向人民法院提交由委托人签名或者盖章的授权委托书。诉讼代理权限的变更或者解除，当事人应该书面告知人民法院。

侨居国外的中国公民委托代理人的授权委托书，必须经我国驻该国的使、领馆证明，没有使、领馆的，由与我国有外交关系的第三国驻该国使、领馆证明，再转由我国驻该第三国使、领馆证明，或者由当地的爱国华侨团体证明。

 请你评判

阅读下面这则委托授权书，请指出不足之处。

授权委托书

委托人：唐×× 男 35 岁 汉族 籍贯：上海

工作单位：广东省深圳市××对外贸易公司

单位地址：广东省深圳市××路 8 号 电话：××

受委托人：王××男 35 岁汉族 籍贯：上海

工作单位：上海市××发展公司

单位地址：淮海中路××号

电话：×× 邮政编码：200031

委托人唐××自愿以本人名义购买上海市徐汇区中山南路××号××新村×幢 301 室的商品房(个人产权)一套，总房价在 50 万元以内，现委托王××先生办理购房及装修一切事宜。从委托之日起在 10 个月之内完成。

委 托 人：唐×× 盖章

受委托人：王×× 盖章

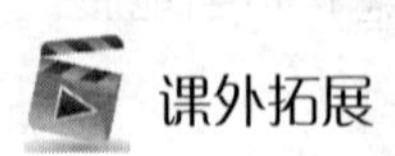

第三人持授权委托书代领保险金引纠纷
——保险公司审查不严承担赔付责任

近日，四川省成都市锦江区人民法院审结一起因第三人代为办理保险理赔引发的纠纷案。判决保险公司向保险受益人支付剩余的保险理赔金 18 万元。

邓女士的儿子系道路货物运输驾驶员，2010 年 11 月 20 日，驾驶货车行进途中遭遇交

通事故意外死亡。邓女士的儿子生前曾向成都一保险公司购买了机动车驾驶人员人身意外伤害保险。合同约定保险金额为30万元，如发生事故时系了安全带，保险金额为30万元的1.2倍，即36万元。若属于营运期间发生事故的，保险金额按照保单约定的二分之一赔款。由于邓女士年迈体弱，行动不便，儿子发生交通事故后委托第三人任先生代为处理儿子生前债权债务、丧葬等相关事宜。之后，任先生代邓女士处理了死者的善后事宜，并到保险公司代为领取了保险理赔金 18 万元。但邓女士对任先生代为领取保险理赔金表示异议，认为自己只是委托任先生代为处理儿子生前债权债务和丧葬事宜，并没有授权任先生代为理赔，保险公司不应将理赔金支付给任先生，且理赔金过低，应为 36 万元。邓女士遂将保险公司告上法庭，请求法院判令保险公司支付保险理赔金36万元。

保险公司辩称，任先生在办理保险理赔时，出具了邓女士的授权委托书，因此任先生具有代为处理保险理赔的权利。因死者驾驶营运期间的车辆，且事故发生时未系安全带，经与任先生协商，最终确定并支付保险理赔金18万元。

法院经审理认为，该案委托书中载明任先生代办事项的地点限定为事故发生地德阳，且授权范围明确指定仅为处理死者生前的债权债务，并不包含有授权任先生到成都进行保险理赔的意思。故任先生无权代邓女士办理理赔事宜。保险公司在理赔时将 18 万元保险金支付给第三人，应自己承担审查不严的不利后果。此外，根据事故发生后交管部门勘验认定，死者身亡时系有安全带，且保险公司未能拿出有效证据证明死者出险时是在“营运期间”，所以保险公司的赔偿数额应为 36 万元。因第三人任先生已将保险公司先期赔付的18万元交付给邓女士，遂判决保险公司向邓女士赔付剩余的保险金18万元。

资料来源：《人民法院报》，2012年06月22日，夏旭东，洪立媛。

第六节　商务谈判方案

案例精选

关于引进K公司矿用汽车的谈判方案

5年前我公司曾经经手K公司的矿用汽车，经试用，性能良好，为适应我矿山技术改造的需要，打算通过谈判再次引进K公司矿用汽车及有关部件的生产技术。K公司代表于4月3日应邀来京洽谈。

一、具体内容

1. 技术要求：①矿用汽车车架运行15000h不准开裂。②在气温为40℃条件下，矿用汽车发动机停止运转8h以上在接入220V电源后，发动机能在30min内启动。③矿用汽车的出动率在85%以上。

2. 试用期考核指标：①一台矿用汽车试用10个月(包括一个严寒的冬天)。②出动率达85%以上。③车辆运行3750h，行程3125km。④车辆运货量达31255m^3。

3. 技术转让内容和技术转让深度：①利用购买29台车为筹码，K公司无偿(不作价)地转让车架、厢斗、举升缸、总装调试等技术。②技术文件包括：图纸、工艺卡片、技术标准、零件目录手册、专用工具、专用工装、维修手册等。

4. 价格：①19××年购买W公司矿用汽车，每台FOB单价为23万美元；5年后的今天如果仍能以每台23万美元成交，那么定为价格下限。②5年时间按国际市场价格浮动10%计算，今年成交的可能性价格为25万美元，此价格为上限。

小组成员在心理上要做好充分准备，争取价格下限成交，不急于求成；与此同时，在非常困难的情况下，也要坚持不能超过上限达成协议。

二、谈判程序

第一阶段：就车架、厢斗、举升缸、转向缸、总装调试等技术附件展开洽谈。

第二阶段：商订合同条文。

第三阶段：价格洽谈。

日程安排(进度)：4月5日上午9:00—12:00，下午3:00—6:00为第一阶段；4月6日上午9:00—12:00为第二阶段；4月6日晚7:00—9:00为第三阶段。

谈判地点：第二阶段的谈判安排在公司12楼洽谈室；第三阶段的谈判安排在××饭店二楼咖啡厅。

三、谈判小组分工

主谈：张××为我谈判小组总代表。

副主谈：李××为主谈提供建议，或伺机而谈。

翻译：叶××随时为主谈、副主谈担任翻译，还要留心对方的反应情况。

成员A：负责谈判记录和技术方面的条款。

成员B：负责分析动向、意图、财务及法律方面的条款。

××公司矿用汽车引进小组

××××年×月×日

资料来源：http://www.docin.com/p-833689068.html。

这是一篇关于引进产品的商务谈判，目的是要以最合适的价格，引进条件、规格完全符合要求的产品。例文中对于产品的条件、规格等参数的规定非常详细，为谈判提供了很好的依据。谈判的程序也安排得比较恰当，是不错的商务谈判方案。

(一) 概念

商务谈判方案实际上就是谈判计划，是在谈判之前，根据谈判的目的和要求预先拟定出谈判具体内容与步骤的文书。

(二) 内容

(1) 谈判主题。商务谈判方案必须有明确的主题，在整个商务谈判活动中，谈判小组的各项工作都要围绕谈判主题而开展。

(2) 谈判目标。谈判的主题确定后，还需要确定具体谈判目标，如技术要求、交易条件、价格等。

(3) 谈判程序。要安排好所谈事项的先后次序。

(4) 谈判组织。确定谈判小组成员，并进行明确分工。

(三) 写法

1. 标题

一般由事由及文种构成。

2. 正文

包括前言和主体两部分。

(1) 前言。一般简要写明谈判的总体设想、原则及谈判的主要内容或谈判对象的情况。

(2) 主体。应写明谈判主题、谈判目标、谈判程序、谈判组织等内容要素。

3. 落款

写明谈判小组和日期。

(四) 要求

(1) 简明扼要。尽量使谈判人员很容易记住其主要内容与基本原则，使他们能根据方案的要求与对方周旋。

(2) 明确具体。谈判方案必须与谈判的具体内容相结合，以谈判具体内容为基础，否则会使谈判方案显得空洞、含糊。因此，谈判方案的制定也要求明确、具体。

(3) 富有弹性。谈判过程中各种情况都有可能发生突然变化，要使谈判人员在复杂多变的形势中取得比较理想的结果，就必须使谈判方案具有一定的弹性。谈判人员在不违背根本原则情况下，根据情况的变化，在权限允许的范围内灵活处理有关问题，取得较为有利的谈判结果。谈判方案的弹性表现在：谈判有几个可供选择的目标；策略方案根据实际情况可供选择某一种；指标有上下浮动的余地；还要把可能发生的情况考虑在计划中，如果情况变动较大，原计划不适合，可以实施第二套备选方案。

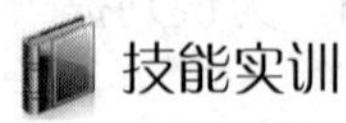

技能实训

请根据下列材料拟写一份商务谈判方案。

甲方：中国某农产品经贸公司

乙方：欧洲某公司

背景：2002 年 5 月，甲方向乙方推销银杏，询盘后得到回音，涉外谈判即将开始。甲方派出谈判代表前，须制定一个谈判方案。请为甲方拟一份谈判方案，要求简明扼要，突出要点，能适应变化，使谈判人员便于把握。

课外拓展

商务谈判八字真言

谈判能力在每种谈判中都起到重要作用，无论是商务谈判、外交谈判，还是劳务谈判，在买卖谈判中，双方谈判能力的强弱差异决定了谈判结果的差别。对于谈判中的每一方来说，谈判能力都来源于 8 个方面，就是 NO TRICKS 每个字母所代表的 8 个单词——Need，Options，Time，Relationships，Investment，Credibility，Knowledge，Skills。

N 代表需求(Need)。对于买卖双方来说，谁的需求更强烈一些？如果买方的需要较多，卖方就拥有相对较强的谈判力，你越希望卖出你的产品，买方就拥有较强的谈判力。

O 代表选择(Options)。如果谈判不能最后达成协议，那么双方会有什么选择？如果你可选择的机会越多，对方认为你的产品或服务是唯一的或者没有太多选择余地，你就拥有较强的谈判资本。

T 代表时间(Time)。指谈判中可能出现的有时间限制的紧急事件，如果买方受时间的压力，自然会增强卖方的谈判力。

R 代表关系(Relationship)。如果与顾客之间建立强有力的关系，在同潜在顾客谈判时就会拥有关系力。但是，也许有的顾客觉得卖方只是为了推销，因而不愿建立深入的关系，这样在谈判过程中将会比较吃力。

I 代表投资(Investment)。即在谈判过程中投入了多少时间和精力，为此投入越多，对达成协议承诺越多的一方往往拥有较少的谈判力。

C 代表可信性(Credibility)。潜在顾客对产品可信性也是谈判力的一种。如果推销人员知道你曾经使用过某种产品，而他的产品具有价格和质量等方面的优势时，无疑会增强卖方的可信性，但这一点并不能决定最后是否能成交。

K 代表知识(Knowledge)。知识就是力量。如果你充分了解顾客的问题和需求，并预测到你的产品能如何满足顾客的需求，你的知识无疑增强了对顾客的谈判力。反之，如果顾客对产品拥有更多的知识和经验，顾客就有较强的谈判力。

S 代表的是技能(Skill)。这可能是增强谈判力最重要的内容了，不过，谈判技巧是综合的学问，需要广博的知识、雄辩的口才、灵敏的思维……

总之，在商业谈判中，应该善于利用“NO TRICKS”中的每种能力，再加上 NO TRICKS。

资料来源：中华演讲网。

本章小结

财经应用文，专指各类为财经工作所用的财经专业文书，是专门用于经济活动的经济应用文体的统称。财经应用文在内容和形式方面体现出两大特征：从内容方面来看，财经应用文是为解决某个特定的经济问题或处理某项具体的经济工作而撰写的文种，它的内容同经济活动有关，是经济活动内容的反映；从形式方面来看，财经应用文大都有着固定的体例格式，带有一定的程式化特点。通过学习本节内容，学生应了解可行性论证报告、财务分析报告、审计报告及经济合同等文体的使用场合、特点、写作要求，着重掌握其文体结构和内容结构，具备撰写市场调查报告、市场预测报告和商务谈判方案的能力。

实训练习

一、名词解释

1. 审计报告　　2. 经济合同　　3. 市场调查报告
4. 委托授权书　　5. 商务谈判方案

二、简答题

1. 可行性研究报告正文的内容是什么？
2. 市场调查报告和市场预测报告有什么区别？
3. 商务谈判方案的写作要求是什么？

三、写作题

1. 根据下述材料，撰写一篇市场调查报告。

中国饮料工业协会统计报告显示，国内果汁及果汁饮料实际产量超过百万吨，同比增长 33.1%，市场渗透率达 36.5%，居饮料行业第四位，但国内果汁人均年消费量仅为 1kg，为世界果汁平均消费水平的 1/7，西欧国家平均消费量的 1/4，市场需求潜力巨大。

我国水果资源丰富，其中，苹果产量是世界第一，柑橘产量世界第三，梨、桃等产量居世界前列。据权威机构预测，2015 年，预计果汁产量为 195 万吨～240 万吨，人均年消费量达 1.5kg。

近日，我公司对××市果汁饮料市场进行了一次市场调查，根据统计数据，我们对调查结果进行了简要的分析。

追求绿色、天然、营养成为消费者和果汁饮料的主要目的。品种多、口味多是果汁饮料行业的显著特点，据××市场调查显示，每家大型超市内，果汁饮料的品种都在 120 种左右，厂家达十几家，竞争十分激烈，果汁的品质及创新成为果汁企业获利的关键因素，品牌果汁饮料的淡旺季销量无明显区分。

目标消费群——调查显示,在选择果汁饮料的消费群中,15～24 岁年龄段的占了 34.3%，25～34 岁年龄段的占了 28.4%，其中又以女性消费者居多。

影响购买因素——口味：酸甜的味道销的最好，低糖营养性果汁饮品是市场需求的主流；包装：家庭消费首选 750ml 和 1L 装的塑料瓶大包装；260ml 的小瓶装和利乐包为即买即饮或旅游时的首选；礼品装是家庭送礼时的选择；新颖别致的杯型因喝完饮料后瓶子可当茶杯用，所以也影响了部分消费者的购买决定。

饮料种类选择习惯——71.2%的消费者表示不会仅限于一种，会喝多种饮料；有什么喝什么的占了 20.5%；表示就喝一种的有 8.3%。

品牌选择习惯——调查显示，习惯于多品牌选择的消费者有 54.6%；习惯单品牌选择的有 13.1%；因品牌忠诚度做出单品牌选择的有 14.2%；价格导向占据了 2.5%；追求方便的比例为 15.6%。

饮料品牌认知渠道——广告：55.4%；自己喝过才知道：24.5%；卖饮料的地方：24.1%；亲友介绍：11.1%。

购买渠道选择——在超市购买：61.3%；随时购买：2.5%；个体商店购买：28.4%；批发市场：2.5%；大中型商场：5.3%；酒店、快餐厅等餐饮场所也具有较大的购买潜力。

一次购买量——选择喝多少就买多少的有 62.4%；选择一次性批发很多的有 7.6%；会多买一点存着的有 30.0%。

2. 根据下面的材料撰写一份经济合同

浩田药品公司法人代表王成铭和青田园艺场法人代表卢永建于 2005 年 3 月 10 日签订了一份红枣购销合同，具体货物是山东乐亭一级金丝小枣，数量为 200kg，每千克价格为 8 元，2005 年 6 月 10 日之前由青田园艺场直接运往浩田药品公司，运费由青田园艺场负责，货品检验合格后，浩田药品公司于收货 7 天内通过银行托付货款。小枣必须用大塑料外包，纸袋内装，外用纸箱包装。包装费仍由青田园艺场负责。青田园艺场地址为：山东省××县，开户银行是××县农业银行，银行账号：420514，电话：××。浩田药品公司地址为天津市××区××路××号，开户银行为天津市工商银行，账号 8825431，电话××。合同签订后，如双方不履行，在正常情况下拒不交货或拒付款都须处以货款 20%的罚金，迟交货或迟付款，则每天罚 0.3‰的滞纳金；数量不足，按不足部分的货款计赔，仍按 20%的比例赔偿。质量不合格，则重新酌价。如遇特殊情况，则提前 30 天通知对方，并赔偿损失费 10%，本合同由山东省××县工商行政管理所鉴证。

第八章

宣传策划文书

第一节　策划书

2013年"水乡渔村"杯海峡两岸暨福建省首届海钓(矶钓)赛招商策划书

一、赛事简介

2013年"水乡渔村"杯海峡两岸暨福建省首届海钓(矶钓)赛由中国钓鱼运动协会、福建省体育总会主办，由福建省钓鱼协会、福建省社会体育指导中心、宁德市体育总会、霞浦县体育总会承办。本次赛事是我省今年举办的最大规模海钓比赛，参赛队伍共41支，并邀请了来自港、澳、台的16名选手参加比赛，国内报道钓鱼比赛的三家最好的媒体和海外新闻媒体及随行人员7人也莅临现场采访赛事盛况。在霞浦这座历史悠久、风景旖旎的"海滨邹鲁"之地，比赛的举办揭开了海峡两岸群众性海钓运动的序幕。

二、赛事关注

(一) 政企互动，共襄盛举。比赛由福建省海洋渔业厅、福建省体育局等政府部门组织福建众多行政、企事业单位和社会团体参赛，钓手均为各级政府部门领导、企事业单位负责人、社会知名人士及海峡对岸高手，赛事必将引起我省广大市民和社会各界人士的极大关注。

(二) 钓鱼搭台，经济唱戏。以"鱼"元素为主体，文化、休闲、娱乐为本质，彰显人与人、人与社会、人与自然、社会与企业和谐共处的人文底蕴及核心文化价值。

(三) 宣传海西，打造品牌。从活动本身升华，提高社会影响力、群众参与度、企业参与度，致力于打造一年一度的文化性品牌活动，共推以打造城市新名片、企业推广品牌性平台为终极目标。

(四) 发掘内涵，传承文化。以钓鱼文化为内涵，将钓鱼、赏鱼、斗鱼、品鱼的文化内涵延伸，宣传海西渔业资源，提升文化品位。

(五) 媒体支持，提升形象。在比赛期间，电视台等各新闻单位将对比赛予以重点报道。如2011年全国垂钓俱乐部联赛福建站比赛，中央五套、中央二套、浙江卫视都将有现场直播专题节目、海峡都市报、东南快报、福州晚报均有两个半版进行全程介绍。

三、赞助回报

(一) 基本回报

1. 享有本次活动的冠名权，在指称本活动的场合、宣传使用统一名称“××杯赛”(或可结合企业定制)。

2. 冠名企业负责人一人可以享受以下特殊顶级礼遇：担任本次比赛组委会特殊职位，授予协会副会长、副秘书长、理事等职位。以特邀嘉宾身份，参加大赛筹备发布会并发表致辞，接受记者的访问；由省、市组委会重要领导颁发锦旗并合影并午宴。以特邀嘉宾身份，参加开颁奖，担任颁奖嘉宾。

3. 活动结束后，组委会将收集本次活动及冠名企业在相关媒体上的报道，整理后提交冠名企业存档收藏。

4. 组委会向企业颁布正式的大会组委会颁发的荣誉牌匾。

5. 冠名企业可和组委会共同协商、策划，将企业的品牌、产品融入比赛现场。或策划企业专场活动，邀请比赛选手参与，与比赛选手的衣食住行相结合，更好展示企业/产品风采，增加传播效果。

6. 重要奖项和奖杯冠名与颁发，邀请参赛得奖者到企业考察和留影。

(二) 无形资产回报

1. 商标使用权：享有“××杯赛”商标使用权一年。

2. 影像资料使用权：有权收集并使用与“××杯赛”相关的影像资料(包括比赛、商务活动、公益活动等，可用于企业或产品宣传)。

3. 授权产品推广权：冠名企业指定产品作为本次活动授权产品，以“××杯赛”授权产品名义，进行推广。

(三) 宣传实物回报

1. 对外资料、宣传手册、海报、宣传单张等宣传资料均出现赞助商名称；场地外标有企业名称的祝语横幅2条，标有悬挂条幅气球2个。比赛现场设置大型背景板、场地条幅等宣传物，在显著位置设置冠名企业标识、品牌广告；场地内悬挂企业宣传横幅1条及企业赛场场地广告牌1块；场地内冠杯企业设置文字、图片说明及企业文化阐述等内容的展板2块。

2. 主持人现场说企业简介和口头鸣谢，安排冠名单位领导为获胜队伍及个人颁奖或为赛事开幕式、闭幕式致辞；福建省海洋渔业周期间免费提供海洋渔业厅安排给协会的摊位作为企业宣传和产品展示使用。

(四) 现场产品展示

1. 提供场地给企业搭台进行品牌秀、T 台秀的现场推广，散发宣传单。

2. 冠名企业可在现场按承办方的安排派发自己的产品、宣传资料或其他宣传品。

3. 比赛现场可将产品与比赛设置相结合，更好地展示产品，传达产品信息。

(五) 媒体回报

1. 赛事现场将邀请 TV 8 体育电视频道进行现场录像，在专业频道专题节目中播出，许多电视台也会将其以信息形式转播。

2. 大型赛事企业形象或品牌将通过多家中央级和省级电视台传遍全国，达到最大宣传效果。

3. 《海峡体育》《绿领小族》《博鱼天下》《海峡都市报》等平面媒体也将使用专题板块进行报道。

4. 大赛各类宣传材料和秩序册封面、封底广告。

5. 更多广告形式和回报条件可以另行商议。

四、赞助流程

企业提出赞助申请—谈判赞助资源购买数量及价格—决定赞助细节，签订赞助合同—赞助商相关权益服务和品牌保护。

资料来源：福建省钓鱼协会网。

这是一份体育赞助策划书。该策划书首先介绍了比赛情况，然后详细阐述了对企业具有一定吸引力的赞助回报条款，可以说是一份成功的策划书。

(一) 概念

策划就是一种策略、筹划、谋划或者计划、打算。它是企事业单位、社会团体、组织机构或者个人为了达到一定的目的，在充分调查市场环境以及相关联的环境的基础之上，遵循一定的方法或者规则，对未来即将发生的事情进行系统、周密、科学地预测并制定科学的可行性的方案，并在发展中不断调整，以适应环境变化的过程。策划文书就是将此思维过程经过整理后形成的文本。

(二) 分类

(1) 从社会领域的角度，可以分为政治策划、经济策划、军事策划、文化策划等。

(2) 从行业的角度，可以分为房地产策划、旅游策划、婚庆策划、游戏策划、公共关系策划、新闻策划等。

(3) 从策划实现的目的出发，可以分为创业策划、广告策划、营销策划、专题活动策划等。

(三) 注意事项

(1) 写好策划书，需要注重思维能力的培养，包括全面考虑问题的能力、创新思维的能力、逻辑思维能力等。

(2) 制作策划书还需要具备市场调研常识、基本的统计学知识以及必要的消费心理学知识。

(3) 策划书的写作格式没有一定之规，要根据不同的情况进行构思和编写。

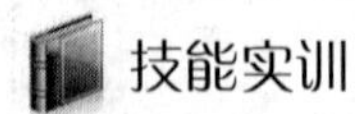

技能实训

根据以下材料写一份策划书，要求按一般策划书简写，但主要结构必须完整，要求层次清楚，语言准确顺畅。

1. 昆明某电脑公司已获得某一品牌新一代商品“讯达”的代理资质。

2. 其所代理的品牌为国内知名品牌，生产商是一实力强大的跨国公司，有自己的知识产权。

3. 作为新一代产品，该型号电脑运算速度明显快于其他产品，在耗电、运行稳定性上也大大超出以往产品，技术上在国内领先。

4. 该型号产品价格略低于类似产品，但在云南的市场还未打开知名度，市场份额较低。

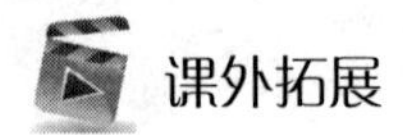

课外拓展

策划与计划的区别与联系

一般来说，策划是指通过创意、谋划和论证，充分考虑现有条件，提出有价值的目标并设计最佳方案的活动。策划书(策划案)指体现上述思想和过程的应用文体。而计划是指通过分解和部署，充分调动资源，为实现某一目标而进行工作设计的活动。计划(书)即指体现这些思想和过程的应用文体。

策划和计划都面向未来、指导未来，都强调前导性和科学性，即策划和计划都是管理的前期阶段，都有着明确的目的，指导着工作、任务的具体实施。策划和计划都要高度重视方案的可行性和高效性，要充分考虑各类要素和条件。

但策划和计划并不相同，其不同处在于：策划一般在决策之前，是决策的依据和前提。因此，它强调价值、科学和竞争，即首先要创意出有价值的目标和谋划出科学可行的方案，这些目标和方案都应是最优的，应该在竞争中展现自己的优势并获得决策通过。计划一般在决策之后，是决策的细化和实现决策的保证。因此，它强调具体、明确和控制，即重在围绕决策目标和优先方案对工作进行分解，对资源进行细致安排，这些分解和部署都应是明确的，以便在实现过程中进行控制和评估。

策划与计划的联系非常紧密，主要表现在：策划是制订计划的重要依据。策划不仅提供了计划制订和实施所应围绕的中心(即目标)，还提供了目标实现的最优方案，这些都应是计划制订时所必须加以考虑的。计划是策划实施的重要保证。计划是策划和实施之间的桥梁。因为策划是事先谋划，所以侧重于目标和较为粗略的实施方案，其通过决策后要进行细化才能组织、控制实施行为；而计划即是策划的细化。

正是因为策划和计划的紧密联系，所以，在现实生活中，策划文案和计划文案也并没有明确的分界线。当策划书对具体实施方案制定得比较详细时，一旦获得决策通过往往不用再制定计划书，而直接成为实施的依据。而很多计划都深深地根植了策划的思想，如对背景的分析、目标的解释、方案的评估和论证等。很多策划文案往往以“计划书”为名，而很多计划文案又自称“策划书”。

资料来源：绍兴媒体在线。

第二节 广告词

案例精选

几大知名体育品牌的经典广告语

1. 李宁 Lining：Anything is possible 一切皆有可能

2. 阿迪达斯 Adidas：Impossible is nothing 没有什么不可能

3. 耐克 Nike：Just do it 只管去做

4. 匹克 Peak：I can play 我能 无限可能

以上几个体育广告词是大家耳熟能详的，也充分说明了广告词的特点就是简洁凝练、明白易懂。

(一) 概念

广告词，又称广告语，有广义和狭义之分。广义的广告词指通过各种传播媒体和招贴形式向公众介绍商品、文化、娱乐等服务内容的一种宣传用语，包括广告的标题和广告的正文两部分。狭义的广告词则单指广告的标题部分。

(二) 分类

(1) 商业广告。亦称经济广告，以盈利为目的，把有关商品劳务的信息，传递给人们，是组织商品流通的手段。

(2) 公益广告。不以收费性的商业宣传来创造经济效益，而是"免费推销"某种意识和主张，向公众输送某种道德观念，以提高他们的文明程度，获取良好的社会效益的广告。

(三) 特点

(1) 简洁凝练。广告语应简明扼要，抓住重点，没有多余的话。不简短就不便于重复、记忆和流传。一般来说，广告语的字数以 6～12 个字(词)为宜，一般不超过 12 个字(词)。如我国知名民族企业海尔集团的广告语“海尔——真诚到永远”；爱立信手机“沟通就是爱”；耐克“Just do it”；海飞丝洗发水“头屑去无踪，秀发更出众”；等等。最少的还有一个词的，比如 IBM 公司的“Think”，都是非常简练的。正是应了那句话：“浓缩的都是精华！”

(2) 明白易懂。广告文字必须清楚简单、容易阅读、用字浅显，符合潮流，内容又不太抽象，使受过普通教育的人都能接受。广告语应使用诉求对象熟悉的词汇和表达方式，使句子流畅、语义明确。避免生词、新词、专业词汇、冷僻字词，以及容易产生歧义的字词。也不能玩文字游戏，勉强追求押韵。

(3) 朗朗上口。广告语要流畅，朗朗上口，适当讲求语音、语调、音韵搭配等，这样才能可读性强，抓住受众的眼球和受众的心。我们不难发现，许多广告语都是讲求押韵的，比如“农夫山泉，有点甜”“好空调，格力造”等等。

(4) 新颖独特。要在“新”字上下功夫。如新产品或老产品的新用途、新设计、新款式等。广告语的表现形式要独特，句势、表达方法要别出心裁，切忌抄袭硬套，可有适当的警句和双关语、歇后语等，迎合受众的好奇心和模仿性，唤起心灵上的共鸣。比如某电话机“勿失良机”，巧妙地利用了“机”字的双关。

(5) 主题突出。广告的标题是广告正文的高度概括，它所概括的广告主体和信息必须鲜明集中，人们看到它就能理解广告主要宣传的是什么。一条广告语可以选择不同诉求点，即强调的东西不同，但总要突出某一方面。比如诺基亚的一条广告语“科技以人为本”，虽然这句话并不是诺基亚先提出来的，但却向消费者展示了该公司的创业理念，使大家对该公司及其产生一种信服感，从而对起产品的质量、售后服务等有了信赖感。

请你评判

下面是为《现代汉语词典》设计的三条广告词，请从其中选出你认为最佳的一条，并简要说明理由。

1. 现代汉语，一“典”即通。
2. 规范现代汉语半世纪居功至伟，传播中华文明五大洲声名远扬。
3. 一本词典，一位良师，一生收获。

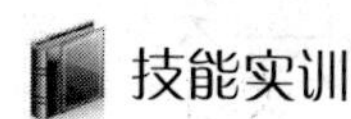

技能实训

请拟一条以“食品安全”为内容的公益广告词。要求主题鲜明，形象生动，语言简明。(在 10～20 个字之间)

课外拓展

体育用品广告语的用词特点及文化内涵

体育用品广告十分注重内在意蕴的发掘，通过相应含义词语的运用，反映出一定的体育文化内涵，即语义特征，传达出体育的精神魅力，以增强广告的愉悦性和感染力，提高广告信息的传播效果。

勇于竞争，敢于挑战

在竞技体育中，体育运动追求“更快，更高，更强”的奥林匹克精神，提倡竞争，提倡“永远争取第一，永远超过别人”。这既是指在竞技场上面对强手时发扬大无畏的精神，敢于斗争，敢于胜利，勇敢无畏，要有一股霸气；又是指对自己永不满足，不断战胜自己，向新的极限挑战，还鼓励人们在自己生活的各个方面不断地超越自己，不断更新，永远保持蓬勃的朝气。要表达出这样的语义特征，体育用品的广告语中就多用“赢”“拼搏”“成功”等词语，向人们传达着直面挑战、时尚、强劲有力的品牌精神。如：双鱼——拼搏创优，成就冠军；多威——步步为赢；安踏——赢的力量；海尔斯——我运动，我能赢；幸运风——我成功，我有幸运风等。

坚强自信，毅力顽强

体育，也是一种永不服输的精神，它要人们永远相信自己，不断追求，不断进取，时刻保持一种自信、必胜的信念，正如在生活中最重要的事情不是胜利，而是斗争；不是征服，而是奋力拼搏。要时刻相信自己，不向困难屈服，超越自我等，表现这种语义的广告常用“自信”“能”等词语，如：金莱克——永不停止，相信自己；匹克——我能，无限可能；邓亚萍——我自信，我成功等。

健康向上，充满活力

体育还具有教育、文化、娱乐的功能，可以使人们得到健康的娱乐享受，鼓励人们多运动，增强体质，向人们传达一种健康向上的积极心态，健康、时尚、活力，给生活注入永不枯竭的生命力，促使人身心的和谐发展，因此在这类广告语中就多用“运动”“健康”等词语，如：曼奴——让时尚去运动；康威——运动无界，快乐无限；德尔惠——运动活力，无处不在；李宁——我运动，我存在；舒华——健康，意在未来；喜攀登——有我，就有运动等。很多体育用品的定位是青春，充满活力的年轻人，很多体育用品广告语就表现年轻人的这种精神面貌，如：银河——乒乓有形，快乐无限；美特斯邦威——不走寻常路；助乐——跳一点，谁说不可以；特步——飙出自己的风格才够 High 等。

科学健身，科技领先

我们现在强调科学健身，不仅在运动训练，而且在场地器材方面都需要加强科研和创新，北京奥运会也提出“科技奥运”的口号，这在体育用品的广告中都有所体现，尤其是在运动器材的广告中，因此这类广告语中“科技”“专业”等词就经常出现，如：鸿星尔克——科技创新，领跑未来；山诺——引导潮流，领先技术等。在竞技体育中，科技的运用是为了得到更大的进步和提高，追求冠军的成绩，因此“冠军”一词也在这类体育广告中大量出现，如：海尔斯——成就冠军的装备；红双喜——红双喜，无限冠军能量；狂飚王——世界冠军之巅等。同时，由于体育的特殊性，在体育用品广告语中还常用“主场”“篮下”等与体育有关的专有名词，“主场”是指在主队所在的城市、国家进行比赛，而“篮下”一看便知是和篮球有关的广告，如：匹克——到哪里都是主场；雷速——篮下，我的天下；特步——有我，哪里都是主场等。

资料来源：《青年记者》，2013年35期。

第三节 导游词

案例精选

黄山导游词

一块徽墨，这是来自黄山松针的精华；一方歙砚，这是采自黟山的天成灵石；一卷宣纸，一管宣笔，安徽的文房四宝将为在座的各位描绘一幅黄山的水墨丹青。

“黄山四千仞，三十二莲峰，丹崖夹石柱，菡萏金芙蓉。伊昔升绝顶，下窥天目松，仙人炼玉处，羽化留余踪。”黄山，古名黟山，由于轩辕黄帝在这里沐浴汤泉，驭龙升天，故又称为“三子天都”；唐代天宝六年正式定名为“黄山”。著名旅行家徐霞客于1616年冬天，来到黄山，由于天气寒冷、大雪封山的缘故，徐霞客此次只游览了松谷庵，并为见黄山的绝妙之处。时隔一年半后，徐霞客又于1618年秋天，再次游历黄山，并登上了天都峰与莲花峰。在其所著的《游黄山日记》中有这样的描述:“左天都，右莲花，背倚玉屏风，两峰秀色，俱可手揽。回顾奇峰错列，众壑纵横，真黄山绝胜处！”日后，有人问徐霞客，天下名山何处最美？徐霞客答曰：“薄海内外，无如徽之黄山。登黄山天下无山，观止矣！”这一句话，给予了黄山极高的评价，也引来无数文人倘游黄山。相传，明代著名文人黄习远，久闻黄山美名，他心想难道天下真有如此绝胜之处？于是他带着一份期望，同时也带着一份质疑，来到了黄山。可是明代时候的黄山既没有盘山公路也没有索道交通；当他辛辛苦苦连续攀登了三日，仍未见到黄山胜景时，心中便开始打鼓了；是不是前人评价过高了呢？又一日，当他来到石笋峰，看到了探海松、辕门松、十八罗汉朝南海等美景时，惊呆了，脱口而出：“岂有此理，说也不信，真正美景，至此方知。始信！”于是黄山从此有了一处闻名遐迩的山峰——始信峰！也是在明代，另外一位著名文人王世贞，曾经组织了一批高级知识分子团队：他带领了百余名三吴、两浙的文人，齐游黄山。在此期间黄山上诸多的奇松怪石，得以定名。可以说黄山上的每一处景点都拥有着丰富的文化内涵！这也就难怪黄山被世界教科文组织评为人类自然与文化双遗产了。

世间不缺少精彩，只是缺少发现精彩的眼睛！世之奇伟瑰怪之观，常在于险远，而人所罕至。正是因为有了徐霞客，黄习远这样坚忍不拔、意志超群的旅行家，才使得深藏险远之中的黄山胜景，呈现在大家的面前；更使黄山之名，响彻海内。在1979年7月，黄山迎来了名满世界的机会！邓小平同志不顾75岁高龄，徒步登临黄山，这位中国改革开放的总设计师，以战略家的眼光审视着黄山无可估量的价值，指出“要有点雄心壮志，把黄山的牌子打出去”。从此，黄山走出中国，吸引了世界各地的游客来到这里；他们在欣赏黄山美景的同时也感受了中华文明的博大精深！黄山成为世界的黄山！

“我欲一挥手，谁人可相从？君为东道主，于此卧云松。”黄山的迎客松将永远伸开热情的臂膀，欢迎来自五湖四海的宾朋。作为一名安徽导游，能够向大家宣传黄山，我感到无比的荣幸与自豪！谢谢大家。

资料来源：百度文库。

这是一篇黄山的导游词，文章以诗情画意的笔法演绎了从古至今诗人墨客、专家学者、政治领袖对黄山的喜爱和赞誉，让人为之神往。

(一) 概念

导游词是游览时的讲解词，是为口头表达而写的，因此语言要生动、形象、富有感染力。另外，风景是可以直接看到的，而景点名称的由来，风景背后的神话、传说、故事等等，却鲜为人知。因此，在导游词中加入这些内容，也能增加旅游的神秘感。

(二) 功能

(1) 引导游客鉴赏。导游词的宗旨是通过对旅游景观绘声绘色地讲解、指点、评说，帮助旅游者欣赏景观，以达到游览的最佳效果。

(2) 传播文化知识。传统文化知识即向游客介绍有关旅游胜地的历史典故、地理风貌、风土人情、传说故事、民族习俗、古迹名胜、风景特色，使游客增长知识。

(3) 陶冶游客情操。导游词的语言应具有言之有理、有物、有情、有神等特点。通过语言艺术和技巧，给游客勾画出一幅幅立体的图画，构成生动的视觉形象，把旅游者引入一种特定的意境，从而达到陶冶情操的目的。

(三) 写法

一篇完整的导游词，其结构一般包括习惯用语、概括介绍、重点讲解3个部分。

1. 习惯用语

习惯用语又分为两个部分——见面时的开头语和离别时的告别语。开头语包括问候语、欢迎语、介绍语、游览注意事项和对游客的希望五个方面，放在导游词的最前面。

(1) 开头语：①介绍自己或旅行社；②介绍司机和车型、车号；③介绍旅游时间，地点和行程安排；④表示欢迎。

(2) 告别语：①总结旅游情况；②感谢游客配合；③希望提出意见；④表示依依惜别。

2. 概括介绍

概括介绍是用概述法介绍旅游景点的位置、范围、地位、意义、历史、现状和发展前景等，目的是帮助旅游者对景点先有个总体了解，引起游览兴趣，犹如“未成曲调先有情”。概括介绍应根据时间和游客情况，可长可短，可详可略(可根据需求所变)。

3. 重点讲解

重点讲解是对旅游线路上的重点景观从景点成因、历史传说、文化背景、审美功能等方面进行详细的讲解，使旅游者对旅游目的地有一个全面、正确的了解，同时要提醒旅游者注意自己携带的东西，保管好自己随身的物品，这是导游词最重要的组成部分。

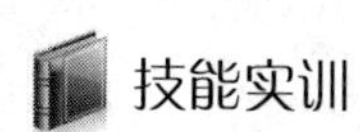
技能实训

你的家乡最有名的旅游景点是什么？试想你现在是一名导游，为这个景点写一份导游词，并把它介绍给你的同学。

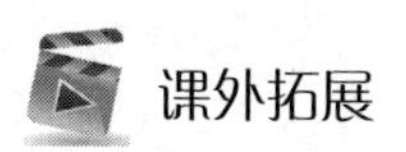
课外拓展

各种各样的旅游方式

1. 组团旅游

团体旅游是一种很好的旅游形式，国际和国内均普遍开展。由旅行社全部包办，可以省去许多的麻烦和辛苦，从而轻松愉快地游览。旅行社对旅游线路了如指掌，旅游者可避免线路重复，用最节省的时间完成旅游计划。旅行社在一次旅行活动中一般配有专业的导游，来帮助游客更好的游览景点。参加组团旅游还可以与不同层次，不同地方的旅游者一起，可结识很多新朋友。但也有不好的地方，很有可能游览得太匆忙。

2. 自助旅游

自助旅游是指由自己策划，不依靠旅行社代办，而完成吃行住游等活动的旅游过程。这是一种由游客自主选择旅游项目，自主决定旅游时间，自主决定乘车、乘船还是乘飞机。跟整齐划一比较拘束的团体旅游相比，自助旅游显得灵活自主活泼，故深受青年人的喜爱。要注意的是，旅游前应该在思想上、物质上做好充分准备；旅游中要量力而行，不要贪图“博览”而搞得精疲力竭。

3. 自行车旅游

自行车旅游有很大的灵活性。只可能是短期或长途自行车旅行也是关键领域广泛更深入细致，更容易体验各地国。这种旅游方式可节省路费、锻炼身体，所以受到青年人特别是青年学生的喜爱。但这种方式的旅游速度相对较慢，对体力要求较高，不适合体弱者和老年人。

4. 徒步旅游

徒步旅游是一项兼有郊游和身体锻炼的活动，对青年人、中年人、老年人皆很适宜。亲朋好友一起徒步到郊外呼吸新鲜空气，活动一下经络，观赏郊外风光，对身体大有裨益。然而，步行游览最好从短距离开始，途中可适当做短暂的休息。到目的地后可开展些活动，如野炊、摄影、垂钓等。

5. 新形式的旅游 on the way

(1) 学艺旅游。游客们可以在旅游地学习制陶、编织、纺织、雕塑、淘金、织壁毯、吹制玻璃器皿等技术，在游览美丽风光的同时也掌握一门技能。

(2) 劳务旅游。一边挣钱一边旅游。旅游者在旅游区个人付出劳务，一方面赚些旅费以延长逗留时间，游览更多的地方；另一方面通过参加工作可以接触社会普通民众，从而更深地了解当地的风土人情，一举两得，不亦乐乎。

资料来源：http://blog.sina.com.cn/s/blog_6c841d8f0100tjfv.html。

第四节 产品说明书

案例精选

双氯芬酸钠肠溶片

药物名称：双氯芬酸钠肠溶片。

英文名称：Diclofenac Sodium Enteric-coated Tablets。

药物说明：本品为肠溶片，除去肠溶衣后显白色。25mg/片。

功能主治：(1)缓解类风湿关节炎、骨关节炎、脊柱关节病、痛风性关节炎、风湿性关节炎等各种关节炎的关节肿痛症状；(2)治疗非关节性的各种软组织风湿性疼痛，如肩痛、腱鞘炎、滑囊炎、肌痛及运动后损伤性疼痛等；(3)急性的轻、中度疼痛，如手术后、创伤后、劳损后、痛经、牙痛、头痛等；(4)对成人和儿童的发热有解热作用。

用法用量：(1)成人常用量：①关节炎，一日 75～150mg，分 3 次服，疗效满意后可逐渐减量；②急性疼痛：首次 50mg，以后 25～50mg，每 6～8 小时 1 次。(2)小儿常用量：一日 0.5～2.0mg/kg，日最大量为 3.0mg/kg，分 3 次服。

不良反应：暂无。

注意事项：对本品过敏者禁用。对阿司匹林或其他非甾体抗炎药引起哮喘、荨麻疹或其他变态反应的患者禁用。(1)有肝、肾功能损害或溃疡病史者慎用，尤其是老年人。用药期间应常规随访检查肝肾功能。(2)本品因含钠，对限制钠盐摄入量的病人应慎用。孕妇及哺乳期妇女用药，本品可通过胎盘。动物试验对胎鼠有毒性，但不致畸。

孕妇及哺乳期妇女不宜服用。老年患者用药，本品可能诱导或加重老年人胃肠道出血、溃疡和穿孔。服用利尿剂或有细胞外液丢失的老年患者慎用。

资料来源：百度百科。

这是一篇药品说明书，文中分别介绍了药物名称、功能主治、用法用量、不良反应及注意事项等内容，符合产品说明书的基本要求。

(一) 概念

产品说明书是一种概括介绍产品用途、性能、特征、使用方法及保养方法、注意事项的说明性文书。产品说明书在商业活动中使用相当广泛，是产品用户了解产品的性能、特点，掌握产品使用方法和操作维护知识、保障使用安全的基本依据，是企业用户服务体系的组成部分。

(二) 写法

产品说明书由标题、正文和结尾 3 部分组成。

1. 标题主要由产品名称加文种两部分构成。如《××牌电热器说明书》。

2. 正文应写明产品基本情况，一般包括：

(1) 产品概况包括产品名称、规格、成分、产地。

(2) 产品用途、性能、特点。

(3) 产品使用方法，可配插图说明各部件名称、操作方法及注意事项。

(4) 产品的保养和维修。

(5) 附“用户意见书”及其他事项。

产品说明书的种类不同，以上内容可有详略不同。

3. 结尾。产品说明书的结尾要注明生产、销售企业名称、地址、联系电话等，以使消费者与厂家、商家取得联系。

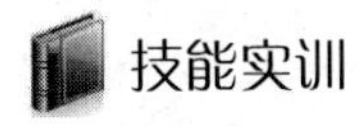

请你按以下格式就你所熟悉的体育健身器材写一份说明书。

××说明书

产品名称：××

产品型号：××-××

产品结构：(由哪几个部分组成)
产品功能：(主要用于干什么)
产品保质期：(一年或两年)
注意事项：(列出3～4条注意事项)
售后服务：(保修、维修)
服务网点：××
服务电话：××
生产厂家(地址)：××
生产日期：2012年1月14日

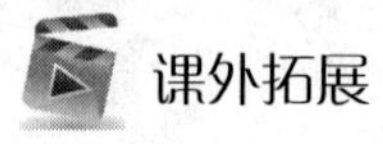

课外拓展

小心中计

随着社会和科技的发展，新产品不断涌现，产品说明书使用的频率越来越高，但目前社会上的各种产品说明书存在着种种问题：有的说明书太过深奥或者太过简单，让人如坠雾里，不知所云；还有的说明书语言、文字、印刷都不规范，造成消费者阅读的困难；甚至有的产品说明书进行虚假宣传，随意夸大产品功能，误导消费者。现在将“问题说明书”惯用的伎俩与三十六计进行对照，给消费者提个醒。

【声东击西】简释：忽东忽西，即打即离，制造假象，引诱敌人做出错误判断。表现在说明书上，就是用更多的辅助功能吸引消费者购买，让消费者暂时忽略了对产品基本功能的质量要求。示例：李小姐是个喜欢“追新”的人，经常忍不住为了某产品的某项新增功能不惜花高价购买，以显示自己的“与时俱进”。最近一次，她换了部昂贵的新款手机，只因其拥有内置视频播放器，可以下载一些短片进行播放，但一两次的新鲜感过后，李小姐便对这个时尚功能失去了兴趣。

【无中生有】简释：特点就是把明明不存在的事情或指标煞有介事地标明，尽管最后根本不可能达到这样的标准。使用这一计的产品大多是一些高科技产品或者人们不经常接触的产品。示例：钟先生想买一个随身听。要求只有一个：省电。他挑中了一日本著名品牌随身听，说明书上列出的指标是——磁带放音：25小时。买回家里，用了几天，钟先生就发现，实际使用时间只有说明书宣称的一半。

【美人计】简释：很明显，“美人计”是“三十六计”中最不用解说的一计。在兵法书上，侍奉或讨好强敌的方法分为三等：最下策是“献土地”，这势必增强敌人的力量；中策是送金钱珠宝、绫罗绸缎，这必然增加了敌人的财富；独有用“美人计”，既可以消磨敌军将帅的意志、体能，还可以增加其部属的怨恨情绪，乃上上之策。示例：王先生是个追星族，因此，美女代言的产品对他的吸引力总是特别大。他最近买的一台空调就是由某当红女星代言的。结果，这款空调性能并不是太好，不仅噪声大，制冷效果也不好。每每听到不绝于耳的空调嗡嗡声，王先生悔恨不已。

【走为上计】简释：典故中晋文公的几次撤退，都不是消极逃跑，而是主动退却，寻找或制造战机。示例：沈先生配了一台台式电脑。买的时候，各种保修卡、说明书一应俱全。销售商信誓旦旦，保证没问题。可是用了不到半年，光驱就出现了读盘问题。他看看说明书，有“光驱一年包换”的字样。便拆下来送到电脑城，但找了半天也没看到那家公司的影子。

资料来源：万隆证券网。

第五节　招标书和投标书

案例精选

例 1

××体育学院教学大楼招标公告

经上级主管部门同意，我校将修建一栋教学大楼，由××市城市建设委员会批准，建筑工程实行公开招标，现将招标有关事项公告如下：

一、工程名称：××大学教学大楼。

二、施工地点：××市××区××路××号。

三、建筑面积：××m2。

四、设计及要求：见附件。

五、承包方式：实行全部包工包料。

六、投标条件：凡有投标意向的具备法人资格且具有一、二级施工执照的企业，只要有其主管部门和开户银行的认可，均可投标。

七、招标要求：投标人请于 2010 年 6 月 5 日前来人或来函索取招标文书，收取成本费 30 元，逾期不予办理。

投标人请将投标文书及上级主管部门的有关签证等，密封投寄或派员直接送我校基建处。收件至 2010 年 7 月 5 日截止。开标日期定于 2010 年××月××，在××市公证处公证下启封开标，地点在我校第一会议室。

招标单位地址：××市××路××号

邮编：××

电话：××

联系人：××

××体育学院招标办公室

2010 年 5 月 15 日

例 2

××水泥厂投标书

××建筑工程公司：

一、根据已收到的招标编号为 CSSCG-2002-103 的水泥采购及服务招标文件，遵照《中华人民共和国招标投标法》和《中华人民共和国政府采购法》的有关规定，我单位研究上述项目招标文件的投标须知、合同条款、产品执行标准和招标货物清单后，我方愿以人民币叁拾贰万元(RMB 320 000 元)的投标报价，按上述合同条款、产品执行标准和招标货物清单的条件要求承包上述货物的生产、供应，并承担任何质量缺陷保修责任。

二、我方已详细审核全部招标文件，包括修改文件(如有时)及有关附件。

三、我方承认投标书附录是我方投标书的组成部分。

四、一旦我方中标，我方保证按合同协议书中规定的交货期 2005 年 6 月 21 日前完成并移交全部货物生产、供应。

五、若我方中标，我方将按照规定提交 20 万元的银行保证金作为履约担保。

六、除非另外达成协议并生效，你方的中标通知书和本投标文件将成为约束双方的合同文件的组成部分。

七、我方将与本投标书一起，提交人民币 2 万元作为投标担保。

投标单位：(盖章)　　单位地址：

法定代表人：(签字、盖章)

邮政编码：　　电话：　　传真：

开户银行名称：　　银行账号：

开户行地址：　　电话：

2005 年 2 月 20 日

随着我国改革开放和市场经济的发展，招标投标活动日趋普及，招标投标领域不断扩大，已经成为经济活动的重要内容。2000 年《中华人民共和国招标投标法》实施以来，招标投标活动更是得到了规范的扶持和发展，在生产、科研、建筑、采购等方面广泛使用，成为我们日常生活中不可忽视的重要组成部分。招标书、投标书的写作，也是现代企业工作人员必须掌握的能力之一。

一、招标书

招标书就是招标单位或者个人，为择优选定项目承包人而介绍情况、履行一定程序所使用的、对外公布的招标项目、范围、内容、条件和标准的一种公开性、告示性文书。又称招标通知、招标公告、招标启事、招标广告等。

(一) 标题

常见写法有4种：

一是由怀招标单位名称、招标内容、文种等元素构成，例如“燕山小区物业管理招标书”。

二是由招标内容、文种组成，例如“商务装修招标书”。

三是只写文种，比如“招标书”。

四是广告性标题，比如“谁来承包××工程”。

(二) 正文

包括前言、主体和结尾。

(1) 前言。写清招标依据、原因；写明招标单位、工程项目的名称、批量、规模、范围、目的等。

(2) 主体。写明招标内容、条件、招标方式(公开招标、内部招标、邀请招标)、招标时间、地点、程序等的具体要求，写明双方签订合同的原则，招标过程的权利和义务等。

(3) 结尾。写明招标的起止时间、报名地点，开标的时间、地点、方式、联系电话、电子邮件、联系人等。

(三) 落款

署名(全称)、地址和日期。

二、投标书

投标书就是投标单位或者个人向招标单位所写出的书面应承文书。其特点是保密性、针对性、与竞争性。

(一) 标题

与招标书同。

(二) 正文

包括前言、主体和结尾。

(1) 前言。简述对投标项目的认识，介绍自身情况，表述承担任务的决心。

(2) 主体。要针对招标书的条件提出自己的具体措施。

(3) 结尾。提出自己的疑问，附带说明等。

(三) 落款

署名(全称)、日期。

请你评判

指出下列文书的错误之处，并根据写作要求改写。

××省机电设备招标公司招标公告

××省机电设备公司受××区政府采购中心委托就电教设备项目进行国内公开招标，邀请有兴趣的合格投标人参加投标。

招标编号：0612c2005011

招标名称及数量：投影机 13 台，电动银幕 13 张，电脑 13 台。详细技术规格参阅招标文件中的用户需求。

交货时间：所购设备合同签订后 10 日内交付。

购买标书时间：2005 年 2 月 27 日至 2005 年 3 月 7 日。

购买标书地点：金鹰大厦 10 楼。

投标截止及开标时间：2005 年 3 月 10 日上午 10 点。

联系方式：有关此次招标事宜，可按下列联系方式向招标机构查询。

地址：西城区

电话：6243258

传真：××

网址：××

联系人：张先生

开户银行：××

账号：××

××省机电设备招标公司 2005 年 2 月 17 日

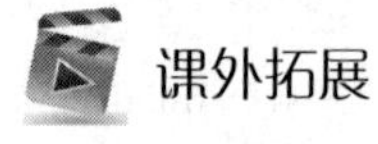

课外拓展

招标与投标的程序

(1) 招标单位编制和报审招标文件，发表招标公告，出售标书。

(2) 投标者购买或领取标书。

(3) 招标单位组织投标者勘察设计现场，解答招标书中的疑点。

(4) 投标者填写投标书，并向招标单位报送。

(5) 招标单位对投标者的资格及信誉进行审查。

(6) 招标单位按时召开揭标会议，当众开标，公布标底、标价，评定中标单位，并发出中标通知书。

(7) 招标和中标单位签订合同，招标工作结束。

资料来源：华律网。

本章小结

本章主要介绍策划书、广告词、导游词、产品说明书、招标书以及投标书等宣传策划文书。这些文书可以说是市场经济中的公务文书，是企业在生产经营管理活动中产生的，是按照严格的、既定的生效程序和规范的格式制定的具有传递信息和记录作用的载体，已经成为现代企业经营不可或缺的内容。因此，这些文书的写作能力常常成为评价员工职业素质的重要尺度之一。只有深入了解它们写作的原则、格式和技巧，规范日常工作中的宣传策划文书写作，才能更好地落实和传达企业要求，提高企业的持续竞争力。

实训练习

一、名词解释

1. 策划书　　2. 广告词　　3. 导游词　　4. 产品说明书　　5. 招投标书

二、判断题

1. 广告文案的随文是广告中不可缺少的附属性文字。

2. 广告口号(标语)与广告标题中的间接标题和复合标题极为相似，两者都要求能吸引读者，都是广告文案中引人注目的简短语句，但两者在功能、结构形式和表达内涵上都有不同之处。

3. 为了体现广告文案的艺术性，所以在广告的标题中也可以写否定词。

4. 产品说明书可以适当地使用一些广告用语。

5. 推销产品是产品说明书的主要功能和目的。

6. 产品说明书的表达方式必须图文并茂。

三、思考题

1. 如果你是主考官，你会录取那个人？为什么？

销售梳子给和尚

某公司招聘业务经理，初试过后剩下三人。主考官出了一个销售梳子给和尚的题目，要求他们到附近的一座庙里去推销梳子。

第一个人垂头丧气地告诉主考官：“和尚没有头发，他们不要梳子。”

第二个人高兴地告诉主考官：“我销售了10把梳子给和尚，用来给香客敬神时梳理头发。”

第三个人平静地告诉主考官：“我销售了3000把梳子给和尚。”主考官非常惊讶忙问他是怎么推销的。这个人说：“我动员和尚为了增加收入，把梳子作为功德梳，用来在香客捐款后赠送的礼品。”

2. 为什么IBM、P&G、可口可乐公司、百事可乐公司、微软公司等都没有设立自己的广告公司，而把广告业务交给企业之外的广告公司来做?

四、写作题

根据下列文字材料，为《开胸顺气丸》写一则使用说明书。

开胸顺气丸是××制药有限公司生产的非处方药品，本药给饮食内停、气郁不舒所致的胸胁胀满、胃脘疼痛的患者带来福音。本药为浅棕色到棕色的水丸，味微苦、辛，由槟榔、牵牛子(炒)、陈皮、木香、厚朴(姜制)、三棱(醋制)、莪术(醋制)、猪牙皂等多种中药配制而成，能起到消积化滞、行气止痛的作用。使用时要口服，一天吃一到两次，每次吃三到九克，但是年老体弱者需谨慎使用本药品，特别是孕妇须禁止使用本药品。本药密闭、防潮袋装，一袋三克。

第九章

司法文书

第一节　公证书

公证书

(2008) ××证字第××号

申请人：某甲，男，于一九七五年十月十日出生，住四川省××市×××街××号。身份证号：××。

关系人：宇宙房地产开发公司。住四川省××市××街××号。法定代表人：××。营业执照号码：511528××。

公证事项：保全证据。

申请人某甲认为关系人出卖给予的“宇宙花园”8幢8单元8号住房一套存在房屋面积严重缩水，与购房合同所附的图纸尺寸相差较大，层高严重不够的问题，遂于二○○八年六月八日向我处申请对上述房屋的状况办理保全证据公证。某甲在申请的同时，提交了本人身份证、宇字第088号《商品房买卖合同》、房款发票、宇宙房地产开发公司出具的《交房通知》以及(2008)沪证字第8888号委托公证书等证据材料。

根据《中华人民共和国公证法》《公证程序规则》之规定，本处公证员C及公证员助理D与是房地产测绘公司测绘工程师B、测绘员A、摄影人E共五人于二○○八年六月十日来到某甲购买的“宇宙花园”8幢8单元8层8号住房，由保管钥匙的小区保安F将该套房屋房门打开，测绘员A和测绘工程师B使用DISCO_58型红外线测距仪对该房屋的面积和层高进行了测量。测绘过程和公证人员现场监督的过程由摄影人E使用SONY_88型磁带式摄像机全程摄像。公证员助理D现场制作了《现场笔录》一份共2页，测绘人员现场制作了测字第28号《测量报告》一份共1页。见证人F在场见证。摄影人E完成摄制后由公证员助理与E一同到“新潮摄影工作室”将上述E在现场摄制的录像带刻录成光盘一式三份。

兹证明，与本公证书相关联的“测字第28号《测量报告》”和《现场笔录》为测绘员A、测绘工程师B、公证员C及公证员助理D、小区保安F和摄影人E现场勘测所作，《现场笔录》上公证员C、摄影人E和测绘人员A、B及见证人F签名属实；复印件与原件相符。公证书附后的光盘摄制情况与实际情况相符。原始磁带保存于公证处。

附：1. 测字第28号《测量报告》

2. 现场笔录

3. 保全现场光盘一张

中华人民共和国四川省××县公证处

公证员：(签名)

二○○八年六月十二日

资料来源：百度文库。

这是一份有关房屋产权面积测量的公证书。正文包括具体情况、测量结果、证明事项、附件材料等必要内容，要素齐全、格式规范，符合公证书文体要求。

(一) 概念

公证书，是指公证处根据当事人申请，依照事实和法律，按照法定程序制作的具有特殊法律效力的司法证明书，是司法文书的一种。是法律界常用的应用写作文体之一。公证书是公证处制作并发给当事人使用的法律文书。公证机构应当按照司法部规定或批准的格式制作公证书。公证书为16开大小，由封面、正文、封底组成。制作公证书应使用中文。在少数民族聚居或者多民族共同居住的地区，除涉外公证事项外，可使用当地民族通用的文字。根据需要或当事人的要求，公证书可附外文译文。

(二) 分类

据统计，我国目前公证的事项有100多种，大体可分为五大类。

(1) 证明法律行为。法律行为在社会生活中占有极重要的地位，对法律行为的公证是公证机关的首要任务。例如对《经济合同》的证明、对《抚养协议》的证明就是对公民或法人合法行为的证明。

(2) 证明具有法律意义的事实。具有法律意义的事实是指法律行为以外的、对公证当事人具有法律上的利害关系的客观情况。主要包括两大类：一类是与当事人意志无关，能够引起民事法律关系产生、变更、消灭的客观现象，如对公民出生、死亡的证明；另一类是与公证当事人在法律上有一定影响的客观事实，如身份、学历、法人资产状况等做证明的文书。

(3) 证明有法律意义的文书。有法律意义的文书是指在法律上对于公证当事人有特定意义的文件、证书等文字资料。如对公民的毕业证书、经济法人的商标注册证书等的证明书。

(4) 赋予某些债权文书以强制执行效力的证明书。债权文书是追偿债款、追还物品的法律文书，公证机关在办理此类公证时，认为它是无疑义的，可在公证书上写明有强制执行效力的文字，使公证书具有特殊的法律效力。

(5) 保全证据的证明。这类公证书是指公证机关根据当事人申请，对可能灭失或日后难以取得的证据事先收集和固定后做出确认的证明，达到保全证据的目的。

(三) 写法

1. 首部的写法

首部应按公证书的格式要求写明标题、编号、当事人基本情况等项内容。

(1) 标题要写明“公证书”。按司法部制定的格式样本，公证机关使用的公证书都统一由“公证书”为标题，不必加公证的性质细项。

(2) 编号由年度、公证机关代号、证书顺序号组成。

(3) 当事人的基本情况不是所有公证书都要写明，但对于继承权、收养关系、亲属关系的公证书要写明白。

2. 正文的写法

正文的主要内容是公证证词。要写明证明的对象、证明的范围和内容，说明证明所依据的法律法规等项内容。具有强制执行效力的公证书，还应在公证证词中注明，并具体说明责任人履行义务的期限，写明强制执行标的物的名称、种类、数量等情况。

3. 尾部的写法

按公证书的格式要求，在证词结束后右下方写明公证机关名称、承办公证员姓名并加盖印章，方能生效，并写清楚出证时间。时间用汉字书写。总之，公证书的写作总的要求是一事一证，依法核实，依据格式书写，文字简明确切，防止歧义。

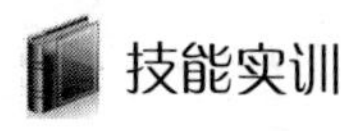

技能实训

请根据以下格式及要求写一份住所地(居住地)公证书。

公证书

(　　)××字第××号

申请人：×××(基本情况)

公证事项：住所地(居住地)

兹证明×××[注 1]的住所地为中华人民共和国××省××市(县)××路××号，与户籍所在地一致。[注 2]

中华人民共和国××省××市(县)××公证处

公证员 (签名或签名章)

×年×月×日

注：

1. 公证申请人与当事人有时不一致，此处应当为当事人的名字，并用括号注明当事人的基本情况，同时注明申请人与当事人的关系。当事人为回国定居者，应当增加“原住××国，于××年××月××日回国定居”的表述。

2. 住所地一般为当事人的户籍所在地，以户口簿为准。居住地与户籍所在地不一致且申请人要求证明现住址的，如果能够提供有效居住证明的，证词应当表述为“现居住地(或经常住所地)为中华人民共和国××省××市(县)××路××号”。

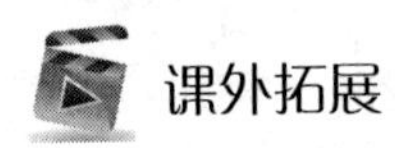

课外拓展

公证书的制作程序

接受申请。当事人到公证机关提出书面或口头申请之后，公证员应按规定予以接受，并向申请人问清有关情况。

审查核实。严格审查当事人是否具有相应的民事行为能力，表达意愿是否真实，申请公证的事实和文书及有关文件是否真实、合法。如发现不完备或有异议时，应通知当事人做出补充，必要时还要通过发函或直接到有关部门调查核实。

具体制作。对当事人申请的公证事项经审查无误后，应按规定格式和要求制作公证书。公证书写成后，应向当事人明确无误地宣读或交其本人过目，直至当事人无异议才可成立，并加盖公章、签章才算完成。

资料来源：百度文库。

第二节 起诉状

案例精选

起诉状

上诉人：王××，男，1994 年 2 月 19 日生，汉族，××学校学生，现住××市××号。

法定代理人：王××，男，1968 年 9 月 1 日生，汉族，现住址同上，系王××之父。

被上诉人：赵××，男，1993 年 11 月 15 日生，汉族，××学校学生，现住××室。

法定代理人：赵××，男，1963 年 11 月 14 日生，汉族，××工人，现住址同上，系赵××之父。

被上诉人：河北××学校

地址：××市××号　法定代表人：××(校长)

上诉人因生命权、健康权、身体权纠纷一案，不服××市××人民法院(2011)××初字第××号民事判决书，现依法提出上诉请求二审法院：

1. 依法撤销唐山市××人民法院(2011) ××初字第××号民事判决书并改判驳回原告的诉请。

2. 诉讼费用由被上诉人承担。

事实与理由：

一、一审法院仅依据上诉人的右肘尖砸在被上诉人左肩胛骨上便得出上诉人没有尽到注意义务，进而认定上诉人存在过错，是很荒谬和错误的。众所周知，任何体育运动包括篮球运动均具有群体性、对抗性及人身危险性。对此，体育运动的参加者应有明确的认识和合理的预见。在本案中，上诉人得球后身体的自然下落是从事篮球运动中的正常动作，这一动作并未违反篮球运动的规则，被上诉人赵××的受伤不是上诉人所能避免和克服的，也决不能归结为上诉人的故意和过失。因此，上诉人认为，被上诉人赵××的受伤纯属一次意外事件。一审法院仅根据被上诉人赵××受伤的后果便推定上诉人没有尽到注意避免对方受伤的义务，从而断定上诉人主观存在过错，很显然犯了逻辑上的错误。这是上诉人所不能接受的！如果按照一审判决的观点：只要在体育活动中出现伤害，就不分青红皂白、不加分析地认定另一方未尽避免对方受伤的义务，就判决一律承担损害赔偿责任。这样的逻辑岂不荒谬！如此断案，以后谁还敢再从事正常的体育运动呢?

二、上诉人在无过错的情况下，不应承担侵权责任。体育活动中发生人身伤害事故的一般归责原则是过错责任原则。在激烈的对抗性体育比赛中，参与者出现身体创伤是不可避免的。如果是故意违反运动规则，实施了恶意犯规行为，造成他人身体损害的，就应当承担民事赔偿责任。如果是为了报复或者其他特殊目的，蓄意性违反运动规则，情节严重的还要承担刑事责任。但是只要参与者没有违反运动规则和体育道德，没有过错，则无须承担责任。

另外，教育部颁布的《学生伤害事故处理办法》第八条第二款规定：“因学校、学生或者其他相关当事人的过错造成的学生伤害事故，相关当事人应当根据其行为过错程度的比例及其与损害后果之间的因果关系承担相应的责任。”这里也明确了在学生伤害事故中适用的是过错责任原则，有过错者有责任、无过错者无责任。

综上所述，体育活动中的人身伤害事故适用的是过错责任原则，上诉人在本案事故的发生中，没有违反篮球运动规则，不存在任何的过错，不应承担侵权的赔偿责任。因此要求二审法院依法改判驳回原告的诉请。

此致

××市中级人民法院

上诉人：王××

2011 年×月×日

资料来源：百度文库。

这份起诉状，事实较复杂，但叙述得有条不紊。关键的地方能注意举证，结尾部分明确了申诉要求，是一篇客观求实的起诉状。

(一) 概念

起诉状亦称“诉状”，是指公民或法人因自身合法权益遭受侵害而向人民法院提起诉讼请求的文书。根据诉讼的性质和目的不同，起诉状可以分为民事起诉状、行政起诉状和刑事自诉状三类。

(二) 作用

(1) 当事人提交起诉状是其行使起诉权的表现，是其维护自身合法权益，请求国家司法救济的途径，有利于其实体权利依法得到应有保护。

(2) 起诉状是人民法院予以立案、受理的凭证。

(3) 起诉状是人民法院进行调解和审理的基础，通过起诉状可以使法院了解原告的诉讼请求、事实和理由，为公正、合理地解决纠纷打下基础。

(4) 起诉状也是被告应诉答辩的依据。

(三) 写法

1. 首部

(1) 标题。单列一行在正中写“起诉状”或“诉状”。

(2) 诉讼参与人身份等基本情况。如原告是公民的，写明姓名、性别、年龄、民族、籍贯、职业、工作单位和住址。如果原告是不满18周岁的未成年人，则须写明法定代理人的姓名，以及与原告的关系。原告如是机关、团体、企业事业单位的，第一行写单位名称、地址、次一行写法定代表人姓名及职务，法定代表人应为单位的主要负责人。原告不论是公民或者法人，如有委托代理人的，在原告的下一项还要写明委托代理人的姓名、职务以及与原告的关系。被告栏的事项和写法与原告栏的事项和写法相同。

2. 正文

(1) 诉讼请求。这一部分主要写明请求人民法院依法解决原告一方要求的有关具体问题。诉讼请求应写得明确、具体、简明扼要。

(2) 事实和理由。这一部分是起诉状的正文和核心部分，是请求人民法院裁决的重要根据，一般是先写事实，后写理由。事实写清楚以后，提供充分的人证、物证、书证及其他足以证明原告起诉有理的证据。理由部分，就是根据事实和证据，写明认定被告侵权或违法行为的性质和所造成的后果及应承担的责任；同时写明提出请求的政策和法律依据，但必须注意援引法律应准确、适当。

3. 尾部

(1) 诉状所递交的人民法院名称。可以这样写："为此，特向你院起诉，请依法判决！此致××人民法院"。

(2) 具状人签名或者盖章，并注明提交诉状的年月日。

(3) 附项应依次写明本诉状副本的份数；书证、物证的名称、件数；证人的姓名和住址以及年月日。

技能实训

1. 请指出以下起诉状的错误并加以修改。

离婚起诉状

原告：张××，女，住广州市越秀区××号。

被告：李××，男，住本市××路××栋××号。

诉讼请求：请求离婚

事实与理由：我与被告是夫妻，婚后两人感情一直不好，两人经常吵架，无法生活在一起，特向法院提出诉讼，请法院依法判决。

此致

法院

起诉人：张××

××年××月××日

2. 仔细阅读下文，根据经济纠纷起诉状的格式，指出其缺项并用具体文字补全。

起诉状

原告名称：北京××锅炉厂

所在地址：北京市海淀区××号(邮政编码：1000××)

法定代表人：刘×× 职务：厂长(电话：217766)

企业性质：全民所有制

经营范围和方式：压力锅炉制造安装，批发兼零售

开户银行：中国工商银行北京分行海淀办事处大钟寺分理处 账号 0477194

被告名称：北京市××县××锅炉水电安装队

所在地址：北京市顺义区高丽营镇××号(邮政编码：1011××)

法定代表人：王×× 职务：队长(电话：××)

诉讼请求：

(1) 给付货款 81 015 元。

(2) 支付违约金 17 073.62 元。

事实及理由：

××××年 6 月 26 日，我厂与被告北京市××县××锅炉水电安装队签订了一份锅炉购销合同。合同规定，被告向我厂订购 SZW240-7-95-70 型号锅炉一台及附属配件，价款总计 96 015 元，款到发货。同年 8 月 16 日，被告将所订锅炉主体及附属配件全部提走，但未付款。经催要，被告于同年 8 月 26 日将一张××县五中的 15 000 元转账支票交给我厂，尚欠的 81 015 元，被告以锅炉是××县五中委托代购、××县五中尚未付款为由拒不偿还。被告作为购货方，在我方按时提供锅炉后应履行合同规定的付款义务，其拒绝付款的行为是违约行为。被告除应支付尚欠的货款 81 015 元外，还应向我厂支付逾期付款违约金 17 073.62 元。请人民法院依法做出判决。

证据和证据来源，证人姓名和住址：

(1) 北京市××锅炉厂产品订货合同 1 份。

(2) ××锅炉水电安装队还款计划 1 份。

(3) 北京市××锅炉厂产品发货清单 2 份。

起诉人　北京市××锅炉厂(盖章)

××年四月二十日

资料来源：百度文库。

课外拓展

如何确定一般民事诉讼的管辖法院?

一般民事案件，如离婚、债务纠纷等由被告住所地人民法院管辖；被告住所地与经常居住地不一致的，由经常居住地人民法院管辖。同一诉讼的几个被告住所地、经常居住地在两个以上人民法院辖区的，各个人民法院都有管辖权。住所地，即公民的户籍所在地，法人的住所地是指法人的主要营业地或者主要办事机构所在地；经常居住地，指公民离开住所地连续居住一年以上的地方。但公民住院就医的地方除外。当事人的户籍迁出后尚未落户，有经常居住地的，由该地人民法院管辖。没有经常居住地，户籍迁出不足一年的，由其原户籍所在地人民法院管辖；超过一年的，由其居住地人民法院管辖。

资料来源：百度文库。

本章小结

司法文书是指公民、法人、国家机关及其他组织在处理各种法律事务中，为实现法律赋予的权利和履行法律规定的义务而依法制作的、具有法律效力和法律意义的一系列文书的总称。此类文书的制作，必须严格依法办事，事实必须真实、清楚，证据必须确凿、充分，论证必须严密、理由充足，结论必须正确、符合法律要求，语言必须严谨、明确，切忌模棱两可、含糊其词。另一方面必须严格依照法定程序进行。程序法是确保各种实体法得以贯彻实施的保障，也是确保法律文书具有法律效力和法律意义的必要条件。

司法文书的语言表述必须与法律的精神相一致，必须与法律规定的提法相同。语言风格力求朴实简练，通俗易懂，不用或少用各种修辞手法，不能滥用文言文，造句多用肯定、陈述、判断句式，少用或不用反问、设问、疑问、感叹等加强语气和感情色彩的句式。

实训练习

一、判断题

1. 司法文书的文体特点是：法律制约的程式化结构、鲜明精练的语言风格。
2. 司法文书的程式化词语，如诉称、辩称、述称等。
3. 古今把挑唆打官司、从中渔利的代书人称之为讼棍，又称之为讼师。
4. 一审行政判决文书必须写明发文机关名称。
5. 司法文书惯用说明、叙述、抒情三种表达方式。
6. 人民检察院依法提起公诉时所制作的文书是起诉意见书。

二、改错题

1. 下面是某份不起诉决定书尾部的部分内容，共有4处错误，请指出并修改正确。

被告人如不服本决定，可在收到本决定书的次日起10日内，提出上诉状及副本，上诉于本院或×××人民法院。

2. 下面是某份起诉意见书的部分内容，共有5处错误，请指出5处错误并修改正确。

综上所述，被告人马××的行为触犯了《中华人民共和国刑法》第××条之规定，犯有故意杀人罪，根据《中华人民共和国刑事诉讼法》第93条之规定，特将本案移送审查，依法起诉。

此致

×××人民法院　　2001年3月1日

局长(印)

三、简答题

1. 简述起诉书首部中被告人基本情况的写作内容。
2. 司法文书写作的语言运用中常见的忌用语有哪些?
3. 什么是法律文书?

四、写作题

1. 根据下列案情拟写一份行政起诉状，案情如下：

××县向阳乡砖瓦窑场是乡办集体企业。1997年，农民戴××与乡政府签订承包经营合同，合同规定：乡政府为甲方，将砖瓦窑发包给乙方，提供厂房场地、制砖机械；戴××为乙方，负责经营管理，承担企业应缴纳的税金，向甲方上缴承包金额6000元；承包期1年，自当年1月至12月底止。戴××承包后，又以发包方的身份，与金××签订制砖技术承包合同，承包期为1年，合同规定：金××为乙方，给甲方生产成品砖200万块，每块售价按0.05元计算，由甲方每块提取0.015元(含上缴税金、购置架子车和覆盖物)，乙方分取0.035(含购置柴油，工人工资，工具修理费用)。合同生效后，金××即进行生产。合同履行了8个月，金××生产成品砖68万块，折合人民币3.4万元，其中金××领取3200元，其余由戴××收存。1997年11月，向阳乡税务所通知金××缴纳制砖产品税。金当即申明按合同规定由戴承担。税务所坚持让金纳税，否则以砖折抵，并宣布冻结金××生产的砖，不得出售。金××到县税务局上访，县税务局于1998年8月7日做出处罚：①金××是机砖生产者，应依法缴纳产品税3500元；②金××没有按规定办理税务登记，罚款500元。金××不服处罚决定，和××地区税务局申请复议。复方决定维持原处罚决定。金××向××县人民提起行政诉讼。

原告：金××，56岁，汉族，××省××县××乡农民。

被告：××县税务局

法定代表人：常××，税务局局长。

2. 根据下列案情材料，按照司法文书的要求，拟写一份起诉书。

被告人郑×龙，男，30岁，初中文化，汉族，××省××县人，是××县××乡××村运输专业户。2000年10月13日晚7时，郑×龙驾驶×牌汽车由本县到×县拉沙子。晚上11时40分，当郑×龙驾车行驶至××市郊区时，迎面开来一辆东风牌汽车，此车没有按规定发出会车信号，由于灯光太刺眼，致使郑×龙看不清路面，而郑×龙驾车继续行驶，将一名步行上夜班的女工陈×娟撞倒在地，立即昏迷。陈×娟，女，31岁，××市××厂工人，已婚，有一个3岁男孩。陈×娟在厂里是技术骨干，工作任劳任怨，人际关系也非常好。郑×龙撞倒陈×娟后，停车走到陈的眼前，听到陈×娟在呻吟，为了逃避罪责，郑×龙产生了杀人的邪念，将陈×娟拖到离现场约100米处路西的一个涵洞内，用手紧紧卡住陈的颈部，致使其死亡。事后，郑×龙逃离现场。2000年××月××日，××市公安局对郑×龙予以刑事拘留；2000年××月××日郑×龙被××市公安局依法逮捕。

上述事实，有现场勘查笔录，现场照片，郑×龙遗留在现场的脚印和右手拇指的指纹，××市公安局尸体检验报告，××省公安厅刑事技术鉴定书为证。郑×龙被逮捕后，交代犯罪事实避重就轻，尽力开脱罪责，拒不认罪。××市人民检察院以涉嫌故意杀人罪和交通肇事罪对郑×龙提起公诉。

附：《中华人民共和国刑法》第232条规定：故意杀人的，处死刑、无期徒刑或者十年以上有期徒刑；情节较轻的，处3年以上10年以下有期徒刑。同法第133条规定：违反交通运输管理法规，因而发生重大事故，致人重伤、死亡或者使公私财产遭受重大损失的，处3年以下有期徒刑或者拘役；交通运输肇事后逃逸或者有其他特别恶劣情节的，处3年以上7年以下有期徒刑；因逃逸致人死亡的，处7年以上有期徒刑。

《中华人民共和国刑事诉讼法》第141条规定，人民检察院认为犯罪嫌疑人的犯罪事实已经查清，证据确实、充分，依法应当追究刑事责任的，应当做出起诉决定，按照审判管辖的规定，向人民法院提起公诉。

资料来源：百度文库。

附 录 A

党政机关公文处理工作条例

(中办发〔2012〕14号)

(2012年4月16日由中共中央办公厅和国务院办公厅联合印发)

第一章 总则

第一条 为了适应中国共产党机关和国家行政机关(以下简称党政机关)工作需要，推进党政机关公文处理工作科学化、制度化、规范化，制定本条例。

第二条 本条例适用于各级党政机关公文处理工作。

第三条 党政机关公文是党政机关实施领导、履行职能、处理公务的具有特定效力和规范体式的文书，是传达贯彻党和国家的方针政策，公布法规和规章，指导、布置和商洽工作，请示和答复问题，报告和交流情况等的重要工具。

第四条 公文处理工作是指公文拟制、办理、管理等一系列相互关联、衔接有序的工作。

第五条 公文处理工作应当坚持实事求是、准确规范、精简高效、安全保密的原则。

第六条 各级党政机关应当高度重视公文处理工作，加强组织领导，强化队伍建设，设立文秘部门或者由专人负责公文处理工作。

第七条 各级党政机关办公厅(室)主管本机关的公文处理工作，对下级机关的公文处理工作进行业务指导和督促检查。

第二章 公文种类

第八条 公文种类主要有：

(一) 决议。适用于会议讨论通过的重大决策事项。

(二) 决定。适用于对重要事项作出决策和部署、奖惩有关单位和人员、变更或者撤销下级机关不适当的决定事项。

(三) 命令(令)。适用于公布行政法规和规章、宣布施行重大强制性措施、批准授予和晋升衔级、嘉奖有关单位和人员。

(四) 公报。适用于公布重要决定或者重大事项。

(五) 公告。适用于向国内外宣布重要事项或者法定事项。

(六) 通告。适用于在一定范围内公布应当遵守或者周知的事项。

(七) 意见。适用于对重要问题提出见解和处理办法。

(八) 通知。适用于发布、传达要求下级机关执行和有关单位周知或者执行的事项，批转、转发公文。

(九) 通报。适用于表彰先进、批评错误、传达重要精神和告知重要情况。

(十) 报告。适用于向上级机关汇报工作，反映情况，回复上级机关的询问。

(十一) 请示。适用于向上级机关请求指示、批准事项。

(十二) 批复。适用于答复下级机关请示事项。

(十三) 议案。适用于各级人民政府按照法律程序向同级人民代表大会或者人民代表大会常务委员会提请审议事项。

(十四) 函。适用于不相隶属机关之间商洽工作、询问和答复问题、请求批准和答复审批事项。

(十五) 纪要。适用于记载会议主要情况和议定事项。

第三章　公文格式

第九条　公文一般由份号、密级和保密期限、紧急程度、发文机关标志、发文字号、签发人、标题、主送机关、正文、附件说明、发文机关署名、成文日期、印章、附注、附件、抄送机关、印发机关和印发日期、页码等组成。

(一) 份号。公文印制份数的顺序号。涉密公文应当标注份号。

(二) 密级和保密期限。公文的秘密等级和保密的期限。涉密公文应当根据涉密程度分别标注“绝密”“机密”“秘密”和保密期限。

(三) 紧急程度。公文送达和办理的时限要求。根据紧急程度，紧急公文应当分别标注“特急”“加急”，电报应当分别标注“特提”“特急”“加急”“平急”。

(四) 发文机关标志。由发文机关全称或者规范化简称加“文件”二字组成，也可以使用发文机关全称或者规范化简称。联合行文时，发文机关标志可以并用联合发文机关名称，也可以单独用主办机关名称。

(五) 发文字号。由发文机关代字、年份、发文顺序号组成。联合行文时，使用主办机关的发文字号。

(六) 签发人。上行文应当标注签发人姓名。

(七) 标题。由发文机关名称、事由和文种组成。

(八) 主送机关。公文的主要受理机关，应当使用机关全称、规范化简称或者同类型机关统称。

(九) 正文。公文的主体，用来表述公文的内容。

(十) 附件说明。公文附件的顺序号和名称。

(十一) 发文机关署名。署发文机关全称或者规范化简称。

(十二) 成文日期。署会议通过或者发文机关负责人签发的日期。联合行文时，署最后签发机关负责人签发的日期。

(十三) 印章。公文中有发文机关署名的，应当加盖发文机关印章，并与署名机关相符。有特定发文机关标志的普发性公文和电报可以不加盖印章。

(十四) 附注。公文印发传达范围等需要说明的事项。

(十五) 附件。公文正文的说明、补充或者参考资料。

(十六) 抄送机关。除主送机关外需要执行或者知晓公文内容的其他机关，应当使用机关全称、规范化简称或者同类型机关统称。

(十七) 印发机关和印发日期。公文的送印机关和送印日期。

(十八) 页码。公文页数顺序号。

第十条　公文的版式按照《党政机关公文格式》国家标准执行。

第十一条　公文使用的汉字、数字、外文字符、计量单位和标点符号，按照有关国家标准和规定执行。民族自治地方的公文，可以并用汉字和当地通用的少数民族文字。

第十二条　公文用纸幅面采用国际标准 A4 型。特殊形式的公文用纸幅面，根据实际需要确定。

第四章　行文规则

第十三条　行文应当确有必要，讲求实效，注重针对性和可操作性。

第十四条　行文关系根据隶属关系和职权范围确定。一般不得越级行文，特殊情况需要越级行文的，应当同时抄送被越过的机关。

第十五条　向上级机关行文，应当遵循以下规则：

(一) 原则上主送一个上级机关，根据需要同时抄送其他相关上级机关和同级机关，不抄送下级机关。

(二) 党委、政府的部门向上级主管部门请示、报告重大事项，应当经本级党委、政府同意或者授权，属于部门职权范围内的事项应直接报送上级主管部门。

(三) 下级机关的请示事项，如需以本机关名义向上级机关请示，应当提出倾向性意见后上报。不得原文转报上级机关。

(四) 请示应当一文一事，不得在报告等非请示性公文中夹带请示事项。

(五) 除上级机关负责人直接交办事项外，不得以本机关名义向上级机关负责人报送公文，也不得以本机关负责人名义向上级机关报送公文。

(六) 受双重领导的机关向一个上级机关行文，必要时应当抄送另一个上级机关。

(七) 不符合行文规则的上报公文，上级机关的文秘部门可退回下级呈报机关。

第十六条　向下级机关行文，应当遵循以下规则：

(一) 主送受理机关，根据需要抄送相关机关。重要行文应当同时抄送发文机关的直接上级机关。

(二) 党委、政府的办公厅(室)根据本级党委、政府授权，可以向下级党委、政府行文，其他部门和单位不得向下级党委、政府发布指令性公文或者在公文中向下级党委、政府提出指令性要求。需经政府审批的具体事项，经政府同意可由政府职能部门行文，文中需注明已经政府同意。

(三) 党委、政府的部门在各自职权范围内可以向下级党委、政府的相关部门行文。

(四) 涉及多个部门职权范围内的事务，部门之间未协商一致的，不得向下行文；擅自行文的，上级机关应当责令其纠正或者撤销。

(五) 上级机关向受双重领导的下级机关行文，必要时抄送该下级机关的另一个上级机关。

第十七条　同级党政机关、党政机关与其他同级机关必要时可以联合行文。属于党委、政府各自职权范围内的工作，不得联合行文。党委、政府的部门依据职权可以相互行文。部门内设机构除办公厅(室)外不得对外正式行文。

第五章　公文拟制

第十八条　公文拟制包括公文的起草、审核、签发等程序。

第十九条　公文起草应当做到：

(一) 符合国家的法律法规和党的路线方针政策，完整准确体现发文机关意图，并同现行有关公文相衔接。

(二) 一切从实际出发，分析问题实事求是，所提政策措施和办法切实可行。

(三) 内容简洁，主题突出，观点鲜明，结构严谨，表述准确，文字精练。

(四) 文种正确，格式规范。

(五) 公文涉及其他部门职权范围事项的，起草单位必须征求相关部门意见，力求达成一致。

(六) 深入调查研究，充分进行论证，广泛听取意见。

(七) 机关负责人应当主持、指导重要公文起草工作。

第二十条　公文文稿签发前，应当由发文机关办公厅(室)进行审核。审核的重点是：

(一) 行文理由是否充分，行文依据是否准确。

(二) 内容是否符合国家法律法规和党的路线方针政策；是否完整准确体现发文机关意图；是否同现行有关公文相衔接；所提政策措施和办法是否切实可行。

(三) 涉及有关地区或者部门职权范围的事项是否经过充分协商并达成一致意见。

(四) 文种是否正确，格式是否规范；人名、地名、时间、数字、段落顺序、引文等是否准确；文字、数字、计量单位和标点符号等用法是否符合规定。

(五) 其他内容是否符合公文起草的有关要求。

需要发文机关审议的重要公文文稿，审议前由发文机关办公厅(室)进行初核。

第二十一条　经审核不宜发文的公文文稿，应当退回起草单位并说明理由；符合发文条件但内容需作进一步研究和修改的，由起草单位修改后重新报送。

第二十二条　公文应当经本机关负责人审批签发。重要公文和上行文由机关主要负责人签发。党委、政府的办公厅(室)根据党委、政府授权制发的公文，由受权机关主要负责人签发或者按照有关规定签发。签发人签发公文，应当签署意见、姓名和完整日期；圈阅或者签名的，视为同意。联合行文由所有联署机关的负责人会签。

第六章　公文办理

第二十三条　公文办理包括收文办理、发文办理和整理归档。

第二十四条　收文办理主要程序是：

(一) 签收。对收到的公文应当逐件清点，核对无误后签字或者盖章，并注明签收时间。

(二) 登记。对公文的主要信息和办理情况应当详细记载。

(三) 初审。对收到的公文应当进行初审。初审的重点是：是否应当由本机关办理，是否符合行文规则，文种、格式是否符合要求，涉及其他地区或者部门职权范围的事项是否已经协商、会签；是否符合公文起草的其他要求。经初审不符合规定的公文，应当及时退回来文单位并说明理由。

(四) 承办。阅知性公文应当根据公文内容、要求和工作需要确定范围后分送。批办性公文应当提出拟办意见报本机关负责人批示或者转有关部门办理；需要两个以上部门办理的，应当明确主办部门。紧急公文应当明确办理时限。承办部门对交办的公文应当及时办理，有明确办理时限要求的应当在规定时限内办理完毕。

(五) 传阅。根据领导批示和工作需要将公文及时送传阅对象阅知或者批示。办理公文传阅应当随时掌握公文去向，不得漏传、误传、延误。

(六) 催办。及时了解掌握公文的办理进展情况，督促承办部门按期办结。紧急公文或者重要公文应当由专人负责催办。

(七) 答复。公文的办理结果应当及时答复来文单位，并根据需要告知相关单位。

第二十五条　发文办理主要程序是：

(一) 复核。已经发文机关负责人签批的公文，印发前应当对公文的审批手续、内容、文种、格式等进行复核；需作实质性修改的，应当报原签批人复审。

(二) 登记。对复核后的公文，应当确定发文字号、分送范围和印制份数并详细记载。

(三) 印制。公文印制必须确保质量和时效。涉密公文应当在符合保密要求的场所印制。

(四) 核发。公文印制完毕，应当对公文的文字、格式和印刷质量进行检查后分发。

第二十六条　涉密公文应当通过机要交通、邮政机要通信、城市机要文件交换站或者收发件机关机要收发人员进行传递，通过密码电报或者符合国家保密规定的计算机信息系统进行传输。

第二十七条　需要归档的公文及有关材料，应当根据有关档案法律法规及机关档案管理规定，及时收集齐全、整理归档。两个以上机关联合办理的公文，原件由主办机关归档，相关机关保存复制件。机关负责人兼任其他机关职务的，在履行所兼职务过程中形成的公文，由其兼职机关归档。

第七章　公文管理

第二十八条　各级党政机关应当建立健全本机关公文管理制度，确保管理严格规范，充分发挥公文效用。

第二十九条　党政机关公文由文秘部门或者专人统一管理。设立党委(党组)的县级以上单位应建立机要保密室和机要阅文室，并按有关保密规定配备工作人员和必要的安全保密设施。

第三十条　公文确定密级前，应当按照拟定的密级先行采取保密措施。确定密级后，应当按照所定密级严格管理。绝密级公文应当由专人管理。公文的密级需要变更或者解除的，由原确定密级的机关或者其上级机关决定。

第三十一条　公文的印发传达范围应当按照发文机关的要求执行；需要变更的，应当经发文机关批准。涉密公文公开发布前应当履行解密程序。公开发布的时间、形式和渠道，由发文机关确定。经批准公开发布的公文，同发文机关正式制发的公文具有同等效力。

第三十二条　复制、汇编机密级、秘密级公文，应当符合有关规定并经本机关负责人批准。绝密级公文一般不得复制、汇编，确有工作需要的，应当经发文机关或者其上级机关批准。复制、汇编的公文视同原件管理。

复制件应当加盖复制机关戳记。翻印件应当注明翻印的机关名称、日期。汇编本的密级按照编入公文的最高密级标注。

第三十三条　公文的撤销和废止，由发文机关、上级机关或者权力机关根据职权范围和有关法律法规决定。公文被撤销的，视为自始无效；公文被废止的，视为自废止之日起失效。

第三十四条　涉密公文应当按照发文机关的要求和有关规定进行清退或者销毁。

第三十五条　不具备归档和保存价值的公文，经批准后可以销毁。销毁涉密公文必须严格按照有关规定履行审批登记手续，确保不丢失、不漏销。个人不得私自销毁、留存涉密公文。

第三十六条　机关合并时，全部公文应当随之合并管理；机关撤销时，需要归档的公文整理后按照有关规定移交档案管理部门。

工作人员调离岗位时，所在机关应当督促其将暂存、借用的公文按照有关规定移交、清退。

第三十七条　新设立的机关应当向党委、政府的办公厅(室)提出发文立户申请。经审查符合条件的，列为发文单位，机关合并或者撤销时，相应进行调整。

第八章　附则

第三十八条　党政机关公文含电子公文。电子公文处理工作的具体办法另行制定。

第三十九条　法规、规章方面的公文，依照有关规定处理。外事方面的公文，依照外事主管部门的有关规定处理。

第四十条　其他机关和单位的公文处理工作，可以参照本条例执行。

第四十一条　本条例由中共中央办公厅、国务院办公厅负责解释。

第四十二条　本条例自 2012 年 7 月 1 日起施行。1996 年 5 月 3 日中共中央办公厅印发的《中国共产党机关公文处理条例》和 2000 年 8 月 24 日国务院发布的《国家行政机关公文处理办法》停止执行。

附录 B

国家体育总局公文处理工作办法

第一章　总则

第一条　为了适应国家体育总局工作需要，推进国家体育总局公文处理工作科学化、制度化、规范化，根据《党政机关公文处理工作条例》，结合国家体育总局工作实际，制定本办法。

第二条　本办法适用于国家体育总局各厅、司、局，各直属单位公文处理工作。

第三条　国家体育总局公文是国家体育总局实施领导、履行职能、处理公务的具有特定效力和规范体式的文书，是传达贯彻党和国家的体育方针政策，公布部门规章，指导、布置和商洽工作，请示和答复问题，报告、通报和交流情况等的重要工具。

第四条　公文处理工作是指公文拟制、办理、管理等一系列相互关联、衔接有序的工作。

第五条　公文处理工作应当坚持实事求是、准确规范、精简高效、安全保密的原则。

第六条　国家体育总局各厅、司、局，各直属单位应当高度重视公文处理工作，加强组织领导，强化队伍建设，由专门部门或者由专人负责公文处理工作。

第七条　办公厅是国家体育总局公文处理工作的管理部门，主管机关的公文处理工作，并对直属单位的公文处理工作进行业务指导和监督检查。各厅、司、局和各直属单位的综合部门是本部门本单位公文处理工作的管理部门，负责本部门本单位的公文处理工作。

第二章　公文种类

第八条　国家体育总局的公文种类主要有：

(一) 决议。适用于会议讨论通过的重大决策事项。

(二) 决定。适用于对重要事项作出决策和部署、奖惩有关单位和人员、变更或者撤销下级机关不适当的决定事项。

(三) 命令(令)。适用于公布部门规章、宣布施行重大强制性措施、嘉奖有关单位和人员。

(四) 公报。适用于公布重要决定或者重大事项。

(五) 公告。适用于向国内外宣布重要事项或者法定事项。

(六) 通告。适用于在一定范围内公布应当遵守或者周知的事项。

(七) 意见。适用于对重要问题提出见解和处理办法。

(八) 通知。适用于发布、传达要求下级机关执行和有关单位周知或者执行的事项，批转、转发公文。

(九) 通报。适用于表彰先进、批评错误、传达重要精神和告知重要情况。

(十) 报告。适用于向上级机关汇报工作、反映情况，回复上级机关的询问。

(十一) 请示。适用于向上级机关请求指示、批准。

(十二) 批复。适用于答复下级机关请示事项。

(十三) 函。适用于不相隶属机关之间商洽工作、询问和答复问题、请求批准和答复审批事项。

(十四) 纪要。适用于记载会议主要情况和议定事项。

第三章　公文格式

第九条　公文一般由份号、密级和保密期限、紧急程度、发文机关标志、发文字号、签发人、标题、主送机关、正文、附件说明、发文机关署名、成文日期、印章、附注、附件、抄送机关、印发机关和印发日期、页码等组成。

(一) 份号。公文印制份数的顺序号。涉密公文应当标注份号。

(二) 密级和保密期限。公文的秘密等级和保密的期限。

涉密公文应当根据涉密程度分别标注“绝密”“机密”“秘密”和保密期限。标注了密级但未标注保密期限的公文，按照《国家秘密保密期限的规定》执行：绝密级事项 30 年、机密级事项 20 年、秘密级事项 10 年。

(三) 紧急程度。公文送达和办理的时限要求。根据紧急程度，紧急公文应当分别标注“特急”“加急”，电报应当分别标注“特提”“特急”“加急”“平急”。

(四) 发文机关标志。由发文机关全称或者规范化简称加“文件”二字组成，也可以使用发文机关全称或者规范化简称。联合行文时，发文机关标志可以并用联合发文机关名称，也可以单独用主办机关名称。

(五) 发文字号。国家体育总局公文以厅、司、局、直属单位为单位统一编发文字号。发文字号由发文机关代字、年份、发文顺序号组成。联合行文时，使用主办机关的发文字号。

(六) 签发人。上行文应当标注签发人、会签人姓名。

(七) 标题。由发文机关名称(全称或者规范化简称)、事由和文种组成。

(八) 主送机关。公文的主要受理机关，应当使用机关全称、规范化简称或者同类型机关统称。

(九) 正文。公文的主体，用来表述公文的内容。

(十) 附件说明。公文附件的顺序号和名称。

(十一) 发文机关署名。署发文机关全称或者规范化简称。

(十二) 成文日期。署会议通过或者发文机关负责人签发的日期。联合行文时，署最后签发机关负责人签发的日期。

(十三) 印章。公文中有发文机关署名的，应当加盖发文机关印章，并与署名机关相符。联合上报的公文，可以由主办机关加盖印章；联合下发的公文，发文机关都应当加盖印章。有特定发文机关标志的普发性公文和电报可以不加盖印章。

(十四) 附注。需要说明的其他事项。公文如有附注，应当加括号标注。“请示”应当在附注处注明联系人的姓名和电话。

(十五) 附件。公文正文的说明、补充或者参考资料。

(十六) 抄送机关。除主送机关外需要执行或者知晓公文内容的其他机关，应当使用机关全称、规范化简称或者同类型机关统称。

(十七) 印发机关和印发日期。公文的送印机关和送印日期。

(十八) 页码。公文页数顺序号。

第十条　公文中各组成部分的标识规则，参照《国家体育总局文件格式细则》执行。

第十一条　公文使用的汉字、数字、外文字符、计量单位和标点符号等，按照有关国家标准和规定执行。

第十二条　公文用纸幅面采用国际标准 A4 型。特殊形式的公文用纸幅面，根据实际需要确定。

第四章　行文规则

第十三条　行文应当确有必要，讲求实效，注重针对性和可操作性。

第十四条　行文关系根据隶属关系和职权范围确定。一般不得越级行文，特殊情况需要越级行文的，应当同时抄送被越过的机关。

第十五条　向上级机关行文，应当遵循以下规则：

(一) 原则上主送一个上级机关，根据需要同时抄送相关上级机关和同级机关，不抄送下级机关。

(二) 下级机关的请示事项，如需以本机关名义向上级机关请示，应当提出倾向性意见后上报，不得原文转报上级机关。

(三) 请示应当一文一事。不得在报告等非请示性公文中夹带请示事项。

(四) 除上级机关负责人直接交办事项外，不得以本机关名义向上级机关负责人报送公文，不得以本机关负责人名义向上级机关报送公文。

(五) 受双重领导的机关向一个上级机关行文，必要时抄送另一个上级机关。

第十六条　国家体育总局可以与党中央、国务院有关部门，各省、自治区、直辖市党委和人民政府联合行文；也可以与同级或者相应的军队机关、人民团体和具有行政职能的事业单位联合行文。国家体育总局办公厅根据国家体育总局的授权，可以与上述部门或者单位办公厅(室)联合行文。

联合行文应当明确主办单位。行政机关联合行文，主办机关排列在前。行政机关与同级或者相应的党的机关、军队机关、人民团体等联合行文，按照党、政、军、群的顺序排列。

第十七条　国家体育总局在职权范围内可以与党中央、国务院有关部门相互行文。国家体育总局办公厅根据国家体育总局的授权，可以与党中央、国务院有关部门办公厅(室)相互行文。

第十八条　除以函的形式商洽工作、询问和答复问题等，国家体育总局不得向各省、自治区、直辖市、计划单列市人民政府(办公厅)发布指令性公文或者在公文中向各省、自治区、直辖市、计划单列市人民政府(办公厅)提出指令性要求。

第十九条　向下级机关行文，应当遵循以下规则：

(一) 国家体育总局在职权范围内，可以向各省、自治区、直辖市、计划单列市、新疆生产建设兵团体育行政部门，解放军体育部门行文。国家体育总局办公厅根据国家体育总局的授权，可以向上述部门行文。

(二) 国家体育总局向各省、自治区、直辖市、计划单列市、新疆生产建设兵团体育行政部门，解放军体育部门的重要行文，根据需要抄报国务院(办公厅)，或者抄送同级人民政府。

(三) 涉及多个部门(单位)职权范围内的事务，部门(单位)之间未协商一致的，不得向下行文；擅自行文的，上级机关应当责令其纠正或者撤销。

第二十条　国家体育总局内设机构除办公厅外，不得向体育系统及体育系统以外的其他机关正式行文。即，各司、局不得直接向党中央、国务院及其有关部门(办公厅)，各省、自治区、直辖市、计划单列市、新疆生产建设兵团体育行政部门，解放军体育部门和各行业体协，各直属单位制发政策性和规范性文件，也不得代国家体育总局审批下达应以国家体育总局名义审批下达的事项。与其他机关内部相应的业务部门进行一般性业务工作联系，确需行文时，只能以“函”的形式行文。

第五章　公文拟制

第二十一条　公文拟制包括公文的起草、审核、签发等程序。

第二十二条　公文起草应当做到：

(一) 符合国家法律法规和党的路线方针政策，完整准确体现发文机关意图，并同现行有关公文相衔接。

(二) 一切从实际出发，分析问题实事求是，所提政策措施和办法切实可行。

(三) 内容简洁，主题突出，观点鲜明，结构严谨，表述准确，文字精练。

(四) 文种正确，格式规范。

1. 公文的文种应当根据行文目的、发文机关的职权和与主送机关的行文关系确定。

2. 拟制紧急公文，应当体现紧急的原因，并根据实际需要确定紧急程度。

3. 人名、地名、数字、引文准确。引用公文应当先引标题，后引发文字号。引用外文应当注明中文含义。日期应当写明具体的年、月、日。

4. 结构层次序数，第一层为“一、”第二层为“(一)”，第三层为“1.”，第四层为“(1)”。

5. 文内使用非规范化简称，应当先用全称并注明简称。使用国际组织外文名称或其缩写形式，应当在第一次出现时注明准确的中文译名。

6. 公文中的数字，除部分结构层次序数和在词、词组、惯用语、缩略语、具有修辞色彩语句中作为词素的数字必须使用汉字外，应当使用阿拉伯数字。

(五) 深入调查研究，充分进行论证，广泛听取意见。

(六) 公文涉及其他地区或者部门职权范围内的事项，起草单位必须征求相关地区或者部门意见，力求达成一致。

(七) 重要公文起草工作由国家体育总局领导及各厅、司、局，各直属单位负责人主持、指导。

第二十三条　国家体育总局公文文稿签发前，应当由公文起草部门(单位)或者办公厅进行审核。

(一) 审核的重点：

1. 行文理由是否充分，行文依据是否准确。

2. 内容是否符合国家法律法规和党的路线方针政策；是否完整准确体现发文意图；是否同现行有关公文相衔接；所提政策措施和办法是否切实可行。

3. 涉及有关地区或者部门职权范围内的事项是否经过充分协商并达成一致意见。

4. 文种是否正确，格式是否规范；人名、地名、时间、数字、段落顺序、引文等是否准确；文字、数字、计量单位和标点符号等用法是否规范。

5. 其他内容是否符合公文起草的有关要求。

(二) 审核分工：

以国家体育总局名义制发的公文，报请总局领导签发前，应当严格审核。公文内容的审核，由公文起草部门(单位)负责；公文格式、体例的审核，由办公厅负责。

第二十四条　经审核不宜发文的公文文稿，应当退回起草部门(单位)并说明理由；符合发文条件但内容需作进一步研究和修改的，由起草部门(单位)修改后重新报送。

第二十五条　公文应当经发文机关负责人审批签发。

(一) 各级领导应当认真审批公文。主批人应当在签发栏中明确签署意见、姓名和完整日期，其他审批人圈阅或者签名的，视为同意。

(二) 国家体育总局向党中央、国务院的请示、意见、报告，提请国务院审定发布体育法规，由局长或者主持工作的副局长签发；直属单位上报国家体育总局的请示、意见、报告，由本单位主要负责人或者主持工作的负责人签发。

(三) 国家体育总局向党中央、国务院有关部门和体育系统印发的重要公文，由局长或者主持工作的总局领导签发；其他公文可由局长授权的分管总局领导签发，分管总局领导认为需经局长审签时，应另加签注。

(四) 联合行文一般由主办单位首先签署意见，其他单位依次会签，会签栏内的单位级别应当对应。

(五) 以国家体育总局名义制发的以下公文，由总局领导授权各厅、司、局主要负责人在各自的职权范围内签发(主要负责人不在时，由主要负责人授权的负责人签发)。

1. 已经国家体育总局批准的外事活动接待通知。

2. 审批竞技体育运动枪弹临时出入境文件。

3. 审批直属单位 100 万元以下的基建和维修项目。

4. 对向国家体育总局提出行政许可申请的事项进行批复。

5. 答复全国人大法制工作委员会、国务院法制办公室、国务院有关部门等关于法律法规征求意见的函。

6. 已经总局领导批准或者国家体育总局党组会议、局长办公会议讨论通过的事项，需要以国家体育总局名义行文，可以不必再经总局领导审签的文件；向有关单位行文必须加盖国家体育总局印章而不必经总局领导签发的函件、报表。

(六) 以国家体育总局办公厅名义制发的公文，原则由办公厅主要负责人签发。主送中央和国家机关各部门(单位)及各省、自治区、直辖市、计划单列市人民政府办公厅(室)的函，规范性公文及其他重要事项的公文，由有关部门(单位)负责人审核，办公厅主要负责人签发，必要时报请总局领导审定并签发。各部门职责范围内的一般事务性公文，各部门主要负责人可签发；部门主要负责人离京出差(出访)时，主持工作的负责人可签发授权范围内的公文。

第六章　公文办理

第二十六条　公文办理包括收文办理、发文办理和整理归档。

第二十七条　收文办理指对收到公文的办理过程，包括签收、登记、审核、拟办、批办、承办、催办等程序。

(一) 收文工作分工

1. 送国家体育总局的文件、电报、信函，由办公厅登记、分办、催办。

2. 送各厅、司、局，各直属单位的文件、电报、信函，由各厅、司、局和各直属单位的综合部门登记、分办、催办。

3. 境外寄送给我政府体育部门和全国性体育社会团体的函电，由对外联络司或者行使行政职能的事业单位收拆。

(二) 收文办理主要程序

1. 签收。对收到的公文应当逐件清点，核对无误后签字或者盖章，并注明签收时间。

2. 登记。对公文的主要信息和办理情况应当详细记载。

3. 初审。对收到的公文应当进行初审。初审的重点是：是否应当由本部门本单位办理，是否符合行文规则，文种、格式是否符合要求，涉及其他单位职权范围内的事项是否已经协商、会签，是否符合公文起草的其他要求。经初审不符合规定的公文，应当及时退回来文单位并说明理由。

4. 承办。

(1) 阅知性公文，应当根据公文内容、要求和工作需要确定范围后分送。

(2) 批办性公文，应当根据各部门(单位)的职责范围和文件内容及时分送有关部门(单位)办理；重要公文应当提出拟办意见报收文部门(单位)负责人阅批后，再转有关部门(单位)办理。

(3) 需要两个以上部门(单位)共同办理的公文，应当明确主办部门(单位)；文件内容所涉及的职责暂时无法界定的，由收文部门(单位)与有关部门(单位)协商后提出主办部门(单位)，必要时需先由收文部门(单位)负责人阅批后，再转有关部门(单位)办理。

(4) 承办部门(单位)收到交办的公文后应当及时办理，不得延误、推诿。各直属单位需要审批答复的公文，应当在7个工作日办理完毕；各省、自治区、直辖市、计划单列市、新疆生产建设兵团体育行政部门，解放军体育部门及其他单位需要办理答复的公文，应当在10个工作日办理完毕。

紧急公文应当按时限要求办理，特急件随到随办；加急件应当在1-2个工作日办理完毕；一般性公文应当尽快办理，每个会办部门办理时间不超过2个工作日。不能按规定期限办理完毕的，须向本部门(单位)主管负责人报告，必要时应当向来文单位说明情况。

5. 传阅。根据领导批示和工作需要将公文及时送传阅对象阅知或者批示。办理公文传阅应当随时掌握公文去向，不得漏传、误传、延误。

6. 催办。及时了解掌握公文的办理进展情况，督促承办部门按期办结。紧急公文或者重要公文应当由专人负责催办。

7. 答复。公文的办理结果应当及时答复来文单位，并根据需要告知相关单位。

第二十八条　发文办理指制发公文的过程，包括复核、登记、印制、核发等程序。

(一) 复核。已经发文单位负责人签批的公文，印发前应当对公文的审批手续、内容、文种、格式等进行复核；需要作实质性修改的，应当报原签批人复审。

复核分工：

1. 办公厅负责以国家体育总局、国家体育总局办公厅名义印发公文的复核工作；

2. 各司、局和各直属单位的综合部门负责以本部门本单位名义印发公文的复核工作。

(二) 登记。对复核后的公文，应当确定发文字号、分送范围和印制份数并详细记载。

(三) 印制。公文在印制前由起草部门(单位)负责校对。校对人员要严格通校文字、标点及公文格式，做到准确无误。公文应当严格按照《国家体育总局公文格式细则》的要求印制，必须确保质量和时效。涉密公文应当在符合保密要求的场所印制。

(四) 核发。公文印制完毕，应当对公文的文字、格式和印刷质量进行检查后分发。

第二十九条　涉密公文应当通过机要交通、邮政机要通信、城市机要文件交换站或者收发件机关机要收发人员进行传递，通过密码电报或者符合国家保密规定的计算机信息系统进行传输。

第三十条　需要归档的公文及有关材料，应当根据有关档案法律法规以及体育总局档案管理规定，及时收集齐全、整理(立卷)归档。个人不得保存应当归档的公文。

(一) 需要归档的公文，应当根据其相互联系、特征和保存价值等整理(立卷)，要保证归档公文的齐全、完整，能正确反映工作的主要情况，便于保管和利用。

(二) 联合办理的公文，原件由主办部门(单位)整理(立卷)、归档，相关部门(单位)保存复制件或其他形式的公文副本。

(三) 部门(单位)负责人兼任其他部门(单位)职务，在履行所兼职务职责过程中形成的公文，由其兼职部门(单位)整理(立卷)、归档。

(四) 需要归档的公文应当确定保管期限，按照有关规定定期向档案部门移交。

(五) 拟制、修改和签批公文，书写及所用纸张和字迹材料必须符合存档要求。

第七章　公文管理

第三十一条　各部门各单位应当建立健全本部门本单位公文管理制度，确保管理严格规范，充分发挥公文效用。

第三十二条　公文由专门部门或者专人统一管理。国家体育总局机关和有条件的直属单位应当建立机要保密室和机要阅文室，并按照有关保密规定配备工作人员和必要的安全保密设施设备。

第三十三条　公文运转过程中，应当按程序传递签收，严格履行登记手续。

第三十四条　公文确定密级前，应当按照拟定的密级先行采取保密措施。确定密级后，应当按照所定密级严格管理。

绝密级公文应当由专人管理。

涉密公文的标题、发文字号、印发传达范围等属于公文内容的一部分，应当与公文一起严格按相关保密要求管理。

涉密公文的密级需要变更、解除，以及涉密公文的公开发布，由原确定密级的机关或者其上级机关决定。其他任何部门(单位)不得擅自变更、解除公文密级，不得擅自公开发布公文全文、摘要或消息稿。

涉密公文解密前，公文的全文、摘要以及标题、发文字号等均不得在无密的单位内部文件、简报资料、内部刊物、内部网站等使用，召开会议传达涉密公文的，不得进行新闻报道。

第三十五条　公文的阅读、印发传达范围应当按照发文机关的要求执行，一般不得变更；需要变更的，应当经发文机关批准。未经批准，任何部门(单位)和个人不得擅自变更阅读、印发传达范围。

涉密公文公开发布前应当履行解密程序。公开发布的时间、形式和渠道，由发文机关确定。涉密公文经删改后公开发布的，公开使用时应以删改后的版本为准，不得擅自使用未解密的内容。

经批准公开发布的公文，同发文机关正式印发的公文具有同等效力。

第三十六条　复制、汇编机密级、秘密级公文，应当符合有关规定并经请示国家体育总局保密管理部门，获得批准后执行。复制、汇编的公文视同原件管理，应当标注份号。绝密级公文不得复制、汇编。

复制件应当加盖复制部门(单位)戳记。翻印件应当注明翻印的部门(单位)名称、日期。汇编本的密级按照编入公文的最高密级标注。

第三十七条　公文的撤销和废止，由发文机关、上级机关或者权力机关根据职权范围和有关法律法规决定。公文被撤销的，视为自始无效；公文被废止的，视为自废止之日起失效。

第三十八条　涉密公文应当按照发文机关的要求和有关规定进行清退或者销毁。

第三十九条　不具备归档和保存价值的公文，经批准后可以销毁。销毁涉密公文必须严格按照有关规定履行审批登记手续，确保不丢失、不漏销。个人不得私自销毁、留存涉密公文。

第四十条　部门(单位)合并时，全部公文应当随之合并管理；部门(单位)撤销时，需要归档的公文经整理后按照有关规定移交档案管理部门。

工作人员离岗离职时，所在部门(单位)应当督促其将暂存、借用的公文按照有关规定移交、清退。

第四十一条　国家体育总局新设立的部门(单位)应当向办公厅提出发文立户申请。经审查符合条件的，列为发文单位，部门(单位)合并或者撤销时，相应进行调整。

第八章 附则

第四十二条　国家体育总局公文含电子公文。电子公文处理工作的具体办法另行制定。

第四十三条　法规、规章方面的公文，依照有关规定处理。外事方面的公文，依照外事主管部门的有关规定处理。

第四十四条　本办法由国家体育总局办公厅负责解释。

第四十五条　本办法自2013年7月1日起施行。2002年6月26日国家体育总局发布的《国家体育总局公文处理办法》同时废止。

参考文献

[1] 赵东明. 应用文的四大魅力[J]. 吉林农业科技学院学报，2008(04).
[2] 蔡朔冰. 高职院校应强化应用文写作教学[J]. 教育与职业，2009(27).
[3] 李讲席. 应用文写作教学现状探析[J]. 陕西教育(行政版)，2007(09).
[4] 王开淮. 提高高职应用文写作教学实效性的思考[J]. 语文教学之友，2008(03).
[5] 王秋峰. 借条、欠条和收条[J]. 法制与社会，2007(10).
[6] 山己. 也说求职信[J]. 职业技术教育，1998(18).
[7] 张白.《实用行政公文写作与处理》规范公文写作[N]. 中华读书报，2002.
[8] 张莹. 常用事务文书写作刍议[J]. 网络财富，2009(17).
[9] 张年. 毕业实习与毕业论文的创新[J]. 科技信息(学术研究)，2007(13).
[10] 徐明娥. 财经院校写作课教学之我见[J]. 云南财贸大学学报，1986(04).
[11] 谢翊. 论现代体育广告的功能与基础[J]. 福建体育科技，2006(01).
[12] 高明琦. 浅谈导游词写作[J]. 旅游纵览(行业版)，2011(06).
[13] 鲁耀斌. 张金隆.投标标书评价模型的研究[J]. 华中理工大学学报，1999(02).
[14] 许晓麓. 司法文书的意义、特性和分类[J]. 法学评论，1984(03).
[15] 格西. 指导规范司法文书制作[N]. 人民法院报，2003.